Cornelia Schwenkenbecher

# Paranoia

und dreißig weitere Fälle

Bild und Heimat

# Inhalt

# Vorbemerkung

»Wir waren auf Verbrecherjagd, und die wollten abhauen. Musste ich das nicht verhindern?«, fragt ein Polizist, der nachts an einer Tankstelle Verdächtige beobachtete, von denen er nichts wusste und die ihn nicht bedroht hatten. Er aber zog seine Waffe und schoss.

»Wir wollten uns einen lustigen Abend machen«, erklären die beiden Einbrecher, die in das Wochenendhaus einer berühmten Eiskunstläuferin einbrachen, sich dort in ihre Kleider zwängten, mit ihren Düften sprühten und ihren Schnaps austranken. Den Schmuck, der im Schrank lag, nahmen sie einfach mit.

»Das war kein Leben mehr, mein Renchen hätte das nicht gewollt. Niemals. Und ich hatte versprochen, dass ich ihr helfe.« Der Mann, der sagt, er hätte seine Frau über alles geliebt, und der sie mit Hingabe in den vielen Monaten ihres Wachkomas umsorgte – er schickte sie mit Tabletten in den Tod. Oder aus dem so leer gewordenen Leben. »Das hat meine ganze Kraft gekostet.«

Es ist dies eine Sammlung von Gerichtsreportagen, die in den letzten fünfzehn Jahren entstanden und vor allem in der Monatszeitschrift *Das Magazin* veröffentlicht wurden. Sie erzählen von Gier und Gewalt, von Suff und Seelenleid, von Ehezwist und Einsamkeit – von den Irrungen und Wirrungen im scheinbar ganz normalen Leben. Es ist der Versuch, das Wesen Mensch auf seinen so wechselhaften, oft tragikomischen Wegen und Umwegen zu entdecken.

Cornelia Schwenkenbecher

# Paranoia

*Gefesselt und erstickt lag ein Mädchen daheim in ihrem Bett. Ein
junger Mann war bei ihr, doch er schweigt zu dem, was passierte.
Verhält sich so ein Unschuldiger?*

Im Saal 216 des Landgerichts Frankfurt (Oder) muss der mys-
teriöse Tod einer Einundzwanzigjährigen geklärt werden. Sie
wurde gefesselt und ist erstickt. Der einzige Mensch, der weiß,
was passiert ist, bekommt gerade die Handschellen abgenom-
men, sitzt steif und bullig auf seinem Platz, ohne irgend jemanden anzuschauen. Nicht die lustig-rotlockige Anklägerin mit
den giftgrünen Nägeln, die ihn für denjenigen hält, der Sina
S. aus Eifersucht ums Leben gebracht hat. Nicht seinen flotten
Verteidiger, der sich so augenfällig um Lässigkeit bemüht, als
wolle er auch dem letzten Zweifler signalisieren, dass es mit der
Schuld seines Mandanten zum Glück nicht weit her sein könne. Der Vater des toten Mädchens hätte das Recht, als Nebenkläger an allen Verhandlungtagen dabei zu sein, zuzuhören
und Fragen zu stellen. Aber er kommt nicht. »Ich schaff das
nicht«, sagt er, noch vor seiner Vernehmung. Die aber muss er
durchstehen, er ist der wichtigste Zeuge, er hat Sina gefunden.
Da lag sie tot in ihrem Bett. Er findet keine Ruhe. Wäre nicht
alles anders gekommen, wenn er diesen Kerl, diesen Hansi, aus
der Wohnung geworfen hätte? »Aber ich misstraute ihm doch
nicht!«

Die Erinnerung wühlt in Hartmut B., vielleicht war er mal
ein stattlicher, respektheischender Mann. Einer, der froh war,
als sich die Tochter mit achtzehn entschloss, zu ihm zu ziehen. Er richtete ihr oben in seinem alten, immer wieder um
und ausgebauten Haus ein Zimmer her. Bist du einverstan-

den? fragte er seine Lebensgefährtin, die nicht Sinas Mutter war, und die hatte keine Bedenken. Sie konnte sich ja aus allem raushalten. »Ich habe mich bewusst nie in Sinas Angelegenheiten eingemischt. Ich war nicht verantwortlich, ich musste nicht erziehen, wir haben uns gut verstanden.« Mit der leiblichen Mutter, bei der sie nach der Trennung der Eltern lebte, hatte sich Sina schon lange überworfen. Warum, erfährt man nicht. Vielleicht kam sie ja mit der eigensinnigen Art des Mädchens nicht zurecht, das sich keine Vorschriften machen ließ und vor drohendem Ärger einfach weglief.

Hartmut B. mag darüber nicht orakeln. Er weiß nur, dass seine Ex-Frau es Sina jahrelang verboten hatte, ihn zu besuchen, und dass er stolz war, dass das Mädchen trotzdem kam. »Sie fühlte sich hier wohl«, sagt er und möchte so gern daran glauben. Ihn quält die Frage, ob er zu weich zu ihr war oder zu hart. »Ich hab doch mit Erziehung keine Erfahrung.« Natürlich war er wütend, als Sina leichtfertig eine Lehre schmiss, die ihr eigentlich gefiel. Wie oft war sie zu spät gekommen, hatte Ausreden geflunkert, sich vor Konsequenzen gedrückt. Als man ihr die Kündigung androhte, gelobte Sina Besserung – und vergaß. Mehrmals versuchte der Vater zu vermitteln. Auch wenn seiner Tochter Geld fehlte, half er aus. Manchmal bedachte er sie mit Vorwürfen, meist aber lenkte er ein, wenn sich ein Streit anbahnte wie damals, als Sina heimlich einen Freund mit ins Haus brachte, den sie offenbar auf der Straße aufgelesen hatte. Das passte dem Vater partout nicht. Ihm platzte der Kragen, und er warf den Typen raus. Aus Trotz lief Sina gleich mit weg. Tagelang suchte er nach ihr, rief Gott und die Welt an. Keine Spur. Irgendwann ließ Sina mitteilen, es ginge ihr gut, sie hätte sich jetzt einen Platz im Frauenhaus gesucht. Das sei wohl besser. Aber sie käme auch wieder nach Hause – am Wochenende, und, wenn er wolle, natürlich Weihnachten. Der Vater verzieh ihr auf der Stelle. »Sina blieb über die Feiertage, alles war sehr harmonisch. Silvester fuhren wir zusammen ans Brandenburger Tor nach Berlin«, erinnert sich die Lebensgefährtin des Vaters, eine resolute, blonde Mittvierzigerin. Und sie erzählt, wie Sina in jener Nacht beim Feuerwerk »den Hansi« kennenlernte, den Angeklagten. »Er stand vorm Hotel *Adlon* und flachste mit ihr. Das gefiel Sina. Sie verabredeten sich gleich fürs nächste Wochenende bei uns. So war Sina. Spontan und für jedes Abenteuer offen.« Genauso schildern sie alle Zeugen. Ein fröhliches Mädchen, nett und hilfsbereit, immer unternehmungslustig, immer voller Ideen. Nur manchmal, sagt die Lebensgefährtin des Vaters, manchmal wirkte Sina so, als habe sie Angst. Sprechen wollte sie darüber nicht, aber sie war dann nervös und irgendwie gehetzt. »Es gab da mal Probleme mit Drogen«, räumt eine Freundin ein. Nichts Schlimmes, mal 'nen Joint, mal 'ne Pille Ecstasy. »So ein Ausprobieren eben. Sina ging unheimlich gern tanzen.« Eine Lehrausbilderin, die das Mädchen sehr mochte, sagt, dass Sina beinahe naiv vertrauensselig war und mit allen gut Freund sein wollte. »Sie schwatzte und lachte und war immer gut drauf. Doch sie konnte auch ausrasten.« Wenn etwas nicht nach ihrem Willen ging oder sie nicht im Mittelpunkt stand, packte sie die Wut. »Das kam vor. Aber es dauerte nie lange, und Sina zwitscherte wieder. Sie war ein Stehaufmännchen.«

Lieb, nett, lebenslustig. Keiner, der über Sina spricht, nennt nicht diese Vokabeln. Ihre Unausgeglichenheit verziehen ihr alle. Auch Hans-Werner W., der Angeklagte? Oder brachte er Sina um, weil er befürchtete, ein Opfer ihrer Spontaneität zu werden? Aus Angst, sie würde ihre kaum begonnene Bekanntschaft schon wieder beenden, nur weil sie Tony kennengelernt hatte und den »so süß« fand? Tony war sechzehn.

»Herr W., wollen Sie sich zu diesen Vorwürfen äußern?«,

fragt kühl-korrekt die Richterin, die vom Alter her seine Mutter sein könnte, doch Hans-Werner W. macht keine Anstalten, irgend etwas zu erklären oder richtigzustellen. Sein Verteidiger schüttelt verneinend den Kopf: Wenn nötig, könne er zum Lebenslauf etwas sagen, zum Tatvorwurf wird W. schweigen.

Der Angeklagte ist kein unbeschriebenes Blatt, vorbestraft wegen diverser Einbrüche und Diebstähle, Hafturlauber auch zum Zeitpunkt der Tat. Das aber hat er nie erzählt. Er erfand Märchen. Fabulierte von einem unheilbaren Tumor, der in seinem Kopf wuchere. Ersann heile Welten und aufregende Familienverhältnisse. Wie ein Kind. Dabei ist der Angeklagte mit dem kahlrasierten blonden Schädel schon siebenunddreißig Jahre alt. Geboren in Wanne-Eickel, im nördlichen Ruhrgebiet. Er hat drei Geschwister, keines der Kinder ist bei der Mutter großgeworden. »Es war ihr wohl zu viel mit uns«, erwähnt er ganz nebenbei, als wäre es nicht so wichtig. Alle vier Geschwister wuchsen in Kinderheimen auf, einige später auch in Pflegefamilien. Nur Hans-Werner W. nicht. Er fand keine Pflegeeltern. Er blieb in den Heimen.

Das hat sein Erwachsenwerden empfindlich gestört, heißt es in einem Gutachten, das ein Psychiater auf Anordnung des Gerichts über Hans-Werner W. verfasste. Seine Persönlichkeit nahm Schaden, in Bindungen an andere Menschen verhält er sich wie ein pubertierender Jüngling. Schreibt kindliche Liebesbriefe, um im nächsten Moment Drohungen loszuwerden für den Fall, die Angebetete würde ihn verlassen. Zwei Brandenburger Gymnasiastinnen berichten als Zeuginnen von ihren Erfahrungen mit dem Mann, den sie immer noch Hansi nennen. Wellensittiche heißen so, aber siebenunddreißigjährige Männer? Beide Mädchen sind neunzehn, beide schildern den Angeklagten als netten, jedoch eifersüchtigen Freund, der ihnen nie Gewalt antat und trotzdem Angst einjagte. »Als ich mit ihm Schluss machen wollte, verfolgte er mich plötzlich überall hin. Schrieb unheimliche Briefe, rief anonym an, lauerte mir auf der Straße auf, sprayte an den unmöglichsten Stellen Sprüche«, erzählt die eine. An ihrem achtzehnten Geburtstag wollte er sie auf dem Weg zur Schule abfangen, aber sie hatte an jenem Morgen zwei Stunden Ausfall, konnte ausschlafen. Gegen neun fand sie ihn wimmernd vor ihrer Haustür liegen, er hatte sich die Pulsadern aufgeschnitten. Dieses Bild verfolgt das Mädchen bis in die Träume.

Die einundzwanzigjährige Sina hat keine Chance mehr, mit ihren Träumen zu kämpfen. Sie starb in den frühen Morgenstunden zwischen Sonnabend und Sonntag. Ob sie sich für dieses Wochenende wieder mit ihrer Silvester-Bekanntschaft Hans Werner W. zu Hause verabredet hatte, ist nicht ganz klar. Als der Angeklagte an der Tür klingelte, berief er sich jedenfalls auf eine Absprache, und der Vater ließ ihn ein. Sina hingegen schien überrascht, »dass der Hansi da war«, berichtet die Lebensgefährtin. Beinahe verärgert sei Sina gewesen, aber dann fügte sie sich. Na gut, soll er bleiben. Viel unternommen hätten die beiden nicht, sagt die Zeugin. »Sina war den ganzen Sonnabend mit uns zusammen. Wir fuhren nach Polen, haben eingekauft. Hansi konnte nicht mit, weil sein Ausweis wohl abgelaufen war. Also blieb er daheim.«

Hartmut B. sah seine Tochter an jenem Abend das letzte Mal, als sie runterkam, um Gute Nacht zu sagen. Am nächsten Tag wollte sie ausschlafen. Der Vater und seine Partnerin standen früh leise, leise auf und fuhren wie geplant nach Bad Freienwalde. Sie ging, wie jeden Sonntag, mit den Hunden auf den Trainingsplatz, Hartmut B. vertrieb sich die Zeit in der Sauna. Als sie gegen Mittag zurückkehrten, verband sich ihr Hausgast gerade die Hand – eine Schnittwunde vom Kartoffeln Schälen. Überhaupt war er sauer. Erst habe ihm Sina diesen blöden Auftrag gegeben, dann kamen Freunde mit dem Auto, und sie fuhr Hals über Kopf mit denen los. »Na ja, so kannten wir Sina ja, das hat uns nicht so sehr gewundert«, sagt der Vater. »Mich störte schon, dass der W. trotzdem noch bleiben wollte. Aber er sagte, er hätte sich mit seinen Planungen auf den Montagmorgen eingerichtet zum Losfahren.«

Zu dritt aßen sie Mittag, zu dritt tranken sie Kaffee, die meiste Zeit verbrachte Hans-Werner W. oben in Sinas Zimmer. Als sich der Vater schon zum Schlafen hingelegt hatte, hörte er den Gast noch auf der Treppe hin- und hertrapsen. Dann rumpelte für einen Moment was an der Heizung. Aber gleich darauf war es wieder still. Am Morgen brachte der Vater den Freund seiner Tochter zum Bahnhof.

Erst als er am Montagabend draußen im Hof die Tauben und die Hühner fütterte, bemerkte Hartmut B., dass in Sinas Zimmer noch ein blaues Licht brannte. Im Stillen ärgerte er sich über diese Schlamperei, ging hinauf, um die Lampe zu löschen. Sonst war das Zimmer ja tiptop. Hartmut B. hatte sich schon umgedreht, als er sah, dass eines der vielen Püppchen auf Sinas Bett umgefallen war. Er setzte die Puppe zurück, strich die Überdecke glatt und entdeckte seine Tochter. Säuberlich hingestreckt, still und tot.

Der einzige Mensch, der weiß, was in der Todesnacht passierte, sitzt da und schweigt. Am Abend, als man Sina fand, lag auch Hans-Werner W. schwer verletzt in einer Telefonzelle, drei Straßenzüge von Sinas Haus entfernt. Wieder im eigenen Blut. Wieder mit aufgeschnittenen Adern. »Wir liebten uns doch und wollten gemeinsam aus dem Leben gehen«, soll er irgendwann einmal der Polizei gestanden haben. Dann wieder lautete seine Version, Sina habe sich selbst getötet, er konnte ihr nicht mehr helfen, stand völlig unter Schock.

Aber was zählen diese Worte, wenn die Gerichtsmedizin zu

einem anderen, grausamen Urteil kommt: Sina starb, weil sie erstickte. Es gibt eindeutige Spuren von Fesselungen an Hand und Fußgelenken sowie Verletzungen im Mundraum, die nur von einem Knebel herrühren können. Die Polizei sicherte auch das weiß-grün-karierte Geschirrtuch, das ihr den Mund verschloss.

Seit über dreißig Jahren macht der Pathologe, der diese Befunde dem Gericht vorträgt, seinen Job. Hunderte Selbstmörder hat er gesehen, aber er hält es für völlig unwahrscheinlich, dass es solch einen Suizid geben könnte. Dass eine junge, lebenslustige Frau sich auf diese Art und Weise, mit Knebel und Fesseln, aus dem Leben stiehlt. Das Gericht muss es genau wissen: »Können Sie einen derartigen Tod ausschließen?« Der Gerichtsmediziner beteuert noch einmal, wie ungewöhnlich, wie unwahrscheinlich, wie absurd eine solche Vorstellung ist. Theoretisch jedoch wäre auch Selbstmord möglich. »Hundertprozentig ausschließen kann ich es nicht.«

Wie aber soll nun das Gericht die Wahrheit herausfinden? Tausend Indizien sprechen gegen Hans-Werner W. Dass ein Mann wie er eine erdrückende Angst davor hat, verlassen zu werden, dass sich dieses Trauma auf Körper und Seele legt, ihn zu Handlungen bringen kann, die ihn der Realität entrücken, bestätigt in allen Punkten der Psychiater. Der Angeklagte könnte an einem Borderline-Syndrom leiden, erklärt er. Wahrscheinlich musste Sina deswegen sterben. Wissen aber kann das auch der Arzt nicht. Und der Angeklagte schweigt.

## Entgiftet. Und die Psyche?

*Nach sechs Jahren Heroinsucht wurde eine junge Frau zur Räuberin.*

Der Sachverhalt ist klar. Um an Geld zu kommen, überfiel Barbara Sch. am helllichten Tage zwei Rentnerinnen, schlug brutal mit einem Knüppel auf sie ein, entriss ihnen die Taschen. Und floh.

Barbara Sch. gesteht alles. »Aus kühler Berechnung«, argwöhnt die goldblonde Staatsanwältin mit der akzentuierten Aussprache. »Aus Reue«, versichert der schwarzbärtige Anwalt, der seiner Mandantin ersparen möchte, dass sie für Jahre hinter Gitter muss. Sie ist jung, vierunddreißig. Und irgendwie doch schon fast am Ende.

»Das einzige, was ihr helfen kann, wäre eine intensive Langzeittherapie. Jetzt ist zwar ihr Körper entgiftet. Aber die Psyche?« Der Neurologe, der als Gutachter im Prozess geladen ist, weiß, wie wichtig seine Einschätzung für das Gericht sein wird: Hat Barbara Sch. in einer akuten Notlage geraubt? Neigt sie zu Gewalttätigkeit? Wird sie ihre Sucht je beherrschen können? Er kennt Drogenkarrieren zur Genüge, zerstörte Leben noch und noch. Barbara Sch. passt nicht ins Schema. Ein großes Mädchen, schlanke Figur in rosa Lochstickerei. Ja, natürlich möchte sie über ihre Tat sprechen, sagt sie der Richterin, die höflich danach fragt. Sonst käme sie doch nie mit sich ins reine.

Ist das Taktik?

Dreimal hat der erfahrene Gutachter die Angeklagte in der Berliner Vollzugsanstalt Plötzensee besucht, mit ihr gesprochen, sie psychiatrisch-neurologisch untersucht. Krankhafte Befunde konnte er nicht feststellen, und ihr IQ liegt bei einhundertacht. Einen solch hohen Wert erreichen nur dreißig Prozent ihrer Altersgruppe. In einigen Teilbereichen bewies Barbara Sch. sogar eine extrem hohe Leistung. Sagt der Gutachter. Dann hält er inne. Macht eine winzige Bewegung. So, als wolle er einen Schritt auf die Richterin zugehen. Ruckt aber nur kurz und zwingt sich zu beinahe kalter Sachlichkeit: Derart aufgebrauchte Venen hätte er allerdings selten gesehen. Einstiche über Einstiche. Und das keineswegs nur an den typischen Stellen. Natürlich hat sich Barbara Sch. das Heroin anfangs in die Unterarme, in Knie und Ellenbeugen injiziert. Die Möglichkeiten erschöpften sich. Sie spritzte sich schließlich vorm Spiegel in die Leistengegend und die Halsschlagader. Dass die Angeklagte dabei streng auf Hygiene geachtet habe, all die Jahre, fügt der Gutachter noch hinzu.

»Es ist bemerkenswert, wie kontrolliert Frau Sch. mit ihrer Sucht umgegangen ist.«

Es war wohl auch eine Frage des Geldes, dass sie versuchte, sich mit so kleinen Dosierungen wie möglich »über Wasser zu halten«. Sie sagt wirklich »über Wasser halten«, und sie wollte, dass niemand etwas merkt. Dass sie ihre Arbeit gut machen kann, ihren Haushalt führen, ihren Sohn erziehen, mit ihm spielen, spazieren gehen, sich um seine Hausaufgaben kümmern. Ob sie tatsächlich sechs Jahre lang ihren Heroinkonsum befriedigen konnte, ohne straffällig zu werden, erkundigt sich die Vorsitzende Richterin, und ein leises Erstaunen schwingt in der Frage mit.

Es gibt keinen Aktenvermerk, der Barbara Sch. einschlägig belasten könnte. Kein Ladendiebstahl, kein Einbruch, nichts.

»Ich habe ja recht gut verdient, und mit einem halben Gramm am Tag bin ich meist ausgekommen. Ich habe mir den Stoff genau eingeteilt.« Ein Gramm Heroin kostet auf dem florierenden Berliner Schwarzmarkt zum Verhandlungszeitpunkt an die einhundertzwanzig Mark. Für diesen Preis gab ihr Körper zwei, drei Tage Ruhe. Viel Geld hat die Vierunddreißigjährige für ihre Sucht bezahlt. Und auch für allerlei Mittel, mit denen sie versuchte, vom Heroin loszukommen.

Es muss schon ein respektables Gehalt sein, mit dem sich Lebensunterhalt und Sucht befriedigen lassen. Dann verlor Barbara Sch. überraschend ihren Job als Objektleiterin einer Gebäudereinigung. Die Firma reduzierte. Auch von ihrer einst üppigen Ehe-Auslösung – der erste Mann übernahm bei der Scheidung die drei Blumengeschäfte, die sie in Berlin aufgebaut hatten, zahlte ihr dafür 280.000 Mark – war nach fünf lebenslustigen Jahren in Indien, Thailand und Nepal nichts mehr übrig. »War es nicht etwas leichtsinnig, das ganze Geld in einen Auslandsaufenthalt zu stecken?«, möchte einer der beiden Beisitzer von der Angeklagten wissen. Und die entgegnet mit entwaffnender Offenheit: »Ja, sicher war es nicht sehr vernünftig. Aber ist man als junger Mensch denn immer vernünftig?« Das sind Stellen, an denen die Staatsanwältin interessiert auf horcht. Sprechen so lockere Formulierungen nicht von einem eklatanten Mangel an Einsicht?

Spätestens mit der Arbeitslosigkeit wurde die Sucht zu einem quälenden finanziellen Problem, und es häuften sich die Tage, an denen Barbara Sch. sich keinen Schuss leisten konnte.

»Heroinabhängigkeit ist ein rastloser Vierundzwanzig-Stunden-Job«, erklärt der Sachverständige dem Gericht, und mit sparsamen Worten malt er ein Bild der Verstrickung. Irgendwann kreisen alle Gedanken des Süchtigen nur noch um einen Punkt: Wie komme ich zu Geld und zu Stoff? Wie, wie, wie?

Zwei Tage ohne Spritze liegen hinter Barbara Sch., als sie Ende März im Spandauer Postamt Klosterstraße auf die Auszahlung ihres Arbeitslosengeldes wartet. Vor ihr eine alte Dame, die ihre Rente abholt. 1.190 Mark. Mit Barbaras Geld gibt es Schwierigkeiten, sie soll im Arbeitsamt nachfragen. »Aber ich konnte nicht mehr. Ich wusste nicht, was ich machen sollte. Ich lief hinter der Frau her.«

Ob instinktiv oder geplant, kann das Gericht nicht klären. Es ist auf die Aussage der Angeklagten angewiesen. Zeugen sind nicht geladen. Niemand hat das Geschehen beobachtet. Und das Opfer, eine Zweiundachtzigjährige? Die Qual einer Gerichtsverhandlung, einer Aussage, einer Konfrontation mit der Täterin will man der alten Dame nicht zumuten. Barbara Sch. leugnet ja auch gar nicht, dass sie zuschlug, mit einem zerbrochenen Baseballschläger, den sie in der Tasche gehabt haben will, weil ein Schulfreund ihres Sohnes dem Kleineren eine Freude machen wollte. »Nehmen sie ihn mit?«, bat er die Angeklagte auf der Straße.

Barbara Sch. folgt der Frau bis hinter die Haustür. Am Briefkasten zieht sie das Holz. Einunddreißig Zentimeter lang, zwei Komma fünf Zentimeter dick. In diesen Dingen sind die Akten penibel. Sie zerrt an der Tasche. »Lassen Sie doch bitte los!« Dann schlägt sie zu. Einmal, zweimal, dreimal. Rennt weg, fährt mit dem erstbesten Taxi zum Bahnhof Zoo. Die Rentnerin Charlotte B. wird ins Krankenhaus gebracht. Ein Arzt konstatiert Platzwunden und Unterarmfraktur. Ihr Schreck, ihre Angst sind nicht erfasst. Barbaras Vorrat reicht keine drei Wochen. Und sie kann wohl von Glück sagen, dass sie bei ihrem zweiten Versuch, sich mit feiger Gewalt an Geld und Drogen zu bringen, scheitert. Wieder »auf dem Trockenen«, wieder in der Spandauer Altstadt, wieder eine alte Dame. Wieder schlägt sie zu. Diesmal hat sie den Stock schon von Anbeginn bei sich. Doch das Opfer kann um Hilfe schreien, und ein Mitbewohner des Hauses holt Barbara Sch. nach wenigen Schritten ein. Vor Gericht steht sie wegen schweren Raubes und gefährlicher Körperverletzung. Nicht wegen versuchten Totschlags. Die

Angeklagte möge dies als Glücksfall begreifen, hofft die Richterin.

Viereinhalb Jahre Gefängnis für Barbara Sch. Am Strafgesetz buch gemessen, scheint das Urteil verständnisvoll bis mild. Für schweren Raub sind fünf bis fünfzehn Jahre angedroht.

In wenigen Tagen wäre für die Angeklagte nach fast zweijährigem Bemühen um eine Langzeittherapie endlich ein geeigneter Platz frei geworden – in Tübingen. Die Caritas bestätigte die Aufnahme der Patientin, das Sozialamt Spandau wollte die Kosten tragen. Die Patientin aber ist jetzt eine Verurteilte.

# Tod eines Hip-Hoppers

*Keine Gewalt, das war die Botschaft des Opfers. Dann starb Attila A. durch einen Messerstich ins Herz. Aus Notwehr?*

Die Baumgarten-Insel, die mitten in Berlin, in Köpenick, liegt, ist ein Refugium, ein abgeschiedenes, fernes Stück Welt. Keine noch so kleine Straße, kein Brückenabgang führt zu ihm, und wer hier seine Laube hat, darf auf idyllische Ruhe hoffen. Nur Bootsfahrer erreichen das Eiland, die alte Spree schirmt es ab vor den Unwägbarkeiten der Großstadt. Die Wege durch die Kolonie heißen nach Kirschen, Rosen, Aprikosen.

Werner P., ein Rentner von sechsundsiebzig, ist ein schlanker, fast athletischer Mann, der sich sehr gerade hält, die Sonne genießt und die Arbeit im Garten. Seit langem schon verbringt er seine Sommer hier draußen, gemeinsam mit der Frau, manchmal besuchen ihn Kinder und Enkel. Das Leben in der Laubensiedlung hat seine festen Regeln, wer niemanden stört, der wird auch von keinem anderen gestört. All das, was Werner P. nicht leiden kann, bleibt »draußen«, am anderen Ufer: unerzogene Halbwüchsige, pöbelnde Biertrinker, rücksichtslose Radfahrer.

An jenem Juninachmittag aber muss Werner P. doch hinüber, »in die Stadt«, er hat Besorgungen zu machen, will fürs abendliche Grillen einkaufen. Ein paar Dutzend Ruderschläge, dann vertäut er sein Boot, entscheidet sich für den Plus-Markt ganz in der Nähe. Hierher kommt er fast immer zum Einkaufen. Er braucht nicht viel. Zielstrebig fährt er mit dem Einkaufswagen die Reihen ab, ärgert sich über Mütter, die mit ihren Kinderwagen den Gang blockieren. »Das gab es früher nicht!«, schimpft er innerlich auf das Personal, das so etwas durchgehen lässt, und bemerkt schließlich eine junge Frau, die wie selbstverständlich Waren in ihre Einkaufstasche legt, statt den vorgeschriebenen Korb zu benutzen. Das kann doch nicht wahr sein, macht hier jeder was er will? entfährt es ihm, und er zitiert eine Verkäuferin heran, diese gewissenlose Kundin zur Rede zu stellen. »Ist das neuerdings üblich bei Plus?«, stänkert er und sieht überhaupt nicht ein, warum er sich hier nicht einmischen sollte. Wenn schon das Personal nicht aufpasst, dann wenigstens er, Rentner P.

Keine zehn Minuten später wird er einen Dreiunddreißigjährigen erstochen haben. Er bezahlt seinen Einkauf, brodelt innerlich noch über den unerhörten Vorfall und entfernt sich langsam vom Plus-Markt. Er hat keine Eile. Da bauen sich plötzlich zwei junge Männer vor ihm auf, er hat sie nicht kommen sehen, auch wenn Zeugen später bestätigen, die beiden hätten schon von weitem gerufen: »Hallo, warten Sie mal …!« Werner P. ist schwerhörig. »Und was der nicht hören will, hört der auch nicht«, meint ein Nachbar.

P. stutzt. Erst der Zeck in der Kaufhalle und nun das. Was wollen die Männer von ihm? Besonders der eine, der mit dem übertriebenen Kurzhaarschnitt, der Dunkle, macht ihm Angst. Der kommt wegen der Markt-Geschichte, fasst ihn ans Hemd und motzt: »Was war los bei Plus?« – »Gehen Sie doch rein und fragen Sie selbst«, will Werner P. ihm entgegnet haben, aber der Dunkle ließ ihn nicht los. »Da dachte ich, die wollen mir was tun, und zog mein Messer aus der Hosentasche. Das hatte ich eingesteckt, nach der Gartenarbeit, ganz zufällig, und jetzt wollte ich es nur zeigen und sagen: Lasst mich los, ich bin bewaffnet!«

Das in etwa sind die Worte, mit denen Werner P. ein Dreivierteljahr nach der Attacke vor Gericht seine Schuld am Tod von Attila A. ausräumen will. Er hätte doch nicht töten wollen, nur drohen. Und sich wehren. Aber dann sei ihm dieser junge Mann da ins Messer »gesprungen«. Später sagt er: »gefallen«.

Diese Version kann allerdings kein Augenzeuge bestätigen. Weder Attilas Freund, der dabeistand, noch ein ganz nah parkender unbeteiligter Autofahrer haben das Messer oder eine drohende Geste wahrgenommen. Im Gegenteil. Beide sahen nur, wie der Rentner zackig den Arm hochriss, und wie Attila A., der Neunzig-Kilo-Mann, unvermittelt zusammenbrach. Am helllichten Tag, auf belebter Straße, wenige Schritte von der eigenen Wohnung entfernt, in der er an jenem Tag seinen dreiunddreißigsten Geburtstag feiern wollte. Sein Freund schleppte ihn noch in einen Copyshop, der Notarzt kam sofort, doch auch in der Klinik war Attila A. nicht mehr zu helfen. Er starb an einem einzigen harten, gezielten Stich ins Herz.

Totschlag lautet die Anklage, der sich Werner P. stellen muss. Er hat einen Menschen getötet, der ihm zum ersten Mal über den Weg lief und der ihm eigentlich nichts getan hatte. Er war nicht wirklich angegriffen worden, er war nicht allein im dunklen Wald, er hätte um Hilfe rufen oder drei Schritte in den nächsten Laden laufen können, er hätte auch nur einen Augenblick zuhören müssen, was die beiden Männer von ihm wollten. Dann wäre nichts passiert. Nichts, außer einer verbalen Auseinandersetzung vielleicht. Denn beide Kontrahenten fühlten sich im Recht: Werner P., weil er als ordnungsliebender Bürger gehandelt und eine Missachtung der Einkaufsregeln angezeigt hatte. Attila A., weil er die Ehre seiner Lebensgefährtin, der vermeintlichen Plus-Markt-Diebin, wiederherstellen und »dem Opa« signalisieren wollte: Was geht dich das an? Zettel doch keinen Streit an, bloß weil du andere Gewohnheiten hast. Attila A. war ein Friedensengel. So jedenfalls beschreiben ihn seine Freunde, so kennt ihn eine große, bunte Hip-Hop-Gemeinde in Berlin. Als Musiker hieß Attila A. »Maxim«, auch »Mighty Maxim«, er sprach sich mit knappem ä und einem ganz kurzen i, und nicht nur in seinen Songs, sondern überall, wo er mit jüngeren Hip-Hoppern zusammentraf, ihnen das Scratchen, Breakdancen oder Beat-Boxing beibrachte, in Jugendklubs, bei Partys, auf Workshops, überall war Maxim alias Attila A. dafür bekannt, dass er keine Gewalt duldete. Dass er jeden Streit mit Worten schlichtete und an seine Fans appellierte: Eure Waffe ist das Mikro. Eure Musik macht euch stark, nutzt sie. Lasst euch nicht provozieren, redet und singt!

»Wohl niemals in meinem langen Berufsleben«, sagt die Richterin, die das Urteil über den Rentner Werner P. sprechen muss, »war ein Tod so sinnlos.« Eine dramatische Verkettung von Missverständnissen und Vorurteilen nennt sie das, was geschah. Und spricht Werner P. frei. Frei von jeder Schuld. Sein Alter, seine Schwerhörigkeit, seine Irritation über das moderne, oft raue Leben, das er nicht mehr verstand und dem er seine alt hergebrachte Weltsicht entgegensetzte, all das hätte ihn die Situation so tragisch verkennen lassen. »Er hat sich subjektiv bedroht gefühlt, so sehr, dass er keinen anderen Ausweg sah.« Aus Notwehr – sie betont, aus »vermeintlicher Notwehr« – hätte P. zugestochen und unglücklich getroffen. P. nickt. Das Publikum buht und schreit und kann es nicht verstehen: »Darf jetzt jeder morden, wenn er sich in der Enge fühlt?« – »Mein Bruder ist tot, für immer, und er darf gehen?« – »Nazi-Justiz«, »Ausländerfeinde« –, »Ey, Alter, du wirst nicht mehr froh!« Werner P. wendet sich verständnislos ab von dem Tumult, vielleicht hat er nicht alles mitbekommen, die Richterin sorgt für Ruhe und lässt die Entrüsteten des Saales verweisen: »Ich kann verstehen, dass dieser Fall die Emotionen berührt und man über das Urteil geteilter Auffassung sein kann, aber ich erwarte Respekt!« Da nickt der Angeklagte wieder. Hat er doch recht gehabt mit seiner Aufforderung, sich an die Regeln zu halten. Zum Freispruch kommt noch eine finanzielle Entschädigung für die sechzehn Tage, die er nach Attilas Tod in Untersuchungshaft verbrachte.

Selten dürfte ein Urteil den Angeklagten so bestärken. Dass ein Springmesser eine gefährliche Waffe ist, deren Besitz nicht einfach erlaubt wird, dass Werner P. erst zustach und dann mit seinem Einkauf nach Hause ruderte, bevor er schließlich doch die Polizei informierte, dass er kein Wort der Reue oder Trauer für angebracht hielt, scheint dem Gericht entgangen. Attila A.s Familie kommt aber gerade damit nicht klar. »Keiner wollte, dass der alte Mann bis ans Ende seiner Tage wirklich ins Gefängnis muss. Was bringt das? Aber dieses Urteil ist doch nicht gerecht«, sagt sein Vater.

Das Wort »Revision« fällt. Der Anwalt der Familie könnte sie einreichen, er vertritt als Nebenkläger auch die Interessen von Attilas dreijährigem Sohn. »Wir werden es überlegen«, meint er illusionslos.

## Die enge Zelle

*Ein Gefängnisdirektor raubte seinem Häftling die Freiheit. Oder was passierte in Frankfurt (Oder)?*

Zelle 303 liegt in der Mitte des Traktes. Sie ist klein, gerade mal sechs Quadratmeter groß. Hocker, Tisch, Bett, Kloschüssel, Waschbecken. Ein zusätzliches Gitter sichert die Zellentür ab, verkleinert den Raum. Zelle 303 ist eine von fünf Arrestzellen in der Untersuchungshaftanstalt Frankfurt (Oder). Oder besser: Sie war es. Zu Zeiten, als DDR-Häftlinge noch in DDR-Knästen einsaßen.

Andreas St. zum Beispiel, knapp zwei Meter groß und drei Zentner schwer. Mit Händen wie Schaufeln. Andreas St. ist Bauleiter, heute. Damals, im Herbst 1988, als man ihn in die Zelle 303 sperrte, stand er im Verdacht, in Frankfurt ein junges Mädchen ermordet zu haben. Der Beamte, der die Ermittlungen leitete, sagt aus, er habe nie mehr einen ähnlich zugerichteten Körper gesehen: Schädel und Brustkorb zertrümmert, den Leib aufgerissen, Genitalien und Nieren herausgeschnitten, in der Bauchhöhle eine leere Schnapsflasche. Schnell konzentrierte sich die Fahndung auf Andreas St., dem es an Vorstrafen und Knasterfahrung nicht mangelt. Er war kurz vor der Tat mit dem Mädchen gesehen worden. Und er war flüchtig. Als die Polizei Andreas St. in Berlin fasste, verbreitete sich in Frankfurt angespannte Nervosität. Hierher sollte der Gefangene gebracht werden.

Im Sitzungssaal des Frankfurter Gerichts schwebt diese Vorgeschichte über dem Verfahren, auch wenn sich der eigens aus Berlin angereiste Vertreter der Staatsanwaltschaft energisch dagegen verwahrt: Nichts hätte die frühere Tat des Andreas St. mit dem heutigen Prozess zu tun. Die Herren Verteidiger mögen bitte nicht vergessen, dass in der Sache, die hier verhandelt würde, Andreas St. der Geschädigte sei, das Opfer. Wenn der Staatsanwalt nervös wird, setzt er sich stocksteif auf und ruckt an seiner schmalen Goldrandbrille. Sonst bleibt er eloquent, vertraut auf das papierne Recht an seiner Seite. Für ihn ist der »Fall Andreas St.« Geschichte: Der Mordverdächtige kam nach zwei Jahren Untersuchungshaft am 3. Oktober 1990 aus dem Eben noch-DDR-Knast frei, bekannte später vor einem Gericht die Tat, ohne sich zu erinnern. Weil er zum fraglichen

Zeitpunkt im Rausch betörender Dämpfe gestanden haben soll, sprachen ihn Gutachter und Richter schuldunfähig. Mit 30.000 Mark Haftentschädigung ging Andreas St. seiner Wege. Und erstattete Anzeige. Gegen seinen ehemaligen Gefängnisdirektor.

Der Staatsanwalt bringt die Vorwürfe auf den Punkt: Die Einzelzelle, in der Andreas St. seinerzeit acht Monate seiner U-Haft zubringen musste, widersprach geltendem Recht. Sie war zu klein. Maß nur vier Komma sieben Quadratmeter Grundfläche. Sechs hingegen schrieb eine Weisung des DDR-Innenministers vor.

Hubert R., der Angeklagte, schüttelt verständnislos den Kopf: »Ja, was hätte ich denn machen sollen – ihn laufen lassen? Tut mir leid, aber ich habe gerade kein Bett für Sie frei?« Seine rhetorische Frage geht hinüber zum Ankläger. Doch der kann mit diesem Zynismus nichts anfangen. Er beruft sich auf ministerielle Vorgaben und zweifelt nicht daran, dass eine derartige Einschränkung der persönlichen Bewegungsfreiheit unbedingt nach Strafe verlangt.

Der geschädigte Zwei-Meter-Mann St. zweifelt natürlich auch nicht. Und schildert, wie eingeengt er sich in jener winzigen Zelle mit dem Extragitter gefühlt habe, dass er Kreislaufprobleme bekam und Übergewicht, mit dem er noch heute kämpft. Nervös und krank hätte ihn diese »ganze Sonderbehandlung« gemacht, mit der Drei-Mann-Bewachung und den ewigen Sichtkontrollen. Dann hat es der Zeuge eilig. »Ich hab heute noch jede Menge Termine«, faucht er ungehalten, als Verteidigung und Staatsanwalt überlegen, ob sie ihn später noch einmal hören wollen. »Sie haben Glück, dass ich heute überhaupt gekommen bin.«

Dem Angeklagten fällt es schwer, ruhig zu bleiben. Auch er hätte an diesem Tag viel zu tun. Schließlich leitet er die Frankfurter

U-Haft bis heute. Und der Vorwurf, er hätte Andreas St. rechtswidrig und in menschenunwürdiger Art die Freiheit geraubt, erregt ihn maßlos. Alle in der U-Haft hatten eine Heidenangst vor dem Mann, er war jähzornig, in seinen Kräften und Ausbrüchen unberechenbar, kein Häftling wie andere, kein kleiner Taschendieb, kein Scheckbetrüger. Der zuständige Staatsanwalt hatte damals die Einzelunterbringung angeordnet, der Haftrichter dies bestätigt. Nun soll er – der Knastleiter – ein Straftäter sein, weil er St. in eine zu kleine Zelle brachte, ihn bewachte und kontrollierte? Bis zu fünf Jahren Haft stehen auf schwere Freiheitsberaubung, im Ost wie im Westrecht. In RAF-Prozessen, bei Entführungen und Geiselnahmen wurden schon Freiheitsberaubungen angeklagt. Auch wenn Zuhälter ihre Mädchen einsperren, um sie gefügig zu machen. Doch kann ein Gefängnisdirektor seinem Häftling die Freiheit rauben?

Hubert R. erzählt, wie es im Herbst 1988 in der einzigen Untersuchungshaftanstalt des Bezirkes Frankfurt (Oder) aussah. Dass der Bau – für einhundertneununddreißig Insassen ausgelegt – immer zu klein war und nie komfortabel. Ein Gefängnis eben, mit allen Härten und Zwängen, mit vielen schweren Jungs, aber wenigen so gefürchteten wie Andreas St. Der Direktor kennt sehr wohl die Vorschrift, die da heißt: sechs Quadratmeter. Aber er kennt auch die Realität. Und er drängt das Gericht, sich mit einer weiteren Weisung des damaligen Innenministers zu befassen, die praktisch alle Normative aufhob, wenn Mangel herrschte. Und Mangel herrschte in der DDR eigentlich fast immer. Auch an Knastplätzen.

Hubert R. will die Schuld nicht auf sich nehmen, die ihm die Anklage zuweist. Er insistiert. »Andreas St. ist in seiner Zelle nie wie ein Arrestant behandelt worden. Ganz im Gegenteil, er bekam manches Extra eingeräumt, nur weil wir wussten, er flippt sonst aus.« Da brachte ein Angestellter St.s Frau Blumen zum Geburtstag nach Hause; wenn der Häftling es forderte, gab es doppelte Essensportionen; er bekam Besuch, durfte arbeiten, rauchen.

Bleibt die zu kleine Zelle. Die geraubte Freiheit. Der Staatsanwalt bemüht sich in seinem Plädoyer um einen bildlichen Vergleich für die Enge, lange, sagt er, habe er nach einem passenden gesucht: Wenn man von den vier Komma sieben Quadratmetern noch die Einrichtung abzieht, bleibt weniger als ein Ehebett. Und darin wurde ein Mensch monatelang gehalten. Wer so etwas durchsetzt, muss mit Gefängnis bestraft werden: zehn Monate auf Bewährung.

Hubert R. und sein Verteidiger rechnen dem Gericht vor: Andreas St. habe in seiner 303 sogar mehr Platz gehabt als die meisten anderen, die in Gemeinschaftszellen untergebracht waren, zu zweit, zu dritt, in schlimmen Zeiten sogar als Bodenschläfer. »Andreas St.«, sagt Hubert R. einmal, »war ein besonderer Fall, aber seine Haftbedingungen waren es nicht.«

Dieser Auffassung schließen sich Richterin und Schöffen an:

»Jede Haft ist eine Freiheitsberaubung, aber rechtswidrige Umstände konnten wir nicht erkennen.« Freispruch.


## Voller Angst


*Ein Dreißigjähriger überfiel in Berlin eine Kindergruppe – und weiß bis heute nicht, warum.*

Der 6. November ist ein milder Herbsttag. Der Mann, der kurz nach sechzehn Uhr auf die »Spielkiste« zugelaufen kommt, hat

sich nur schnell die bunte Jacke seines Jogginganzugs überge-
worfen, er hat keinen weiten Weg in die Griechische Allee. Gabi
K., die Betreuerin der letzten sieben Hortkinder in der Kita,
will gerade das Fenster schließen, als sie den kleingewachsenen
Mann sieht. Ob er zu ihr will? Sie drückt den Riegel fest.

Die Tür zum Bastelraum steht wie immer weit offen. Heiko
S. überlegt nicht lange. »Sei bloß still«, herrscht er die zierliche
blonde Erzieherin an, die sich gerade vom Fenster wegdreht.
Er packt sie am Hals, drückt sie gegen das Regal mit den Büchern, hält sie fest, so gut er kann, und das blanke, silberne
Ding, mit dem er ihr vor dem Gesicht herumfuchtelt, verfehlt
seine Wirkung nicht. Sie schreit nicht, sie fleht die Sechsjähri-
gen nur leise an: »Kinder, schnell, lauft weg.« Doch die rühren
sich nicht. Der Staatsanwalt stützt sich schwer auf beide Arme,
als er im Berliner Landgericht seine ungewöhnliche Anklage
vorliest. Eine Geiselnahme ohne Motiv. Ein Geiselnehmer, der
nichts will: keine Lösegeld, keinen Hubschrauber, nicht einmal
ein simples Fluchtauto. Der die Tür hinter der Erzieherin ins
Schloss knallt, als die sich ihm doch entwinden kann und mit
zwei Kindern flieht, der »Lasst mich doch alle in Ruhe!« brüllt
und mit seinen Geiseln Holztürme baut, während draußen vor
dem Haus achtzig Mann Sonderkommando auf der Lauer liegen.

»Was wollten Sie denn überhaupt in der Kindertagesstätte?«,
will der Vorsitzende Richter nach fast einer Stunde Verhandlung endlich wissen. Er hat sich sacht herangetastet mit seinen
Fragen. Hat den Angeklagten erst von sich erzählen lassen,
davon, wie dieser 6. November begann, was Heiko S. tat, wie
viel wohl die Dose Katzenfutter gekostet haben könnte, die der
Dreißigjährige kurz vor der Tat kaufte.

Nun also der Überfall. Aufgeschreckt durch die unmissver-
ständliche, unausweichliche Frage schaut der Angeklagte für

einen Moment hoch zum Richtertisch hinter der schweren hölzernen Absperrung. »Ich hatte da nichts zu suchen, ich weiß ja auch nicht, was ich da wollte«, stammelt Heiko S. aufgeregt. Und er stottert und verhaspelt sich, setzt neu an, will diesen Satz unbedingt zu Ende bringen: Er weiß nicht, was ihn trieb, an jenem Novembernachmittag in der Wohnung seiner Mutter das Katzenfutter auf den Tisch zu stellen, den Gasrevolver zu greifen und loszugehen, eine Kita zu überfallen. Und so, als wollte sein ganzer Körper sagen: Aber das glaubt ihr mir sowieso nicht, fällt der Angeklagte wieder in sich zusammen. Zweieinhalb Stunden dauerte die Geiselnahme in der »Spielkiste«. Die Polizeibeamten, die vor der Tür lauschten, hörten Möbelrücken, Musik vom Band, leise Wortwechsel. Als zwei Kinder zu weinen beginnen, dürfen sie gehen.

»Die hatten Angst, das hat mich ganz fertiggemacht, ich hatte doch selber Panik.« Nach drei Anläufen hat Heiko S. auch diesen Satz geschafft. Sein Sprachfehler macht ihm zu schaffen und die Undurchschaubarkeit der Ereignisse.

Das Gericht muss sehr viele, sehr genaue, sehr kleine Fragen stellen. Dann setzt sich aus Halbsätzen und Gedankensplittern in Umrissen zusammen, was vielleicht irgendwann ein Lebensbild werden könnte. »Reden wir mal vom Alkohol. Sie haben ja wohl früher kräftig gesoffen?« – »Ja, Herr Richter, das stimmt. Das ging bis vor drei Jahren so, bis ich meine Freundin kennen lernte. Da war das schon extrem, da hab ich ja fast nichts mehr gegessen, nur noch getrunken.«

Denn besoffen, da fielen manchmal die Sorgen von Heiko S. ab. Da hatte er nicht mehr solche Angst, unter Menschen zu sein, die in hänseln könnten mit seinem Stottern. Da vergaß er mit unter sogar, wie sehr er sich vor dem Leben fürchtete, das noch vor ihm lang. Arbeitslos, wohnungslos, seit kurzem auch wieder ohne Freundin. »Ich bin immer der Verlierer«, sagt Heiko S., und es klingt nicht wehleidig, nur schrecklich sachlich.

Mit fünf wollte er seinen Vater umbringen, einen Trinker, der ihn nachts aus dem Bett prügelte, der die Mutter schlug und die Geschwister, den er hasste – und doch zu schwach war, zu besiegen. Als der Peiniger endlich hinter Gitter kam, war Heiko fast sieben und schwer gestört. Seine Mutter, selbstmordgefährdet, durfte lange die Psychiatrie nicht verlassen.

Heikos Perspektive hieß Sonderschule, die schaffte er leidlich, sein Traumberuf Tischler aber blieb Illusion. Der menschenscheue Knabe kommt zu den Schlossern und schmeißt schon nach wenigen Monaten die Lehre. Mit Gelegenheitsjobs hält er sich über Wasser – »Ich war alles mal: Tellerwäscher, Transportarbeiter, Kabeldreher.« Das bewahrt ihn in der DDR vor dem Makel der Asozialität.

Zum großen Krach kommt es, als er den Armeedienst verweigert. »Ich wär da doch der letzte Dreck gewesen.« Nach vierzehn Monaten Haft wegen »versuchter Republikflucht und staatsfeindlicher Hetze« schiebt die DDR Heiko S. ab. In Westberlin trinkt er weiter und fällt er weiter. Nach der Wende fliegt er aus der Notunterkunft, die Mutter nimmt ihn zunächst auf, dann gibt ihm die Freundin ein wenig Halt. Bis zum Bruch der Beziehung. »Die Tage vergingen einfach nicht, und ich wusste nicht, was mit mir noch werden soll«, nuschelt Heiko S. Richtung Fußboden. Bei einer polizeilichen Vernehmung hatte ein Beamter protokolliert: »Vielleicht wollte ich ja, dass einmal die ganze Gesellschaft an meiner Seite ist.«

Eine Forderung gab es übrigens doch: Katja, seine jüngste Schwester, solle geholt werden, bitte. »Die hat mal gesagt, dass ich immer zu ihr kommen kann, wenn ich Probleme habe.« Als Katja kam, durften auch die letzten Kinder die Kita verlassen. Heiko S. ergab sich mit gesenktem Kopf. »Ich möchte so sehr, dass Sie mir verzeihen können«, schrieb er der kleinen, blonden Erzieherin später aus dem Gefängnis. »Wenn ich irgendwann hier wieder rauskomme, bringe ich Ihnen einen großen Strauß Rosen.«

## Goldene Löffel

*Eigentlich waren die Einbrecher auf der Suche nach Schnaps, aber dann fanden sie reichlich Schmuck und Edelsteine – bei Katarina Witt.*

Richter Schuster ist gut aufgelegt. So prominente Zeugen hat er nicht oft zu vernehmen. Und so hübsche schon gar nicht. Aber er bleibt mannhaft, bittet nicht um ein Autogramm. »Sie sind Frau Witt? Entschuldigung, ich muss Sie so fragen. Es ist fürs Protokoll.« Frau Witt lächelt milde, ja, sie sei Frau Witt. Vorname Katarina, Beruf Eiskunstläuferin.

So schnell, wie das kleine Lächeln kam, verfliegt es auch wieder. Katarina Witt wartet jetzt konzentriert und unnahbar auf die Fragen des Richters. So unnahbar, wie sie vorhin auf dem Flur im Landgericht Frankfurt (Oder) die Fernsehteams abwies, die extra auf sie gewartet hatten. Ihr Blick funkelte böse, »Geht doch zu Henry Maske mit euren Kameras, der hat bestimmt mehr zu bieten!«

Hinter der Saaltür quält sich derweil ein kraftvoller Mittvierziger mit seinem Geständnis. Reinhard P. soll im nun schon länger zurückliegenden März 1990 zweimal in den Bungalow der berühmten Eiskunstläuferin eingebrochen sein. »Eingebrochen, nö, eingebrochen sind wir eigentlich nicht, das Klofenster stand ja offen!« kontert er den Vorwurf. Da ist er genau. Überhaupt klinge das alles viel zu kriminell, was hier gegen ihn vor gebracht wird. Beim zweiten Mal ließen sie schließlich sogar die gepackten Taschen stehen, weil Frau Witt gerade nach Hause kam und sie flüchten mussten.

Lustiger ging es zweifellos beim ersten Bruch zu, bei der Party, zu der sich Reinhard P. und sein Kumpel selbst eingeladen hatten. »Wir wollten uns nur mal umgucken«, beteuert der Angeklagte, doch dann konnten sie nicht widerstehen. Sie zwängten sich in Katis Jeans, ihre T-Shirts und Röcke, wollten auch noch all die schicken Schuhe probieren, die ihr gehörten, doch die passten nicht. Sie leerten die Bar und nebelten sich im Bad ordentlich mit teuren Düften ein. »Sie wissen doch, Herr Richter, dass ich fast immer blau war. Da plant man nicht kaltblütig, da nimmt man, wie's kommt.«

»Na, dann kam es ja bei Frau Witt ausgesprochen günstig«, stichelt Richter Schuster hinunter zum Angeklagten, und der pariert: »Wie man's nimmt. Guten Schnaps hatte sie wirklich, aber das andere Zeug hab ich gar nicht richtig wahrgenommen.«

Das andere Zeug sind hochkarätige Ringe, edelsteinbesetzte Ketten, Perlenhalsbänder. Einzelstücke, manche bis zu zwanzig-, dreißigtausend Mark wert. Zusammen mit diversen goldenen Löffeln und Pokalen beläuft sich der Verlust auf rund 200.000 Mark. Das hatte im ersten Anlauf des Prozesses, sechs Wochen zuvor, für Wirbel gesorgt. Konnte eine Amateursportlerin in der DDR überhaupt derartige Reichtümer anhäufen? Harsch forderte der Anwalt: Kati Witt muss in den Zeugenstand.

Nun sitzt sie hier, bestätigt die Liste der gestohlenen Stücke, sagt, dass es sich zumeist um Geschenke handelte, um Erinnerungsstücke. Die Schadenszahlen kämen nicht von ihr. Die habe im Auftrag der Polizei ein Juwelier geschätzt. Und das, ihres Wissens, in DDR-Mark.

»Ach, in DDR-Mark!« Richter Schuster ist überrascht, »dann weiß man ja gar nicht, wie man das umrechnen soll!« Irgendwie wirkt er trotzdem erleichtert. Gibt es noch Fragen an die Zeugin? Einvernehmliches Kopfschütteln. Keine fünfzehn Minuten dauert das Ganze. Fünfzehn Minuten, für die Kati Witt eigens aus den USA angeflogen kam. Immerhin hat sie die Gelegenheit genutzt, ihre Berliner Wohnung mal wieder zu malern. »Ich bin noch nicht ganz fertig«, erzählt sie den umstehenden Journalisten jetzt freimütig in den Block, und dass sie sich wünscht, der Angeklagte werde gerecht behandelt. Dann verschwindet der Star.

Reinhard P. interessiert das ganze Gerechne sowieso nicht.

»Was hab ich denn gehabt von der reichen Beute? Gar nichts.« Ein paar Ringe tauschten die Diebe gegen Hochprozentiges ein, ein 15.000-Mark-Schmuck brachte einen Fünfziger. »Wir wollten uns nämlich nicht bereichern, nur betrinken. So einfach ist das, Herr Richter.«

Nein, so einfach ist es nicht, muss Richter Schuster nun ein für allemal klarstellen. »Machen Sie endlich reinen Tisch, sonst wird das nie was!« schnauzt er den Angeklagten an, aber der feilscht um jede Formulierung. Reichlich vorbestraft sei er, zugegeben, doch in der DDR wäre er ja nur straffällig geworden, weil Kriminelle schneller abgeschoben wurden, in den Westen. »Da wollte ich hin, seit ich 18 war, das war mein Ziel!« Neun Verurteilungen sammelte er bis zur Wende: Diebstahl, schwerer Diebstahl, vorsätzliche Körperverletzung. Jedes Mal Gefängnis, abgeschoben wurde er nie. »Und mit der Einheit hörten Sie auf zu klauen?« fragt der Richter rein rhetorisch.

»Na, so ganz nicht, da lag's dann am Alkohol.« Im Register-auszug stehen seitdem fünf neuere Haftstrafen.

Noch einen Monat muss Reinhard P. absitzen, dann hat er auch seine bis dato letzte geschafft: anderthalb Jahre für eine schwere räuberische Erpressung. Und nun dieser Prozess hier, »so ein uraltes Ding«, schimpft der Angeklagte, »das macht mir alles wieder kaputt«. Adrett, mit frischem, weißem Hemd und gebügelten Jeans, will P. dem Gericht zeigen, dass er sich auf seine Entlassung diesmal ernsthaft vorbereitet. Eine Wohnung fand er schon, einen Job als Kellner oder Koch sieht er vor sich, Therapien, die ihn vom Schnaps künftig fernhalten sollen, hat er hinter sich.

»Wie lange Ihre guten Absichten vorhalten, weiß ich nicht«, hebt der Richter zum Urteilsspruch an, »das liegt bei Ihnen. Aber wir geben Ihnen eine Chance.« Und er verkündet, was er in einer kurzen Pause zwischendurch, laut und vor Publikum, mit Staatsanwalt und Verteidigerin hin- und hergerechnet hat: Ein Jahr und viereinhalb Monate saß P. wegen des Witt-Falls schon in U-Haft, das wird angerechnet. Bei guter Prognose kann die Strafe nach der Hälfte der Zeit ausgesetzt werden. Wenn wir ihm also drei Jahre geben, könnte P. in sechs, acht Wochen frei sein. Und beweisen, dass er es ernst meint mit seinem neuen Leben. Da nickt auch der Angeklagte.

## Lebt alle wohl

*Ein Mann aus Wuppertal überfiel in Berlin einen Taxifahrer. Doch aufs Geld kam es dem Räuber nicht an. Er brauchte das Auto.*

Volkfried W. schaut noch einmal auf seine Uhr, gleich drei. Seit einer Dreiviertelstunde steht er schon hier am nächtlichen Bahnhof Zoo, doch niemand ist zugestiegen. Fünf Minuten noch, sagt sich der Mann, dann fahre ich los. Seine Schicht wäre ohnehin bald zu Ende, zehn Stunden Taxifahrerei liegen an diesem Mittwochmorgen hinter ihm. Fünf Minuten noch.

Den jungen rotblonden Fahrgast, der auf seinen Wagen zukommt, schickt der Himmel. Zum Alex will er, in die Ostberliner City. Das liegt auf Volkfrieds Weg nach Hause. Er freut sich über diese letzte Tour. Auch dass sein Mitfahrer unterwegs schweigt, missfällt ihm nicht. Mancher will eben seine Ruhe haben, noch dazu morgens um drei. Also stellt er auch keine Fragen. Die Straßen sind leer, Volkfried W. kommt zügig durch die Stadt, hat schon die Siegessäule im Blick, bemerkt gerade, dass auf der Gegenfahrbahn die Polizei eine ihrer beliebten Fallen aufgebaut hat, um nächtliche Raser abzukassieren. Der Streifenwagen steht aber auch zu auffällig da! Wer sich da erwischen lässt … – viel weiter kommt der Fahrer nicht in seinen Überlegungen.

»Rechts ran, hier!«, herrscht ihn der Jüngling auf der Rückbank an. Eigentlich nicht aggressiv, eher sehr bestimmt. Volkfried W. bremst, bringt den Mercedes auf der Randspur zum Stehen, dreht sich um, will wissen, was seinen Fahrgast zu diesem plötzlichen Sinneswandel treibt – und sieht einen Revolver auf sich gerichtet, zwischen den Sitzen durch, direkt auf seine Brust. Und ganz ruhig, ganz ernst klingt die Stimme des Jungen, als der ihn auffordert, sofort das Auto zu verlassen. »Hau ab, und mach keinen Mist!«

Dass Taxifahren ein gefährlicher Job ist, weiß Volkfried W. natürlich, er ist schon eine Weile im Geschäft. Und die Überfälle häufen sich. Allein bis zum Mai gab es in diesem Jahr sieben tödliche Überfalle. Jede zweite Attacke auf einen Taxifahrer starten die Täter nachts zwischen null Uhr und vier. Und immer haben sie es auf das Geld abgesehen, die Tageseinnahmen. Selten mehr als dreihundert, dreihundertfünfzig Mark. Volkfried W. sind in diesem Moment seine Papiere wichtiger, er wagt die Frage, ob er sie mit nehmen kann, möchte sein Gegenüber nicht reizen. Doch der stämmige Blonde will nur, dass W. aus dem Fahrzeug verschwindet: »Ja, nimm sie mit, das Geld auch, aber geh! Ich brauch nur das Auto!« Dann rast der Räuber los.

Weit ist Stefan R. mit dem Mercedes-Taxi B-HP 35 57 in dieser Nacht zum 21. Juni nicht gekommen. Um 3.35 Uhr klicken die Handschellen, zwei Ampelkreuzungen vom Tatort entfernt. Festgenommen wird er von den beiden Polizisten der Geschwindigkeitskontrolle, zu denen der bestohlene Fahrer sofort lief, und die dem Taxiräuber folgten. »Ja, haben Sie die Polizisten auf der anderen Straßenseite denn nicht gesehen?« fragt die schmale, dunkle Richterin den Angeklagten etwas irritiert. »Doch schon, aber erst, als wir standen. Aber nun wollte ich durch«, gibt der zurück.

So ähnlich wie hier vor der 16. Strafkammer des Berliner Landgerichts muss Stefan R. auch bei seinem Taxiraub gewirkt haben. Sehr ruhig, ganz klar in dem, was er redet, und doch ganz schön wirr in dem, was er denkt. »Irgendwie«, sagt er, wusste er damals mit seinem Leben nicht weiter. »Irgendwann« kam ihm der Plan, einfach Schluss zu machen. »Irgendwohin«

wollte er mit dem Taxi fahren, um es an eine Mauer zu setzen. Oder einen Baum.

Was den Fünfundzwanzigjährigen derart in Panik versetzte, dass er an Selbstmord dachte, kann Stefan R. noch immer nicht richtig artikulieren. »Eine Beziehungskrise« nennt es der schlaksige Staatsanwalt. Von »Ratlosigkeit« und einem »desolaten Gemütszustand« spricht die Richterin. Dem hat der ewig kummervoll dreinschauende Verteidiger nichts mehr hinzuzufügen. Was soll er auch monieren, wenn der Staatsanwalt ein derart leidenschaftliches Plädoyer für den jungen Angeklagten hält und statt der gesetzlich angedrohten Mindeststrafe von fünf Jahren Knast nur eine zweijährige Bewährungsstrafe fordert? Trotz des Raubes, trotz der Waffe, trotz der Bedrohung des Taxifahrers.

Stefan R. hat Glück mit diesem Gericht, das seine Selbstmordgedanken nie in Zweifel zieht. Auch wenn er nicht viel darüber zu sagen weiß, wie er die beiden Tage in Berlin verbrachte, nachdem er im Streit seine Freundin verließ, den erstbesten Zug weg aus Wuppertal nahm, und in eine Stadt kam, in der er niemanden kannte. Eine Nacht im Hotel und ein langer Tag auf der Straße folgten. Das ist alles, woran sich Stefan R. erinnert.

»Ich war mit meinen Gedanken ganz woanders.« Zu Hause, in Wuppertal, bei der Ex-Frau, die ihn die beiden Kinder nicht mal besuchsweise sehen lässt. Und bei seiner schwangeren Freundin, die nach einem Krach mit ähnlichem drohte. »Wenn wir uns mal trennen, wirst du das Kind auch nie sehen.«

Stefan sagt »meine Freundin« und »mein Kind«, aber er gebraucht das Wort Familie nicht. Freiwillig ging er mit vierzehn ins Heim, weil er mit seinen Eltern nicht klarkam, weil sie ihn nicht verstanden und er sie nicht. Nach zehn Schuljahren und mit einem Zeugnis der Achten zog er zu Freunden, heiratete schnell, aber die Beziehung überdauerte nicht. Warum, danach fragt im Gerichtssaal niemand, denn mit dem Taxiraub hat die Ehe nichts zu tun. Gar nichts?

»Ich lief den ganzen Dienstag durch die Straßen und grübelte, was werden soll. Ich rief meine Freundin an, aber es hatte keinen Sinn. Alles schien so verfahren. Selbstmord, das wär's. Nur ich wusste nicht, wie.« Irgendwann zwischen dem dritten und vierten Bier, zwischen dem dritten und vierten Kaffee muss ihm die Idee mit dem Taxi gekommen sein. »Wäre es nicht einfacher gewesen, ein Auto zu klauen, und das dann zu nehmen?« erkundigt sich der Staatsanwalt. Stefan R. muss passen. »Ich hab einen Moment daran gedacht, aber klauen ist schon schwer, und kurzschließen könnte ich's bestimmt auch nicht.« – »Aber einen Revolver kaufen, das konnten Sie?«, hakt die Richterin ein.

»Naja, das ist ja nicht problematisch. Einen Gasrevolver bekommt man überall.« – »Und mit dem wollten sie sich umbringen?« »Das nun nicht. Aber ich brauchte ihn zur Unterstützung. Da dachte ich schon irgendwie an ein Taxi.« Von nun an lief alles ab wie im Film. Bis die Klappe fiel.

Seitdem sitzt Stefan R. in Berlin-Moabit in der U-Haft. Seine Freundin schreibt ihm wieder, aber den Job, den er kurz zuvor in einer Textilfirma gefunden hatte, wird er nicht wiederkriegen. Probezeit. Von dem sonnigen Sommer hat er kaum etwas mitbekommen. Weiche, weiße Waden gucken aus kniekurzen Shorts. Und der rotblonde Strubbelkopf mit dem XXL-Shirt wirkt viel jünger als fünfundzwanzig. »Der Angeklagte war mit den Problemen einer ganz normalen Beziehungskrise völlig überfordert.« Der Staatsanwalt bittet für Stefan R. um Milde. Dafür, dass er sich widerstandslos, fast erleichtert, festnehmen ließ, nichts leugnete, nichts beschönigte und sich bei seinem Opfer entschuldigte.

Vielleicht wird Stefan R. gleich nach dem Urteilsspruch zurück nach Wuppertal gefahren sein, mit dem erstbesten Zug. Der Brief, den er vor dem Überfall zusammen mit seiner Jacke spät abends in einem Bahnhofsschließfach verstaute, bleibt bei den Akten: »Schickt das Zeug hier bitte an Anja. Ich brauche es nicht mehr. Lebt alle wohl.«

## Gestorben

*Ein Tag wie jeder andere auf der Pflegestation eines Altenheimes. Doch die Krankenschwester Marlene bringt er lebenslänglich ins Gefängnis.*

War das ein Mord, begangen aus niederen Beweggründen? Ist diese Frau eine Mörderin, lebenslänglich mit Gefängnis zu bestrafen, so wie es das geltende Recht vorsieht und keine Ausnahme duldet?

Marlene H. ist siebenunddreißig, eine zarte Person mit einem dichten geflochtenen Zopf. Sie lebt in Marzahn, der großen Berliner Plattenbausiedlung, allein mit dem kranken Sohn. Als er vor elf Jahren geboren wurde, gab sie den Job auf, an dem sie hing, verließ die gynäkologische Station eines Krankenhauses, suchte sich Arbeit in der Nähe ihrer Wohnung. Es traf sich gut, dass das Altersheim ein paar Ecken weiter gerade eine Pflegekraft brauchte, eine zuverlässige Krankenschwester mit Erfahrung.

»An Marlenes Arbeit gab es nie etwas auszusetzen, nein, ganz und gar nicht, die hat alles gemacht, und alles gerne«, sagt ihre Kollegin Manuela, die ihr an jenem 25. Januar den Dienst übergab. »Frau H. war eine überaus einsatzbereite, verlässliche Schwester«, urteilt der smarte, auf Korrektheit bedachte Stationspfleger. »Lieb und nett«, beteuert eine Freundin.

In den Polizeiprotokollen finden sich aber auch Äußerungen von Kollegen, die Marlene H. kritischer sehen. Schnell aufbrausend sei sie gewesen, manchmal sogar ruppig im Ton und nicht immer so behutsam zu den alten Patienten, wie man es sich wünschen würde. Fachlich, da könne man überhaupt nichts Negatives sagen, ganz im Gegenteil, aber im Umgang war Marlene mitunter schwierig.

»Die Menschen sind eben verschieden«, resümiert die betreuende Heimärztin salomonisch, und bestätigt zugleich, dass sie Marlene H. vor allem durch die Behandlung ihres kranken Kindes kenne, »da sah ich sie immer sehr liebevoll und fürsorglich«. Fast alle Zeugen, die vor der 29. Großen Strafkammer des Berliner Landgerichts auftreten, sprechen in der Vergangenheitsform von Marlene H. So, als säße die Siebenunddreißigjährige nicht mit im Raum, als gäbe es sie schon nicht mehr. Und viel leicht ist dieser Eindruck ja gar nicht so falsch. Marlene H. ist in diesem Verfahren zwar die Hauptperson, die Beschuldigte, angeklagt wegen Mordes, doch sie sitzt, wie zur Salzsäule erstarrt, weitab vom Geschehen, ihr Blick hängt Stunde um Stunde an einer kahlen weißen Wand. Sie schaut nicht zu ihrem Verteidiger, nicht zum Richter, nicht zu den Zeugen. Nie. Irgendwie ist Marlene H. gestorben.

Gestorben ist auch die Heimbewohnerin Elsa F. Eine alte Dame, die fast genauso lange auf der Pflegestation lebte, wie Marlene dort arbeitete. Seit geraumer Zeit konnte sie sich nicht mehr selbst versorgen. Diabetes, Bluthochdruck, Gefäßverkalkungen und andere Beschwerden hatten den Körper geschwächt, doch erst seit dem letzten Jahreswechsel ging es der Dreiundneunzig jährigen richtig schlecht. »Frau F. verfiel binnen weniger Wochen«, bestätigt die behandelnde Ärztin, »ihr Bauch blähte sich auf, sie litt Schmerzen, ich vermutete einen Tumor, der zusehends wuchs.« Elsa F. lag im Sterben. Die Ärztin bat den Sohn zu sich, sprach mit ihm über das bevorstehende Ende. Am 25. Januar, einem Donnerstag, kam die Ärztin wie üblich früh zur Visite, schaute nach Elsa F. und ahnte, dass ihre Patientin wohl die nächsten Stunden nicht mehr überleben würde, schon in der Nacht hatte der Schluckreflex versagt, die Ärztin empfahl nur noch Mundpflege: das Austupfen der Mundhöhle mit einem feuchten Wattestäbchen.

Schwester Marlene hatte Frühdienst. Auch sie wusste, wie schlimm es um Frau F. stand. Doch an diesem Morgen mussten – wie immer – sechsundzwanzig bettlägerige Heimbewohner gewaschen, gewindelt und gefüttert werden. Sie versahen diesen Dienst zu zweit: Marlene H. gemeinsam mit einer Praktikantin, einer ehemaligen Verkäuferin, die zwar um einiges älter war als Krankenschwester Marlene, aber in diesem Beruf ein Neuling. Vermittelt durch ein Projekt, das Frauen in sozial schwerer Lage zu Altenpflegehelferinnen ausbildet. Und diese Praktikantin, Rosi S., erlebte einen Sterbefall, der sie unbeschreiblich erschütterte.

»Ich wollte früh Frau F. noch etwas zu trinken geben, aber sie schluckte nicht.« Damit beginnt Rosi S. ihre Schilderung des unglückseligen Morgens. Vor allem auf ihre Aussage stützt der Staatsanwalt seine Anklage, denn Rosi S. wurde Zeugin eines Mordes. Oder einer Unachtsamkeit? »Ich ging nach der Visite mit Schwester Marlene noch einmal zu Frau F. Wir machten die Grundpflege.« Das bestätigt auch die Angeklagte, die nur weinend und zitternd auf die Fragen des Richters Antwort gibt. Von da an gehen die Darstellungen auseinander. Marlene H. sagt, sie habe erneut versucht, der Patientin ein wenig

Flüssigkeit zu geben, den üblichen kalten Milchkaffee, in winzigen Schlucken »ein paar Teelöffel vielleicht«. Sie glaubt, Frau F. hätte sie auf genommen, als dann aber etwas Kaffee aus dem Mund lief, hörte sie sofort auf, drehte die Greisin auf die Seite. Da soll Frau F. noch geatmet haben.

Rosi S. schildert ihre weit drastischere Erinnerung. Gemeinsam hätten sie Frau F. gewaschen, ihr ein neues Nachthemd angezogen, auch die Hände, die schon ganz blau waren, eingecremt. Und dann, sie hat es noch im Ohr, soll Marlene zu ihr gesagt haben: »Besser, sie stirbt heute. Jetzt ist ein Arzt im Haus. Am Wochenende bin ich allein, womöglich kommt dann die Polizei …« Marlene H. habe wenig später die Schnabeltasse genommen und den Mund der Patientin richtig »vollgegossen«. Das kann man doch nicht machen, will Rosi S. noch gedacht haben, da hörte sie auch schon blubbernde Geräusche, ein Gurgeln. Sie rannte hinaus. Kurz darauf erfuhr sie, dass Frau F. gestorben sei.

»Sie lag ganz friedlich da«, sagt die Ärztin, die den Totenschein ausstellte. Sie hatte keinen Anlass, Unrecht zu vermuten.

Den liefert der Obduktionsbericht: Obwohl Elsa F. bereits »morbid und«, sterbend, gewesen sei, trat der Tod zweifelsfrei durch Ersticken ein. Luftröhre und Lungengewebe weisen Rückstände einer graubräunlichen, koffeinhaltigen Flüssigkeit auf, etwa hundert Milliliter, eine knappe halbe Tasse.

Diese hundert Milliliter bringen Marlene H. für den Rest ihres Lebens, wenigstens aber für zwanzig Jahre ins Gefängnis. Wegen Mordes. Und der niedere Beweggrund, da sind sich Staatsanwalt und Richter einig, war der Wille, Gott zu spielen.

# Die Grenzgängerin

*Einen schweren Raub hat eine Neunundzwanzigjährige begangen. Sie leugnet nichts. Doch warum es geschah, kann sie nicht sagen.*

»Ich hatte so Wut …«

Der Fall ist schnell erzählt. Deniese R., neunundzwanzig, eine schmale Blasse mit pechschwarzem Haar und schwarz umrahmten Augen, betrat am Morgen des 2. Februar gegen 6.45 Uhr den Ladenraum einer Aral-Tankstelle im Wedding, ging auf die Kasse zu, sah die Aushilfskraft, eine Studentin, die gerade den Tresen putzte, und befahl: »Gib alles Geld raus, das ist ein Überfall!« Weil sie bei diesen Worten eine Pistole zog und es offenbar ernst meinte, zögerten die Aushilfe und der Pächter der Tank stelle, der hinter einem Regal auftauchte, nicht, der Aufforderung nachzukommen. Herr N. öffnete das Geldfach und gab der Frau, was sie verlangte.

Vielleicht tat er es ein bisschen umständlich, denn die blasse Schwarze rief ungeduldig: »Mehr! Mehr! Da ist noch mehr drin!« Der Tankstellenpächter sputete sich. Nur leider hatte die Räuberin etwas Wichtiges vergessen: Sie hatte kein passendes Behältnis dabei – keine Tüte, keine Tasche, rein gar nichts. In ihrer schwarzen Lederjacke und den engen Jeans ließ sich nicht viel verstauen, und so stand sie bald da mit dem Geld in den Händen und wusste nicht, wohin. »Los, komm mit«, kommandierte sie die verschreckte Studentin zu sich. Sie drückte ihr die Pistole in die Seite, legte den Arm um deren Hals und zog das Mädchen mit raus aus dem Geschäft.

Als Geisel sollte sie ihr den Rückzug sichern. Aber draußen

stand niemand, der auf die Räuberin wartete. Kein Kompagnon, der ein Fluchtauto fuhr. »Du kommst mit bis zur Bushaltestelle da drüben, dann lasse ich dich laufen. Dir passiert nichts, solange keine Bullen kommen.«

Vielleicht sollte das ja beruhigend klingen. Aber plötzlich zog ein Windstoß vorbei, und das Geld, das nur lose in der Jacke der Räuberin steckte, flog auf und davon. Bunte Scheine flatterten wie Herbstblätter durch die Gegend. »Sie schien mir schon vorher verstört oder überfordert«, erinnert sich die Studentin, »denn wer überfällt schon früh, kurz nach Schichtschluss eine Tankstelle? Wir hatten gerade mal tausend Euro in der Kasse.« Nun, nach dem Windstoß, wurde die Räuberin völlig panisch. »Sie schrie mich an, ich solle mich bücken und alles aufheben. Ich hatte die Waffe am Kopf und sammelte einen Schein nach dem anderen zusammen. Fünf Euro segelten ein Stück weiter, aber auch da musste ich hin. Es war absurd. Mein Chef drinnen hatte doch sicher längst die Polizei gerufen. Versucht da ein Täter nicht, schnellstens zu fliehen?«

Bettina G., die zarte, kleine Geisel, glaubt, dass sie sich vor einem Profi weniger gefürchtet hätte. »Der weiß, was er macht. Hat einen Plan und seinen Rückzug organisiert. Aber die Frau war völlig durchgedreht. Dieses Unberechenbare, das von ihr ausging, davor hatte ich Angst.« Etwa dreihundert Meter lagen zwischen der Tankstelle und der anvisierten Haltestelle. Die Studentin hatte Glück, die Räuberin ließ sie dort wirklich frei. Einen Moment später kam auch der Bus, und vor der Angeklagten stieg ein junger Mann mit zwei Hunden ein. »Ich glaube aber nicht«, sagt Bettina G., »dass die zusammengehörten.«

Da irrt die Zeugin, denn die beiden frühen Fahrgäste an jenem Morgen waren ein Paar, für einige Wochen zumindest und bis zu diesem Tag. Daniel, der siebzehnjährige, und Deniese, die dreifache Mutter. Wie sie zusammenfanden, erfährt man nicht, nur wie die Beziehung endete: Daniel hat die »Schnapsidee« in jener Nacht gemeinsam mit der Freundin geboren, sie wieder verworfen, dann reizte ihn die Aussicht aufs Geld vielleicht doch, und er ging mit. Aus weiter, sicherer Distanz verfolgte er das Ganze. Dann überkamen ihn erneut Zweifel. Oder war es eine Falle? Er offenbarte sich dem Busfahrer und half ein paar Stationen später, Deniese R. zu überwältigen. »Du Arsch«, schrie sie wütend, leistete aber keinen Widerstand. Die Polizei hatte keine Mühe, sie festzunehmen. Weil der Knabe Daniel noch so jung ist und letztlich nicht am Tatort auftrat, verzichtet das Gericht auf seine Vernehmung. Was soll er erhellen können? Schöffen und Richterinnen befinden, es läge alles klar auf der Hand. Es gibt keine Widersprüche zwischen dem Bericht der überfallenen Tankstellen-Aushilfe und der Aussage der Angeklagten. Deniese R. hat alles so eingestanden. Fast eine Stunde erzählte sie unter Tränen und mit langen Pausen, wie sie diesen 2. Februar erlebt hat. Sie steht unter Beruhigungstabletten, sie zittert, aber sie versucht, klar zu reden. Sie leugnet nichts. Nur wie sie auf die Idee kam, die Tankstelle auszurauben, das kann sie nicht erklären. »Es war ein Blitz. Der schießt einem so durch den Kopf. ›Einmal Geld haben!‹ Dabei bin ich eigentlich nicht mal scharf drauf. Ich wüsste doch nichts mit anzufangen. Trotz dem kam die Idee in einem winzigen Augenblick nachts hoch, weil ich mir doch gerade die Pistole von einem Kumpel besorgt hatte. Um mich zu schützen. Es ist so fies auf der Straße. Und ich hatte so Wut.«

Deniese R., die neunundzwanzigjährige, ist obdachlos. Eine »Nichtsesshafte«, sagt die Richterin. Die Angeklagte nickt dazu. Ja, das empfindet sie auch so, sie kann nirgends bleiben, fühlt sich ständig eingeengt und eingezwängt. Also lebt sie auf der Straße. Sie hat Bekannte am Bahnhof Zoo, mit denen trifft sie sich, wenn ihr danach ist. Man quatscht, trinkt Bier. Sie

schlaucht mal was Essbares, mal 'ne Zigarette, fühlt sich hin
gezogen. Dann wieder ist sie wütend auf irgendwas oder ir-
gendwen und seilt sich ab. Ein ständiger Kreislauf. Einer der
Obdachlosen hatte ihr an jenem Tag die Pistole gezeigt. »Ich
dachte eigentlich, dass die scharf ist. Deshalb wollte ich sie ja
auch zu meinem Schutz, ich bat ihn darum, und er ließ sie mir.«

Dass das Magazin der Pistole kaputt war und »nur« eine Gas-
patrone im Lauf steckte, hat sie später zwar bemerkt, aber Waffe ist eben Waffe. »Zum Wehren hätte es gereicht«, glaubt Deniese R. Für den Überfall reichte es auch, denn welches Opfer
kann wissen, wie real die Bedrohung ist? Also macht es auch
für das Urteil kaum einen Unterschied. Aus einem »Raub«
wird mit Waffe generell ein »schwerer Raub«, und das niederst-
te Strafmaß steigt von drei Jahren auf fünf Jahre Haft. Zu eben
diesen fünf Jahren wird Deniese R. am Ende auch verurteilt.
Der Staatsanwalt hatte es angeregt. Doch ob es eine Haftstrafe werden wird, weiß heute noch niemand, denn die vielleicht
wichtigste Person im Prozess war ein psychiatrischer Gutachter. Und das, was der aus Deniese R.s Vorleben erzählt, ist so
trostlos und verworren, dass eine »normale« Gefängnisstrafe
vorerst ausscheidet.

Deniese R. wird in ein psychiatrisches Krankenhaus eingewiesen. Dort muss sie sich dem Alkoholentzug und Therapien
stellen, die, mit viel, viel Glück, ihr am Ende vielleicht die Kraft
geben, ein erstes Mal so etwas wie Selbstgefühl und Zugehörig-
keit zum Leben zu empfinden. Deniese wird dann Mitte Dreißig sein. Bricht sie die Behandlung ab, folgt unweigerlich Haft.
Auch wenn ihre Therapie unerwartet schnell zu einem Erfolg
führt, muss sie die Restzeit der Strafe im Gefängnis verbüßen.
Eher aber wird es so sein, dass die Klinik nach Ablauf der ver-
hängten fünf Jahre noch nicht gewährleisten kann, dass De-
nieses seelische Störungen ausreichend behandelt seien. Dann

bleibt sie in ärztlicher Obhut. Sie ist eine »Grenzgängerin«, sagt der gerichtliche Experte.

Wenn seine ausführlichen Beobachtungen stimmen, ist Deniese R. eine seelisch aufs schwerste gestörte Person. Eine Patientin, die sowohl neurotische als auch psychotische Krankheitssymptome in sich vereint. Eine »Borderlinerin«, die in ihrer ganzen Entwicklung hin- und hergerissen ist zwischen dem Verlangen nach menschlicher Nähe und dem absoluten Unvermögen, mit anderen umzugehen. In ihrer Welt gibt es nur Gut und Böse, Schwarz und Weiß, Vertrauen und Verachtung. »Manche weinen, manche verfallen in Wahnsinn, manche vergessen ihren Namen oder nennen sich anders, manche werden dünner als Luft …« So hat eine Dichterin die Grenzfallpersönlichkeit beschrieben. »Sie tanzen auf einem Stecknadelkopf.«

Der Gutachter mit der gepunkteten Fliege drückt es etwas weniger poetisch aus. »Einschneidende Erlebnisse in der Kindheit müssen Deniese R. schon früh zerstört haben. Sie fühlt sich wie jemand, der keinen Platz auf dieser Welt hat. Während unserer Gespräche wirkte sie manchmal frühreif und altklug, dann wieder menschenscheu und unreif. Und tief im Inneren hasst sie sich.«

Genaugenommen weiß Deniese R. nicht einmal, wer sie wirklich ist. Sie kam sehr früh aus der Familie weg zu Pflegeeltern und in Heime. Sie selbst glaubt: mit neun. Die Akten des Jugendamts sagen: mit drei. Sie kennt ihren Namen als Deniese R., so ist es aktenkundig. In der Geburtsurkunde steht der Eintrag: Annette K. Und sie erinnert sich an eine Bochumer Pflegefamilie, bei der sie als einziges von acht Kindern ständig weg gesperrt wurde, nicht mit den anderen essen oder spielen durfte. Aus ihrem Verließ heraus hörte sie sie aber lachen.

»Ich habe so Wut auf die ganzen Erinnerungen«, sagt Deniese R. irgendwann einmal dem Gutachter. Der ahnt nur, wie sehr sich die Bilder in ihr festgesetzt haben, nicht, ob sie stimmen. Genau dokumentiert indes sind Heimaufenthalte über Heimaufenthalte quer durch die Bundesrepublik, Ausreißversuche, Suchmeldungen, epileptische Zusammenbrüche, eine Vergewaltigung mit 15, eine Abtreibung der daraus entstandenen Schwangerschaft »von Amts wegen«, sie sträubte sich, ein Selbstmordversuch, Psychiatriezeiten, Hilferufe, drei Geburten, drei Entscheidungen, Frau R. könne die Kinder nicht behalten. 1993 Sahra, 1999 Nadine, 2000 Mirko. Jetzt das Urteil, fünf Jahre.

»Wenn ich es irgendwann kann, will ich ganz neu anfangen.«


## Vom Ende eines Hundelebens


*Vierbeiner sollten in einem Tierheim eigentlich ein Zuhause finden. Das ist der Sinn einer solchen Einrichtung. Manchmal aber kommen sie auch zu Tode.*

Die Uckermark ist eine ländliche Gegend. Eine idyllische, schwärmen ruhesuchende Urlauber. Eine arme auch, sagen die, die in den kleinen Orten leben und trotz bäuerlicher oder handwerklicher Fähigkeiten keine verlässliche Arbeit im weiten Umfeld finden. »Hier murkst jeder irgendwie vor sich hin«, beschreibt es eine stämmige, blondgelockte Frau mittleren Alters, die früh am Morgen im Amtsgericht Schwedt auf einer Bank sitzt und F6 raucht. »Dafür lebt der Mensch hier mit dem Tier, und der eine braucht den anderen. Vielleicht sind wir deshalb so empört darüber, was in Zichow passiert ist.« Je näher der Verhandlungsbeginn neun Uhr heranrückt, desto öfter muss die blonde Frau Hände schütteln und Neuankömmlinge begrüßen. »Schön, dass ihr da seid. Sollen sie merken, wie hier die Stimmung ist.« Wer »sie« ist, bleibt offen. Sie – das Gericht, sie – die beiden Angeklagten, sie – die Medienvertreter, die nach Schwedt gekommen sind, weil es nicht allzu häufig geschieht, dass in einem Prozess danach gefragt wird, wie Tiere starben. Als die Verhandlung beginnt, müssen noch zusätzliche Stühle in den Saal gebracht werden, damit alle Platz finden. »Guck mal, feingemacht haben die sich, um Eindruck zu schinden.« – »Pah, das wird ihnen nicht helfen«, schwirren die Stimmen durcheinander. Und diesmal ist ganz klar, dass das Paar gemeint ist, dem hier die Anklage gilt. Heinz und Marina M., fünfzig und dreiundvierzig Jahre alt, Uckermärker, er vorzeitig berentet, sie arbeitslos, verheiratet miteinander, aber offenbar derzeit getrennt lebend, denn sie nennen ausdrücklich unterschiedliche Adressen. Beide haben Kinder aus ersten Ehen.

Zusammen kamen sie auf die Idee, ein Tierheim zu gründen, als sie gerade mal wieder nicht weiter wussten mit ihrem Leben, als weder fester Job noch gelegentlicher Zuverdienst greifbar schienen. In der Landwirtschaft kannten sie sich aus, und das Gehöft, das sie bewohnten, bot genug Platz.

Tierpension, das klang fein. Wohlerzogene Hunde, Katzen und Meerschweinchen betreuen, solange deren Besitzer verreist waren. Aber wie viele Familien in Zichow und Umgebung würden diesen Service wohl in Anspruch nehmen? Also ein Tierheim. Eine Stätte, an der lästig gewordene Haustiere, herrenlos aufgefundene Kreaturen oder wegen einer umstrittenen Rasseliste als unvermittelbar geltende Hunde ein Obdach finden. Viel Geld lässt sich mit dem Betreiben einer solchen

Einrichtung nicht verdienen, aber immerhin geben diverse Tierschutzverbände regelmäßig Spenden für ärztliche Versorgung und Futter, zahlen behördliche Stellen eine Art »Kopfprämie« dafür, dass zugewiesene Tiere aufgenommen werden, und wenn sich ja doch gelegentlich ein Interessent findet, der Hund oder Katze als Familienmitglied sucht, dann zahlt auch der dafür. Marina M. sagt, sie hätten das, trotz Bedenken, für machbar gehalten. Deshalb eröffneten sie im August 2000 das Tierheim. Viel mehr sagt sie nicht in diesem Prozess. Das Paar, das wie fremd im Gerichtssaal beieinandersitzt, macht von einem Recht Gebrauch, das jedem Angeklagten zusteht. Er muss sich zu den Vorwürfen nicht äußern, muss weder Erklärungen abgeben noch Fragen beantworten. Er kann schweigen. Zu allem. Das darf nicht gegen ihn ausgelegt werden.

Der Vorwurf der Staatsanwaltschaft nach umfangreichen Ermittlungen lautet, dass sie beide, vielleicht um Geld zu sparen, vielleicht um ihre Ruhe zu haben, in den Jahren 2001 und 2002 mehrmals Hunde, die sich schwer vermitteln ließen, einfach getötet und auf ihrem Gehöft verscharrt haben. Sie haben sie erwürgt, erhängt, erschlagen. Lebendige Wesen, die ihnen anvertraut waren und für die sie zu sorgen hatten. Was wollen Sie zu diesen Vorwürfen sagen? Beide zucken die Schultern: Nichts. Herr M. knuddelt unterm Tisch ein dunkles Taschentuch. Frau M. hat die Arme über der Brust verschränkt und verharrt für die nächsten Stunden in dieser Haltung. Auch die Anwälte bestätigen, dass ihre Mandanten das gesetzliche Schweigerecht wahrnehmen. Soll man ihnen doch nachweisen, was angeblich geschah.

Der erste Zeuge wird aufgerufen. Der wichtigste. Der einzige, der alles mit eigenen Augen sah und sogar beim Vergraben der Tierleichen helfen musste. So hat er es zumindest der Polizei gesagt, und auf ihn stützt sich die Anklage. Doch der blasse junge Mann, der hereinkommt, ein Hänfling, signalisiert schon mit seiner Körpersprache, dass hier bitte niemand etwas von ihm erwarten darf. Verlegen senkt er den Blick, als er an der Anklagebank vorbei muss, setzt sich auf die vorderste Stuhlkante, rutscht in sich zusammen – und schweigt. Als einzige Auskunft kommt von ihm, dass er Andreas K. heißt, dreiundzwanzig Jahre alt sei, eine Lehre zum Tierpfleger begann – und der Sohn der Angeklagten ist. Deshalb, als enger Angehöriger, möchte auch er die Aussage verweigern. Nichts will er zu der Sache sagen und auch zuhören nicht, wie es weitergeht. Er will weg.

Das Gericht kann ihn nicht halten. Und es kann nicht einmal die Äußerungen verwenden, die er bei der Polizei machte, als er seine Mutter und deren Mann schwer belastete. Als er ihnen vorwarf, nicht zum ersten Mal Hunde brutal getötet zu haben, um sie loszuwerden. Er hatte sich einer Bekannten anvertraut, einer Tierschützerin, die ihm ins Gewissen sprach: Wenn das stimmt, musst du zur Polizei gehen. Das ist ein Verbrechen, das kann man nicht auf sich beruhen lassen. Aber wenn du deinen Eltern nur eins auswischen willst, weil ihr gerade Streit hattet und sie dich rausschmeißen wollten, dann hör auf, so etwas zu erzählen.

Es kam zur Anzeige, die Polizei rückte aus zur Durchsuchung, und nach den genauen Beschreibungen des Sohnes fanden die Kriminalisten auch schnell drei Grabstellen unterschiedlichen Alters, in denen Hundekörper verscharrt lagen. Knapp einen Meter in der Erde, mehrere Skelette übereinander, verweste Reste und deshalb nicht mehr aussagekräftig für die Frage, ob die Tiere einst eines natürlichen Todes starben oder nicht.

Eine Fundstelle allerdings war noch ganz frisch. Die vergrabenen Tiere konnten mühelos als die Schäferhund-Mischlinge Susi, Jule und Luis identifiziert werden – und alle drei wurden von Menschenhand getötet. Erschlagen, hieß es in der Anklage. Der obduzierende Mediziner beschreibt es genauer: Die Hunde wurden mit starker Gewalt, vermutlich mit einer Stange oder einem Knüppel, mehrmals heftig auf Kopf und Körper getroffen, die Verletzungen beweisen es, aber sie waren noch nicht tot, als man sie verbuddelte. Erd-Reste in Lunge und Magen der Vierbeiner belegen, dass sie am Ende in ihrem Grab erstickt sind. Ob das Ehepaar damals noch so eins war, dass es die Tötung gemeinsam plante? Im Bestandsbuch des Tierheimes stand Ende März 2002 in der Handschrift der Frau, die Tiere wären »vermittelt«. Bei einer früheren Aussage vor der Polizei schilderte Marina M., dass sie an jenem Tag mit dem Auto vom Einkaufen zurückgekehrt war, und ihr Mann sagte: »Du, da ist was – die Hunde von Schotts sind tot.« Sie konnte das kaum glauben, denn zuletzt, beim Füttern, so gab sie zu Protokoll, schienen ihr die drei noch ganz munter. »Aber ich stecke ja nicht in so einem Tier.« Und weil man ohnehin nicht allzu viel miteinander redete, fragte sie auch nicht weiter.

Eine falsche Notiz in einem Buch ist keine Straftat. Marina M. wird mangels Beweisen freigesprochen. Bleibt als Hundetöter nur ihr Ehemann. Die Richterin verkündet, dass sie gegen Heinz M. eine Freiheitsstrafe verhängt, weil ihr die Brutalität und Rohheit seines Vorgehens keine andere Wahl lässt: zehn Monate Haft, auf Bewährung. Selten werden hierzulande wegen Tierquälerei höhere Strafen verhängt. Das Zichower Heim ist geschlossen.

# Wer kennt schon einen Menschen?

*Er betreute sie als seine Kundin, sie mochte ihn als Versicherungsvertreter. Ob mehr im Spiel war, weiß niemand. Doch er hat sie getötet.*

Neun Jahre sind eine lange Zeit. Neun Jahre Haft. Die hat der Staatsanwalt beantragt in seinem Plädoyer, und Hans V., der Angeklagte, ahnt wohl, dass auch das Urteil in etwa dieser Höhe ausfallen wird. Er hat einen Menschen getötet. Das steht außer Zweifel, und er selbst hat die Tat kaum anders geschildert, als der Staatsanwalt sie in seinem Schlussvortrag darstellt. Mit sehr ähnlichen Worten, mit sehr ähnlichen Wertungen, mit der gleichen Hilflosigkeit beim Versuch einer Erklärung. Soviel Einigkeit ist im Gerichtssaal selten.

Die tote Frau war seine Kundin. Er hat sie betreut als Versicherungsvertreter, er hat sie gemocht, sie hat ihm vertraut, er war immer zur Stelle, wenn sie Fragen hatte, sie kannten sich schon fast acht Jahre. Einmal half er, einen schwierigen Schadensfall für sie zu regeln, da war sie so dankbar, dass sie ihm Geld anbot. Er aber lehnte ab, besuchte sie trotzdem, und erst, als seine eigenen Geschäfte sehr schlecht gingen, da bat er sie um einen kurzzeitigen Kredit. Dagmar E., die Kundin, lieh ihm von ihrer kleinen Invalidenrente 1.000 Euro. Ihre erwachsenen Kinder wussten davon nichts, ihnen kommt es bis heute seltsam vor, dass ihre übervorsichtige Mutter so freizügig zu einem Fremden gewesen sein könnte. »Sie hat ja nicht darüber gesprochen, aber manchmal hatten wir schon das Gefühl, es gäbe da vielleicht einen Mann …« Gerüchte, es hätte eine Art Liebesbeziehung zwischen Dagmar E. und dem zehn Jahre jüngeren Versicherungsvertreter bestanden, bestreitet Hans V.

vehement. Nein, so etwas lag nie in der Luft, in all den Jahren nicht. Er selbst habe eine Lebensgefährtin, die ihm sehr viel bedeute, und auch bei Frau E. wäre ihm nie ein weitergehendes Interesse aufgefallen. Die Frau lebte eher zurückgezogen. Aber sie hätten Zutrauen zueinander gehabt und einen freundschaftlichen Kontakt.

Ihre letzte Begegnung datiert vom 4. Januar 2005. Er besuchte sie gegen Abend in ihrer Wohnung. Sie hatte den Tisch gedeckt, Kekse hingestellt, auch einen Aschenbecher, obwohl Besuch sonst nur auf dem Balkon rauchen durfte. Er freute sich auf die Stunde, wollte ihr Dankeschön sagen für das Geld, das sie ihm überwiesen hatte. Nach schlechten Geschäften mit seinen Versicherungen, etlichen Kunden, die Verträge wieder kündigten, und einem selbstverschuldeten Autounfall, bei dem er kopflos flüchtete, steckte Hans V. wirklich in großen Schwierigkeiten. Sie unterhielten sich über die Familien, die Kinder, er gab sich zuversichtlicher, als er war, und dann, so erzählt er, entstand von einem Moment auf den nächsten eine Situation, der er nicht gewachsen war. Die ihn völlig aus der Fassung brachte. »So kannte ich mich überhaupt nicht«, sucht Hans V. nach Worten.

»Wer war ich?«

»Wer kennt schon einen Menschen?«, sinniert auch der psychiatrische Sachverständige, der über V.s Schuldfähigkeit sprechen soll. »Wir alle waren nicht Zeugen jenes Abends, und das Bild, das Freunde, Verwandte von einem Menschen zeichnen, gibt nie ein Leben in all seinen Widersprüchen wieder.« Hans V. beispielsweise beschreiben alle, die ihn näher kennen, als ausgesprochen freundlich und hilfsbereit, seine Lebensgefährtin, eine Biologin, sagt, man könne mit ihm so schlecht streiten, weil er sich in heiklen Situationen lieber zurücknimmt. »Lass mal, ich gehe jetzt besser. Wir besprechen das später …«

Im Zweifelsfall soll er Versicherungskunden sogar eher von einem Vertragsabschluss abgeraten haben, als sie mit Macht zu überreden. Seine Chefs mochten das weniger. V. gilt als konfliktscheu. Wenn ein Problem zu groß war, ist er abgehauen: Ausstieg aus der Ehe, Flucht nach dem Unfall, monatelanges Verschwinden nach einer großen Unstimmigkeit. Warum verließ er nicht einfach die Wohnung, als Dagmar E. plötzlich nackt vor ihm stand und ihn ermunterte, mit ihr zu schlafen?

Hans V. sagt vor Gericht, dass er noch immer nicht ruhig darüber sprechen könne. Er bittet darum, dass sein Anwalt die Aussage verlesen dürfe, er sei viel zu aufgeregt, »es ist alles so schrecklich«. Der Verteidiger ist ein unbeteiligter Dritter: Er trägt vor, wie Hans V. vom Klo zurückkam, nach der ersten Tasse Kaffee, und Frau E. völlig nackt vor ihm stand. Sie schmiegte sich an ihn, »komm, lieb mich«, er sei perplex gewesen, nicht vorbereitet auf solch eine Wendung. »Nein, das kommt nicht in Frage, ich bin ich festen Händen, ich kann das nicht, und ich will das nicht.« Er bat sie, sich wieder anzuziehen. Und der Anwalt sagt für Herrn V.: »Es war mir unendlich peinlich.«

Für die nun folgenden Minuten existiert nur die Schilderung des Angeklagten. Dagmar E. kann nichts dagegenhalten, kann sich nicht wehren. Aber es gibt keinen Anhalt dafür, dass Hans V. lügt, wenn er sagt: Sie habe sich an ihn geklammert, gebettelt, geschrien, er solle sich nicht so anstellen, sie habe ihm gedroht, wenn er jetzt ginge, würde sie ihn anzeigen wegen Vergewaltigung, und sie würde seiner Partnerin erzählen, wie er sie angefasst habe und mit ihr geschlafen ... Hans V. sah eine Lawine auf sich zurasen, aber er floh nicht. Er tat, was niemand von ihm kennt: Er schlug zu. Schlug Dagmar E. mit der flachen Hand und mit Fäusten, sie stürzte aufs Bett, er griff nach der Zudecke und drückte sie ihr aufs Gesicht. Solange, bis sie still war. Dann fiel er in sich zusammen.

V. hat sich am 4. Januar 2005 nicht freiwillig gestellt. Er hat nicht bei der Polizei angerufen und gesagt: In Berlin-Pankow, in der Schillerstraße, liegt eine Frau. Sie ist tot. Ich habe sie geschlagen, sie schrie, ich habe sie erstickt. Nein, er saß nach der Tat zitternd am Wohnzimmertisch, starrte auf ihre Kleider, die sie fein säuberlich abgelegt hatte. Er zündete sich eine Zigarette an, nahm ein paar Züge. Seine Gedanken fuhren Achterbahn. Ohne irgendetwas zu verändern, zog er die Tür hinter sich zu und ging. Seine Tasse stand halbleer auf dem Tisch, seine Visitenkarte befand sich bei den Unterlagen, der Aschenbecher verriet den rauchenden Gast. Wie in Trance, sagt er, fuhr er nach Hause. Dort legte er sich ins Bett und war krank.

Eine Woche lang wertete die Polizei Spuren aus, suchte nach einem Motiv, einem Täter. Sie sah die Karte des Versicherungsvertreters, wollte ihn als Zeugen hören. Womöglich konnte er weiterhelfen. Nicht der kleinste Verdacht lag auf ihm, als er auf dem Revier eintraf und der vernehmende Beamte das Gespräch mit den Worten begann: »Es geht um einen Todesfall in der Schillerstraße.« – »Ja, ich weiß«, sagte Hans V. da, »Frau E. ist tot. Ich habe sie umgebracht.«

Er sei überzeugt, betont der Staatsanwalt, dass Hans V. nie vorher die Absicht gehabt habe, Frau E. zu töten. Dass er dann aber, im Affekt, sich nicht im geringsten zügelte. Neun Jahre Haft seien eine angemessene Zeit, mit sich selbst abzurechnen. Das findet auch das Gericht. Hans V. widerspricht nicht. Er bittet nur um einen Moment, sich von seiner Freundin zu verabschieden.

# Zwei nette Jungs

*Das blinde Vertrauen einer Hundertjährigen endete im Millionenbetrug.*

Ach, sie wären so gerne angesehene Kaufleute, die beiden Angeklagten. Adrette junge Männer, fünfundzwanzig der eine, vierundzwanzig sein Freund. Kaufmännische Lehren haben sie hinter sich gebracht und von Karrieren in der Selbständigkeit geträumt. Noch im Frühjahr schien für sie die Wonnesonne. Thorsten K. stieg als Geschäftsführer in eine Baufirma ein. Frank M. fühlte sich schon als Regionalmanager. Klangvolle Posten für zwei unbedarfte Jungen. Aber sie wissen sich zu geben. Und das Geschäftsvokabular kommt ihnen spielend von den Lippen. Was stört es da schon, wenn Thorsten so Sätze sagt wie »Jeder hatte sein eigenes Souterrain.« Souterrain, Terrain, was macht's.

Dass man ihnen in geschäftlichen Dingen vertrauen kann, diesen Eindruck haben die beiden Angeklagten über Jahre hinweg auch einer alten Dame vermittelt. Deshalb stehen sie vor der 20. Großen Strafkammer des Berliner Landgerichts. Wegen Betruges. Wegen eines besonders miesen Betruges – denn die Frau, die sie um ihr Vermögen erleichterten, vertraute ihnen ohne Arg. Einhundertdrei Jahre alt ist Dorothee B. vor kurzem geworden, und die Tragweite des Ganzen ist ihr wohl immer noch nicht bewusst. Vielleicht will sie ja auch nur nicht wahrhaben, wie sehr sie ausgenutzt wurde von den beiden, die sie mochte, die fast sechs Jahre lang in ihrem Haus ein und aus gingen, im Garten halfen, Einkäufe erledigten und Reparaturen. Denen sie Stullen schmierte und aus alten Büchern vorlas, die mit ihr Weihnachten feierten, und denen sie jede Stunde ihrer Hilfe vergütete. Anfangs mit zwölf Mark, später fünfzehn, dann zwanzig.

Dann aber genügte ihnen das Zubrot nicht mehr. Seit dem Tag, als Frau B. Thorsten eine Vollmacht an die Bank mitgab, aus ihrem Wertpapierdepot eine Aktie zu verkaufen, muss das Guthaben der alten Dame die beiden magisch angezogen haben. Dass die Werte der Frau Dorothee zum größten Teil aus ererbten Familienvermögen stammten – ein Vorfahr war einst Berater Friedrichs II. –, wussten die jungen Männer nicht. Sie hatten nur die Liste der deponierten Aktien im Kopf, die sie auf dem Schreibtisch fanden. Siemens-Aktien, Borsig-Papiere, Werte von Banken und Versicherungen. Und irgendwo, ganz unten, stand eine Zahl, die sich in ihren Gedanken festfraß: eins Komma vier Millionen Mark.

Für Frau B. war dieses Depot seit Jahren tabu. Sie, die über Hundertjährige, wollte sich damit »fürs Alter« absichern, für den Fall, sie würde einmal richtig pflegebedürftig. Denn noch fühlte sie sich ja ganz gut, wenngleich sie über die Augen klagte, nach zwei Star-Operationen und einer Erkrankung der Netzhaut. »Dass sie immer schlechter sehen konnte, war uns schon klar«, räumt Thorsten denn auch bereitwillig ein. »Sie hatte ja überall im Haus ihre Lesebrillen und Lupen verstreut. Und wenn sie was unterschreiben musste, zum Beispiel ein Preisrätsel, dann sollten wir ihr einfach ein großes Kreuz an die Stelle machen.«

Thorsten und Frank machen viele Kreuze. Nicht nur bei Preisrätseln. Mit wachsendem Eifer auch auf Scheckvordrucken, Überweisungsaufträgen und Briefen an die Bank. »Ich, Dorothee B., möchte folgende Positionen aus meinem Wertpapierdepot zum Tageskurs verkaufen …« Dann folgt eine Aufstellung. Schließlich die Worte »Zum erfolgreichen Verkauf der Aktien verbleibe ich mit freundlichen Grüßen. Ihre langjährige Kundin«. Mit immer denselben Formulierungen schreiben sich die jungen Männer ihre Vollmachten an die Bank. An immer der gleichen Stelle setzen sie das Kreuz. Mit immerwährendem Zutrauen gibt Frau B. ihre Unterschrift.

Und die Bank zahlt. »Wurden Sie denn nie befragt, warum die alte Dame plötzlich so oft an ihr Guthaben wollte, das sie vorher nie berührte?« fragt die Richterin Thorsten K. streng. Und der antwortet lässig: »Nein, nie. Warum auch? Wenn ich Geld abhob von ihrem Konto hieß es höchstens ›Wie hätten Sie es denn gern?‹ Ich war schließlich ihr Kunde.«

König Kunde genoss. Genoss so reichhaltig, dass am Ende selbst Kompagnon Frank das Staunen bekam. »Eigentlich hatten wir uns ja vorgenommen, alles zu teilen. Aber als ich dann die Summe im Haftbefehl las, war ich schon überrascht.« Scheckeinlösungen und Überweisungen in Höhe von knapp 200.000 Mark werden Frank M. in der Anklageschrift vorgehalten. Thorsten K. steht mit eins Komma eins Millionen in der Kreide. Und selbst wenn sich die beiden das Geld womöglich anders teilten, als das Gericht annehmen muss, so übte Thorsten eindeutig den aktiveren Part aus. Ihm vertraute Frau B. ja auch ganz besonders. Er war so nett, so besorgt. Er riet ihr sogar, ihr Post-Girokonto aufzulösen und künftig auch die Rente zur Deutschen Bank fließen zu lassen. Ist doch immer besser, wenn alles Geld in einem Hause ruht, da gehen Überweisungen viel schneller vonstatten. Und reibungsloser.

Thorsten K. hofft nicht vergebens. Für ihn und seinen Freund läuft alles wie am Schnürchen. Niemand in der vornehmen Filiale am Kurfürstendamm wird stutzig. Die Bank zahlt und akzeptiert alles, was ihr die Knaben vorlegen. Und das sind nicht nur Peanuts. Allein in einem Monat löst Thorsten nacheinander drei Aufträge aus: Am 8. Juli werden 100.068,81 Mark aus dem Aktienverkauf erzielt, am Fünfzehnten des Monats

94.589,53 DM und neun Tage später nochmals 70.000. Mehr als eine Viertelmillion. Doch im August ist das Geld offenbar schon wieder alle. Also neue Schecks, neue Überweisungen.

Die zähe kleine Richterin, die diesen Fall sehr autoritär durchzuziehen gedenkt, wird zunehmend spitz und zynisch. Als Thorsten K. ihr erklären will, dass etliche Tausende immer auch an die Hausherrin gingen, möchte sie es genau wissen. »Wie hat sich die alte Dame denn ernährt? Aß sie womöglich fünfzig Austern am Tag?« Und Thorsten darauf, mit treuem Blick: »Nein, eher so Fertiggerichte. Normales Zeug. Fisch auch, aber den hätte ich nicht angerührt, der stand schon tagelang rum.« Die Richterin, eine Spur strenger: »Aber irgendwo muss das Geld ja geblieben sein. Ging sie vielleicht häufig aus?« Thorsten kommt ins Schwimmen. »Zum Garten hin ging sie manchmal.« Die Vorsitzende verliert die Geduld. »Das ist ja wohl kostenlos. Oder nahm sie dafür ein Taxi?« – »Ein Taxi? Nein, ich glaube nicht.«

Wie schnell sich eins Komma drei Millionen Mark ergaunern lassen, erzählt dieser Prozess plastisch. Wie schnell sich eins Komma drei Millionen aber auch wieder ausgeben lassen, fällt den beiden jungen Angeklagten schwer zu beschreiben. Sie kramen aus ihrer Erinnerung hervor, was ihnen lieb und teuer scheint: den 330er Mercedes, mit dem Frank bald fuhr, teure Klamotten, eine HiFi-Anlage. Thorsten erwähnt mindestens drei noble Limousinen. Dazu einen Geländewagen, den er durch Kabelbrand wieder verlor, eine Videothek, die nur Verluste brachte, ein Rennpferd, das leider starb. Überzeugende Ausgaben sind das alles nicht. Und vor allem kein Beweis, dass nicht ein Teil des Geldes noch irgendwo »geparkt« ist.

Wenn in den nächsten Wochen nicht zufällig der »große Unbekannte« im Gerichtssaal auftaucht, dem Thorsten, »viel, viel Geld« zugesteckt haben will, weil er ihm nahestand, dann ist wohl auch die letzte Hoffnung dahin, dass sich der Verbleib des Geldes noch irgendwie aufklären könnte. Der Angeklagte hat sich inzwischen unter Tränen dazu durchgerungen, die Identität jenes »Fremden« zu enthüllen: Es ist sein Vater, Klaus K. Eine schillernde Figur, ein selbständiger Unternehmer, der – solange Thorsten zurückdenken kann – immer Geld hatte und tolle Autos, der stets alle Probleme mit Anrufen und Gefälligkeiten regelte. Er allein war Thorstens großes Vorbild. Ihm wollte er gefallen und imponieren.

Wie vergeblich sich der Junge um die Zuneigung des Vaters bemühte, wie der ihn auslachte und ausnutzte, kann vielleicht die Mutter erzählen, wenn der Verteidiger sie in den Zeugenstand ruft. Denn nur, wenn das Gericht am Ende wirklich akzeptiert, dass der clevere Thorsten in Wahrheit ein armes Würstchen ist, das durch Misserfolgserlebnisse von Kindheit an jegliche Distanz zu seinem Tun verlor, dann könnte die strenge Richterin vielleicht mildernde Umstände erkennen. Bis zu fünf Jahren Haft sieht das Strafrecht für schweren Betrug vor, im besonders schweren Fall zehn.

Doch die Chancen stehen schlecht. Der Vater ist kurz vor Thorstens Verhaftung mit unbekanntem Ziel aus Deutschland verschwunden. Und so wenig wie er sich früher um seinen Sohn sorgte, so wenig wird er sich wohl jetzt um den jungen Mann auf der Anklagebank kümmern.

# Zum Leben zu wenig

*»Jupijeh, Michelle ist da!« schreibt Gaby P. an dem Morgen in ihr Tagebuch, als sie die Tochter zur Welt bringt. Zwei Monate später ist das Baby tot.*

Es war wie immer. BILD wusste alles – die ganze Wahrheit. Kannte die ganze Tragödie. »Grausam! Berlins schlimmste Mutter ließ ihr Kind verhungern.« Einen Morgen lang weinte »ganz Berlin« um das Baby Michelle, dann war es vergessen. Die Großstadt gebiert Sensationen ohne Unterlass und für jeden Geschmack. Faulste Verkäufer, bissigste Hunde, versoffenste Mimen. Nun also die schlimmste Mutter: Gaby P., ein zierliches, hübsches Mädchen, dunkelhäutig, dunkeläugig, dunkel gelockt. Siebzehn könnte sie sein, vielleicht. In ihrem Ausweis steht: zweiundzwanzig.

»Ich wollte meiner Kleinen doch nicht weh tun!« Bis Gaby P. diesen Satz sagen kann, müssen fünf Verhandlungstage vergehen. Geduldig und genau hat die Vorsitzende Richterin zwei Dutzend Zeugen befragt, wie es der kleinen Michelle in den zwei Monaten ihres Lebens ergangen ist. Wer sie zu welchen Zeiten fütterte, windelte, liebkoste. Wie sich Gaby P. fühlte. Freundinnen werden gehört und verflossene Freunde, die Mutter, die Tanten und deren Lebensgefährten, Ärzte, Kriminalisten, Psychiater. Fünf volle Tage lang. Und erst ganz zum Schluss beginnt Gabriele P. zu ahnen, dass wirklich sie es ist, die Verantwortung trägt für den Tod ihres Babys. Kein unvorhersehbares Schicksal, keine dunkle Macht, kein unglücklicher Zufall. Das Begreifen kommt zaghaft und auf Umwegen.

Das Tagebuch von Gaby P. hat am 13. September 1996 nur einen Eintrag: »Jupijeh, Michelle ist da.« Vierzehn Tage zu früh zwar, ein winziges, zartes Baby, achtundvierzig Zentimeter groß und kaum fünf Pfund schwer, aber die junge Mutter ist glücklich. Ein Mädchen! Wie sehr hatte sie sich darauf gefreut, gibt es doch sonst nur Jungs in der Verwandtschaft. Auch ihr erstes Kind, drei Jahre inzwischen, ist ein Junge. Gabriele P. räumt ein, dass sie mit ihm schon ganz schöne Schwierigkeiten hatte. Damals, vor zwei Jahren, als ihr Freund, Gerrits Vater, sie verließ und sie mit ihrer Trauer, der leergeräumten Wohnung und dem quirligen Knaben klarkommen musste. »Ich habe mich da ziemlich hängenlassen, mir war alles egal«, sucht sie eine Entschuldigung, warum ihre Behausung immer mehr verdreckte, sie sich einigelte und nur noch ihre Ruhe haben wollte – auch vor dem Sohn, der vergnügt um sie rumtobte, ihre Zuwendung suchte und sie sich ertrotzte. Als die junge Frau am Ende ihrer Kräfte schien, sprang die Familie ein. Eine Tante nahm Gerrit für zwei Monate zu sich, denn »das Mädchen sollte sich ein bisschen erholen können«. Das Mädchen. Meine Nichte. Meine Tochter. Die Kleine. Es fällt den Verwandten schwer, die junge Frau als Erwachsene wahrzunehmen. Trotz des Sohnes.

Zwei Monate später ist Gaby P. wieder schwanger. Mit zwanzig. Solange sie kann, verschweigt sie ihren Zustand vor Mutter und Tante. »Die hätten mir doch nur abgeraten, das Baby zu kriegen. Doch ich wollte es unbedingt.« Warum eigentlich, fragt die Richterin. Gaby P. versteht nicht. Warum? »Weil es mein Kind war. Und weil ich es besser machen wollte als mit Gerrit.«

Die Schwangerschaft wird für Gabriele P. eine wunderbare Zeit. Sie fühlt sich wohl, die Familie umsorgt sie, ihre Freundinnen gucken neidisch. Den Vater des Kindes erwähnt die junge Frau nicht, sie mag nicht mit ihm leben, er passt nicht zu ihr, sei sehr katholisch und viel zu eifersüchtig. Das ist das einzige, was sie erzählt. Kurz vor der Geburt erhält sie vom Sozialamt eine neue Wohnung zugewiesen: zwei Zimmer, Küche, Bad.

Das Amt zahlt die Miete, sie erhält dazu fünfhundertneunund-
zwanzig Mark Sozialhilfe für sich und die beiden Kinder. »Das
ging schon«, sagt die Angeklagte leise. »Ich esse ja meist wenig, und Babysachen waren noch von Gerrit da.« Auch Waage,
Kinderwagen, Wiege? Die Richterin möchte das gern genauer
wissen. »Was haben Sie sich denn angeschafft für die Kleine?«
Gabriele P. zuckt die Schultern. »Viel nicht. Das Baby war doch
noch klein. Da braucht es nicht gleich alles.« Gabriele P. muss
solche Sätze nicht sagen. Sie kann schweigen als Angeklagte,
aber sie will sich äußern. Sie will doch sagen, dass sie nichts
Wichtiges versäumt hat. Und sie will daran glauben. Der smarte junge Staatsanwalt allerdings fühlt sich von solchen Sätzen
vollauf bestätigt. Er kann nicht begreifen, dass eine Mutter sich
so gehen lassen kann. Das sie, nur aus Trauer über eine Trennung, das Aufräumen vergisst und das Kochen. Dass sie, um
Geld zu sparen, nicht ausreichend Windeln kauft und Nahrung, dass sie das Baby nicht nach Plan füttert, sondern nach
Gutdünken. Gewissenlos und aus Bequemlichkeit habe Frau P.
ihre Kinder vernachlässigt und das Neugeborene verhungern
lassen. Anfangs hieß der Tatvorwurf sogar: Totschlag. Er wurde erst später abgeändert in Körperverletzung mit Todesfolge.
Viel ändert das nicht an der Meinung des Staatsanwalts. Frau
P. habe den Tod des Babys bewusst herbeigeführt, und dafür
muss sie ins Gefängnis. Sein Antrag lautet: vier Jahre und zehn
Monate Haft.

2265 Gramm hat Michelle an ihrem Todestag gewogen, weniger als zur Geburt. Ein Winzling, ein durchsichtiges, abgema-
gertes Körperchen. Gaby P. kann nicht mit nach vorne gehen,
zum Tisch der Richterin, um sich die Fotos der kleinen Leiche
anzuschauen. Auch den Zeugen fällt es unendlich schwer.

»Nein, nein, so schlimm sah die Kleine nicht aus«, stammelt
die Mutter der Angeklagten. Knapp eine Woche vor Michelles

Tod war Gaby mit den Kindern bei ihr zu Besuch. Sie trug das Baby die ganze Zeit im Arm, hat ihr die Flasche gegeben, aber die Kleine wollte nur schlafen. »Ja, dünn war sie schon, aber wir dachten doch, das ändert sich nach der Operation. Dann würde sie richtig zunehmen. Sorgen haben wir uns eigentlich nicht gemacht.« Weinend wendet sich die Oma ab vom letzten Foto ihrer Enkelin.

Sorgen hat sich offenbar niemand gemacht in Michelles Umgebung. Die Verwandtschaft nicht, die sich doch erinnerte, dass Gaby selbst auch ein sehr zartes, sehr dünnes Baby war. Der letzte Freund der Angeklagten nicht, der vier Wochen zu der kleinen Familie gehörte, sich liebevoll auf die Kinder einließ, dann aber abrupt die Beziehung abbrach, weil er zu Hause, in der Türkei, einer anderen Frau versprochen war. Und auch der Kinderarzt nicht, der zwar konstatierte, dass das Baby nur ungenügend zunahm, der »unbedingt mehr füttern« riet, dann aber nicht nachhakte, als die junge Mutter zum nächsten Termin nicht in der Praxis erschien. »Ich wollte diese Vorwürfe einfach nicht hören«, versucht Gaby P. zu erklären, was nicht zu erklären ist, »ich habe ihr doch immer die Flasche gegeben.«

Die Zeugen bestätigen das. »Gaby war verrückt nach dem Baby«, sagt die Tante. »Immer, wenn ich anrief und Gerrit nach seinem Schwesterchen fragte, kam seine Antwort: Baby trinkt!«, erzählt die Mutter. »Man konnte sich manchmal gar nicht richtig mit Gaby unterhalten, weil sie alle Nase lang die Kleine fütterte«, mault die Freundin. Eines allerdings fiel allen auf: Das Kind trank unheimlich langsam, nuckelte nicht selten eine Stunde oder länger an der Flasche, um am Ende trotzdem nur einen Bruchteil getrunken zu haben. Und alle dachten, das läge an der Krankheit.

Das Baby Michelle war mit einer Gaumenspalte geboren worden, einem Handicap, das anfangs mitunter die Nahrungsaufnahme, später auch das Sprechen behindert, wenn es nicht behandelt und operiert wird. Eine Kieferchirurgin hatte Gaby P. die Operation erklärt, auch Hinweise zum Stillen gegeben. »Die Mutter erzählte mir, dass das Baby schon an der Brust getrunken habe. Das ist ein Glücksfall. Was sollte es da noch für andere Schwierigkeiten geben?« Von der Auskunft der Mutter zufriedengestellt, sah sich auch die Fachärztin das Kind nicht näher an. Dass so ein kleines Wurm, vom ersten Tag an schwächer als andere, mit einer Gaumenspalte belastet und in den Händen einer Mutter, die selbst noch Kind ist, besondere Fürsorge braucht, mahnt nun im Prozess der Gerichtsmediziner an, der das Baby obduzierte. Langsam sei Michelle dahingekümmert, immer unterversorgt, immer unverstanden. Damit das Kind besser trinken könne, hat Gaby P. die Flaschennahrung verdünnt. Und auch die gab es nur, wenn das Baby danach verlangte. Doch je schwächer es wurde, desto seltener weinte es. Zum Schluss konnte der kleine Körper nicht einmal mehr mit einer Bronchitis kämpfen, denn auch um zu husten und um zu leiden, braucht man Kraft. Michelle hatte sie nicht. Von einem »dramatisch ausgebliebenen Gewichtsaufbau« spricht der Sachverständige. Und davon, dass die Not dieses Kindes jeder sehen konnte, der sich der Realität nicht versperrte.

Gaby P. sah diese Not nicht. Sie wollte sie nicht sehen und konnte es wohl auch nicht. Der Psychiater, der sie auf Wunsch des Gerichts untersuchte, zeichnet ein Bild der Angeklagten, das sie selbst zu verdrängen sucht. Ein Kind, das nach einem Seitensprung der Mutter mit einem afroamerikanischen Berlin-Soldaten zur Welt kommt, vom vermeintlichen Vater ob seiner auffälligen Hautfarbe anfangs neckisch »mein Schokoladenpüppchen« gehätschelt, dann, nach genügend Alkohol und Zwist mit der Gattin zur »Negerschlampe« degradiert. »Du gehörst zurückentwickelt und abgetrieben«, zählte zu den Standardaussprüchen des Mannes.

Dass sie anders ist als andere Kinder, erlebt Gaby mit zwölf. Mitschüler zerreißen ihre Schulhefter, »Niggerbaby« ist eine Beschimpfung der harmloseren Art, »die schwarzen Frauen sollen doch so geil sein«, wird sie angemacht und mit dreizehn beinahe vergewaltigt. Gaby verkriecht sich, vertraut ihrem Tagebuch an, dass sie sich nichts sehnlicher wünsche als blonde Haare und blaue Augen. Später sehen ihre besten Freundinnen so aus. Gaby aber bleibt dunkel, wird immer schmaler und stiller. Die Schule verlässt sie mit der neunten Klasse, sie hält die Hänseleien nicht mehr aus. Friseuse lernt sie. Solange, bis eine Kundin sich beschwert, sie ließe sich doch nicht von einer Schwarzen den Kopf waschen. Von nun an glaubt sie, es gäbe nur einen Halt: eine eigene Familie, einen Mann, der so ist, wie sie sich ihren Vater gewünscht hätte, liebevoll und tolerant. Doch der Vater trinkt, klopft rassistische Sprüche, hasst Ausländer und schimpft auf die Weiber. Lange hat Gabys Mutter gekuscht, nun macht sie Schluss mit dieser Ehe. Sie findet einen neuen Partner. Gaby nicht. Ängste nagen an ihr, Depressionen. Aber niemand soll es merken. Gaby geht mit Freundinnen tanzen, verliebt sich schnell und immer bis über beide Ohren, um dann bei Trennungen umso tiefer zu fallen. So tief, dass sie irgendwann nicht nur sich selbst vergisst, sondern auch ihre Kinder.

Vier Frauen und ein Mann müssen das Urteil über Gabriele P. fällen. Die Richterin spricht der Angeklagten ins Gewissen.

»Wir verurteilen Sie zu einer Bewährungsstrafe, weil wir glauben, eine Haftstrafe kann ihnen nicht helfen. Sie brauchen eine lange, gründliche Therapie. Sie müssen sich ihre Schuld eingestehen und zu sich selbst finden. Nur dann können Sie an Ihrem Sohn Gerrit nachholen, was Sie bei Michelle auf so tragische Weise unterlassen haben: für ein Kind zu sorgen, es anzunehmen als Mensch, der Sie braucht. Dann sind Sie auch Mutter.«

# Vor Angst war sie ganz still

*Weil sein Eheleben nicht funktionierte, suchte ein Mann sexuellen Ersatz – bei der zwölfjährigen Stieftochter.*

Wenn Thomas A. so still und geduckt auf der Bank vor seinem Anwalt sitzt, sich die Augen reibt, ein Häufchen von einem Mann, blass, übernächtigt und mager, möchte man ihn beinahe bemitleiden. Würde er die Richterin und ihre Fragen besser verstehen, hätte er hinten, auf der eigentlichen Anklagebank bleiben können, versteckt hinter einer hölzernen Balustrade, die ihm Schutz gibt vor neugierigen Blicken.

So aber muss er nach vorn, des Hörens wegen, und jeder im Saal kann sehen, wie aufgeregt er mit dem linken Knie zittert, wie er seine Finger massiert, das Taschentuch hervorholt, es knetet, wieder wegsteckt, erneut hervorholt. Seine Körpersprache ist keine Show, sondern ein Gemenge aus Scham und Trotz, Angst und Stress. Und vielleicht sogar Reue. Reue, dass er sich an seiner Stieftochter verging und nun vor aller Öffentlichkeit darüber reden muss, wie er das Kind benutzte, um sich zu befriedigen. Immer und immer wieder, seit Carola zwölf war. Drei Jahre ist das her.

Mag sein, er hat insgeheim darauf gehofft, dass ein Mann den Vorsitz in seinem Prozess führt. Es wäre nicht ganz so unangenehm gewesen, auf all die detaillierten Nachfragen zu antworten. Die Richterin und die Staatsanwältin aber sind attraktive Frauen, verwegen-rothaarig die eine, lustig-blondlockig die andere. Frauen wie ihnen hätte Thomas A. vielleicht früher hinterhergepfiffen, wenn er es sich getraut hätte.

Jetzt aber muss er ihnen beschreiben, wie er das Vertrauen eines Mädchens missbrauchte, das hoffte, in ihm einen neuen

Vater zu finden. Wie er sie demütigte und zwang, sich auszuziehen, ihre Brüste fasste, ihre Schenkel streichelte und kein Ende fand. Das Mädchen weinte und wehrte sich, aber das kümmerte den Mann nicht. Es ging um ihn, nur um ihn. Da hatte das Kind zu gehorchen.

»Mein Gott, sind Sie ein Tyrann!«, entfährt es der Vorsitzenden Richterin, als sie dem Angeklagten Passagen aus Carolas Vernehmungen bei der Polizei vorliest. Und es entsteht ein Bild totaler Kontrolle. Der Sechsunddreißigjährige bestimmte, was geschah in der Familie: wann und wie Carola ihre Schulaufgaben zu machen, Hausarbeit zu erledigen, Freizeit zu verbringen hatte. Wo und mit wem. Er kontrollierte ihre Mappe, las ihre Briefe und Tagebücher, durchstöberte ihre Wäsche. »Ich musste mich doch um sie kümmern«, versucht Thomas A. eine schwache Abwehr, die die Richterin sofort unterbindet. Er möge sich hier nicht als treusorgender Vater und Ehemann aufspielen, nach all dem, was passierte. »Gestehen Sie sich endlich ein, wie perfide Sie Ihre familiäre Macht ausgenutzt haben, Herr A.!« Und die körperliche. Oft genug verprügelte er seine Frau, wenn die sich hinter ihre Krankheit zurückzog und sich nicht um den Haushalt kümmerte, er brüllte sie an, wenn ihm etwas nicht passte, und trieb sie aus dem Haus, wenn er vorhatte, sich der Tochter zu bemächtigen. Ganz ähnlich setzte er auch Carola unter Druck, seine sexuellen Akte zu erdulden. Er hielt ihr die Hände fest, presste ihren Kopf an sein Glied, schlug sie, drückte ihr das Kissen auf den Mund, wenn sie schrie und barmte, versprach gleich darauf, er würde sie beschenken, wenn sie ihr Geheimnis bewahrte. Und wehe nicht!

»Sie sollen Carola sogar einmal richtig böse bedroht haben, ist das wahr?«, hakt die Richterin nach. Thomas A. braust auf:

»Das war, als ich mal mit ihr schlafen wollte und sie so pampig zu mir wurde. Sie würde mich anzeigen! Da habe ich gebrüllt, dass ich sie umbringe und dass ihr ja sowieso keiner glaubt, wenn sie petzt. Und dass ich mich umbringen würde, wenn was rauskommt, damit habe ich ihr auch gedroht. Da kriegte sie plötzlich eine wahnsinnige Angst und war ganz still …« Thomas A. weiß sehr wohl, wie arg er Carola mit diesem »Ich bringe mich um!« erschreckt haben muss. Ihr leiblicher Vater tötete sich 1991 mit Gas. Ein Jahr, nachdem sich seine Frau, Carolas Mutter, dem neuen Mann zugewandt hatte: Thomas A., einem ungelernten Autowäscher, Tankwart und Gelegenheits-DJ aus Westberlin. Ein Spanien-Urlaub brachte sie zusammen, der erste ferne Urlaub damals für Mutter und Tochter, nachdem sich die kleine sächsische Welt auf einmal so überwältigend für sie vergrößert hatte.

Ob Carolas Vater dieses neue Glück nicht ertragen konnte oder ihm anderes Unheil die Lebenslust nahm, spielt im Gerichtssaal keine Rolle. Man erfährt aber, dass mit seinem Tod ein ganzes Drama begann. Denn als das frischgetraute Ehepaar A. mit Töchterchen Carola aus den Flitterwochen, wieder in Spanien, zurückkam, lag ein Telegramm im Briefkasten mit der Nachricht vom Selbstmord des Ex-Mannes. Carola hatte sehr an ihrem Vater gehangen, sie war kaum zu trösten. Auch Marion A., die Mutter, traf dieser Schock offenbar tiefer, als sie sich eingestehen wollte. Und als wenig später noch ihre eigene Mutter sehr schwer an Krebs erkrankte und starb, brach auch Marion A. zusammen. Physisch und psychisch.

Anfangs dachte ihr Ehemann Thomas noch, seine Frau wäre nur übertrieben eifersüchtig, »wegen meiner Discos und so, denn sie suchte überall nach Hinweisen darauf, dass ich fremde Weiber hätte«. Aber es blieb nicht bei hysterischen Szenen. Wahn und Angstzustände wechselten, sie drohte, die Wohnung anzuzünden, schlug um sich, wollte sich töten. Ein Vierteljahr musste sie in der geschlossenen Psychiatrie bleiben, dann schienen ihr Medikamente über das Gröbste hinwegzuhelfen. »Aber von da an war Marion nur noch müde, hatte zu nichts mehr Lust, konnte nicht mehr arbeiten.« Thomas A. sagt nicht: Alles blieb an mir hängen, aber er denkt es. Er hat es in Briefen geschrieben und zur Verteidigung in früheren Vernehmungen vorgebracht. Auch sexuell lief nichts mehr zwischen ihnen in den letzten fünf Jahren.

Carola war damals zehn, und zunehmend drängte Thomas A. sie in die Rolle seiner Partnerin. Was zu besprechen war, besprach er mit ihr, sie unternahmen Ausflüge, machten zusammen Einkäufe, sie half ihm bei kleineren Arbeiten, ging mit ihm auf Trödelmärkte, wenn er irgendwelches Zeugs zusammenkaufte, um es weiter zu verhökern. Sie schliefen – zu dritt – gemeinsam in einem Bett, und der Stiefvater wachte eifersüchtig und egoistisch über den Tagesablauf der Heranwachsenden. Warum kam sie heute später als sonst aus der Schule? War es wirklich eine Freundin, mit der sie Eis essen wollte? Woher stammte das Kondom, das er in ihrer Tasche fand? Schleichend ergriff Thomas A. Besitz von dem Mädchen. Bis er sich das erste Mal an ihr vergriff. Es war kurz nach Carolas zwölftem Geburtstag. Carola lag mit einer fiebrigen Erkältung zu Hause, ihre Mutter war unterwegs, vielleicht beim Arzt, das weiß Thomas A. heute nicht mehr so genau, jedenfalls blieben sie beide allein. »Weil ihr Fieber noch nicht weg war, musste ich ihr ein Zäpfchen geben. Tabletten vertrug sie nicht. Ich habe ihr das Zäpfchen in den Po geschoben, und als sie da so lag, bin ich auf den blöden Gedanken gekommen, sie anzufassen.« Er tastete sich über ihren Unterleib, rieb mit der Hand an ihrer Scheide, fühlte sich erregt und gierig. Das war der Anfang vom Ende.

Von allein hätte das Mädchen Carola vielleicht noch lange nicht den Mut gehabt, sich jemandem anzuvertrauen, von dem Missbrauch zu erzählen oder gar zur Polizei zu gehen. Schließlich half der wieder mal betrunkene Stiefvater selbst nach. Ungewollt. Als Carola ihn, nach einer Verabredung, abends gegen zwanzig Uhr aus seiner Stammkneipe nach Hause holen wollte, fiel er in einem Anfall von Wut und ungebremster Eifersucht über sie her, schimpfte sie Hure und Schlampe, und dass nur er ein Recht habe, sie zu vögeln, verteilte Hiebe und Backpfeifen. Passanten gingen dazwischen und wurden gleich mitverprügelt, jemand rief die Polizei.

In diesem Moment hat Carola ihre Angst überwunden und über den Missbrauch gesprochen. Das ist ungewöhnlich. Oft haben die gedemütigten Kinder keine Freunde, keine Vertrauten, zu denen sie mit ihren unfassbaren Geschichten gehen können. Wer glaubt ihnen, wenn die Väter, Onkel, Brüder, Mütter alles abstreiten? Auch das Gefühl, vielleicht selbst schuld zu sein, ängstigt die Opfer. Und wie soll das Leben in der Familie weitergehen, mit dieser Belastung?

Carola wohnt seit der Verhaftung ihres Stiefvaters nicht mehr zu Hause, sie ist weit weg von Berlin in einem Heim untergebracht, wird betreut und beraten. »Sag meiner Kleinen, sie soll sich keine Vorwürfe machen, ich bin ihr nicht böse«, schrieb Thomas A. aus dem Gefängnis an seine Frau Marion. Die tritt hier im Prozess als Nebenklägerin auf, möchte, dass ihr Mann bestraft wird, und glaubt doch, weiter mit ihm zusammenleben zu können. Sie hat an ihrem inneren Gleichgewicht gearbeitet, sich eine stundenweise Tätigkeit gesucht und Kontakt zur Außenwelt aufgenommen. Thomas A. verspricht, die Therapie weiterzuführen, die er aus der U-Haft heraus schon begonnen hat. Es wird eine Langzeittherapie sein, hart und ohne falsche Rücksicht. Und ganz am Beginn steht die wohl schwierigste Aufgabe: die eigene Schuld zu begreifen, ohne Wenn und Aber! Dass Thomas A. im Prozess Carolas Schilderungen allesamt bestätigt und seine Taten gestanden hat, rechnet ihm die Strafkammer hoch an, denn dem Mädchen ist damit die Pein einer Zeugenaussage vor Gericht erspart geblieben. Eine Haftstrafe von drei Jahren und drei Monaten halten die Richter deshalb für angemessen. Die Fortführung der Therapie ist Pflicht. »Vielleicht wird Carola irgendwann einmal, in vielen Jahren, wieder den Kontakt zu Ihnen suchen. Vielleicht auch nicht. Das ist ganz allein Carolas Entscheidung«, sagt die Richterin noch, bevor sie die Verhandlung schließt. »Von Ihnen darf nichts ausgehen. Kein Brief, kein Anruf, kein Wiedersehen. Ich kann Ihnen nur sehr, sehr eindringlich raten, dass Sie das Mädchen ein für allemal in Ruhe lassen.«

## Trink oder stirb

*Mit sieben Komma zwei Promille im Blut kann man eigentlich nicht mehr leben. Aber was heißt schon eigentlich …*

Sie sind ein süßes Paar: Der fröhliche Angeklagte in seinen schlumprigen Jeansklamotten und den früher mal weißen Turnschuhen, der ein bisschen schwer hört und dafür umso lauter lacht, und der Richter, ein junger, ganz gediegener, mit korrektesten Umgangsformen.

»Sie dürfen gern Platz behalten, Herr R.« – »Klar, mach ick doch, Herr Richter, wenn Sie dit sagen.«

»Herr R., Sie wissen, weswegen Sie angeklagt sind?« – »Na logo, hat der Staatsanwalt doch eben vorgelesen, hab ick bloß nix mit zu tun, oder halten Sie mich für doof?«

»Na, dann erzählen Sie mal.«

Und Dirk W. R. erzählt. Er zupft noch ein bisschen an seinen langen grauen Locken, weil ihm nicht gleich der richtige Anfang einfällt, aber dann hat er den Faden gefunden und lässt ihn nicht wieder los: Winter war's und draußen kalt. »Ick hab ja keine Wohnung, aber das wissen Sie ja.« Also hat er sich mit seinem Freund N. getroffen und ist mit dem zu Kumpel K. »Der hat nämlich 'ne Bleibe.« Und damit sie nicht mit leeren Händen kommen, besorgten sie fix noch Cola und drei Flaschen Whisky. »Aber eigentlich waren wir schon ziemlich beknallt.« Kumpel K., auch nicht mehr ganz nüchtern, ließ die beiden ein, in der Zimmerecke hockte ein vierter, den die Neuankömmlinge aber kaum kannten. »Mal gesehen, vielleicht.«

Dann wurde es richtig gemütlich. »Wir haben gequatscht und gesoffen und Karten gespielt.« Nummer vier ist zwischendurch irgendwann verschwunden, sagt Dirk W. R., der so heißt, wie er aussieht, nämlich mächtig groß und schwer. »Da hab ick nicht so drauf geachtet.« Merkwürdigerweise klopfte zu späterer Stunde die Polizei. Was ist hier los, haben die Beamten gefragt. Was soll hier los sein, gaben die Zechbrüder zurück, »wir saufen!« Da lag Nummer vier aber schon seit längerem draußen im Hausflur. Bewegungsunfähig, nicht ansprechbar, dreivierteltot.

Zwei Tage lag der Mann künstlich beatmet im Koma. Dann erwachte er langsam wieder. Sieben Komma zwei Promille Alkoholkonzentration im Blut sind gemessen worden, als der Krankenwagen vorfuhr. Das überlebt kaum jemand. Und freiwillig so viel zu trinken, das scheint kaum vorstellbar. Doch die Schnapsleiche krakeelte schon kurz nach der Wiedergeburt, dass er der Größte sei und die Wette gewonnen habe. Er, den sonst keiner für voll nahm.

Wann und warum der Mann seine Meinung änderte und sich vom Helden zum Opfer stilisierte, das befördert das Potsdamer Amtsgericht nicht wirklich ans Licht. Wen soll der korrekte Richter auch danach fragen? Das Opfer vielleicht, das wäre die übliche Vorgehensweise. Aber das Opfer ist verschwunden. Wohnungslos, wie die anderen auch, hat es keine Postadresse, und keiner der Kumpels weiß, wo er sich inzwischen aufhält. Ob er überhaupt noch lebt … »Na, vertragen kann der ja 'ne ganze Menge«, ulkt Dirk W. R., der Angeklagte, der so gar nicht versteht, wie er zu der Ehre kommt. Einen Verteidiger hat er nicht dabei. »Wozu denn, da geb ick doch kein Geld für aus.« Und er glaubt, sein Mittrinker hätte wohl ein bisschen Panik bekommen, als das mit dem Wetttrinken im Krankenhaus die Runde machte. »Da hätte der ja womöglich den ganzen Rettungskram selbst berappen müssen.«

Die Vermutung ist so falsch nicht, zumindest hätten den ins Koma Gefallenen wohl Probleme erwartet. Ob das der Grund war, dass er umschwenkte? Dass er nun, noch in der Klinik, zu Protokoll gab, die anderen hätten ihn mit Gewalt dazu gezwungen. Vor allem der eine, der Große, Starke. Dirk W. R. Der hätte ihm die Whiskyflaschen an den Mund gepresst und gedroht:

»Trink oder stirb!« Tja, was sollte er machen? Trinken schien ihm die bessere Lösung. Aber freiwillig – nie.

»So 'n Spinner«, kann Dirk W. R. dazu nur sagen, und auch seine Erklärung klingt nicht ganz unplausibel. »Wissen Sie, ick bin seit meinem vierzehnten Lebensjahr Alkoholiker. Ick trinke straff. Und ick hätte das Zeug ganz gewiss lieber allein ausgetrunken, als es so 'nem Dahergelaufenen einzuflößen. Der schöne Whisky. So weit kommt's …«

Nein, das fiele uns nicht ein, unterstützt ihn auch der einzige Zeuge des Geschehens, der greifbar ist: Freund N., der in jener Nacht mit zu Besuch war. Auch er kommt geradewegs aus einer Alkohol-Therapie wie der Angeklagte R. »Trink oder stirb?

So was würde ich nie machen mit 'nem Menschen, und mein Kumpel hier auch nicht. Damit spielt man nicht.« Treu schaut er den Richter an. Der Fremde hätte ja förmlich um den Stoff gebettelt, als sie zu der »Party« kamen. »Der hatte wohl selbst nichts dabei. Oder es war schon alle.« Jedenfalls beteuert auch N., dass alles ganz friedlich zuging. Der medizinische Gutachter, der hinzugezogen wird, kann gleichfalls nichts über Spuren von Gewalt aussagen. »Die Verletzungen, die der Untersuchte davontrug«, so führt er aus, »sprechen für einen Sturz. Auf Fesseln, Würgen oder andere Gewaltanwendung deutet nichts hin.«

Bleibt nur der Freispruch? Der junge Richter ist unschlüssig. Die Entscheidung nimmt ihm der Staatsanwalt ab: »Ich müsste aber wirklich den Geschädigten hören. Sonst kann ich die Sache nicht abschließend beurteilen.« Die Schnapsleiche also, den Verschwundenen. Ja, das versteht der Richter. Er ist für heute eines Urteils enthoben. Das Verfahren wird ausgesetzt, so lange, bis sich neue Momente ergeben. Bis das vermeintliche Opfer aussagt. »Kann sein, wir sehen uns dann wieder«, verabschiedet sich der Richter vom Angeklagten. »Und denken Sie dran: Das kann schon bald sein – oder vielleicht erst in sieben Jahren …« – »Ooooch«, winkt der fröhlich ab, »dann ist das verjährt.«

# J. Junior

*Ist es für einen unbeherrschten jungen Mann vor Gericht eher
günstig oder von Nachteil, der Sohn eines Prominenten zu sein?*

Lassen wir es vorerst bei der für Schilderungen aus dem Gerichtssaal üblichen anonymisierenden Schreibweise des Na-
mens des Angeklagten: Oliver J. Der Mann ist neunundzwanzig
und Unternehmer, wie er sagt. Kaufmann. Chef einer Filmge-
sellschaft. In der Anklage steht, er hätte sich der Körperverletzung und Beleidigung schuldig gemacht.

Das erklärt den Andrang der Fernsehkameras nicht, als sein
Fall vor dem Amtsgericht Berlin-Tiergarten aufgerufen wird.
Es ist der Name. Nein: der Vater. Denn Oliver J. ist der Sohn
von Harald J. Und weil Harald J. einst ein ungewöhnlicher
Schauspieler war und ein begnadeter Entertainer, liebte ihn das
Publikum und interessierte sich für sein Leben. Auch – oder
erst recht –, als er es nicht mehr im Griff hatte. Als er sich in
aller Öffentlichkeit betrank und zu derben Scherzen hinreißen
ließ. Als er sich, um nicht an Glanz zu verlieren, mit kleinen
Liebhaberinnen schmückte. Reumütig zur Familie zurückkam
und nach Entziehungskuren wieder auf der Bühne stand. Bis
es nicht mehr ging. Dann, mit dreiundsiebzig, liegt der vormals umschwärmte Harald J. alt und krank und von seinem
Gedächtnis verlassen in einem Pflegeheim am Rande Berlins.

J. wie Juhnke. In seinen guten Zeiten ein umjubelter Star,
ein Mann der Öffentlichkeit, ein Prominenter. Und eigentlich
noch viel mehr: ein Volksschauspieler. Einer, der das Volk auch
an seinem Leben teilhaben lässt. Der selbstbewusst Blitzlichter
und Mikrofone auf sich zieht und nur eines meidet: die Stille.

Oliver, sein jüngerer Sohn, ist Teil dieses Lebens, das all die

Jahre so munter hin- und herfloss zwischen Jubel und Skandalen. Das kann einen jungen Mann ganz schön in Bedrängnis bringen. Oder es gibt ihm die Chance, als Sohn eines Prominenten selbst ein bisschen prominent zu sein – und sei es auf den Partys im Dunstkreis der Schönen und Reichen, der Begehrten und Begehrtsein-Wollenden.

Was aber, wenn das kleine, private Leben zusammenprallt mit dem allgegenwärtigen, berauschenden Elixier Berühmtheit? So wie im Mai 2001, als der Vater noch lebte, in einer Villengegend am Wannsee? Hat Oliver J., der Sohn, hier seine Beherrschung verloren, weil es ihm um den Schutz der Privatheit ging oder weil er zu Ausbrüchen und selbstgerechter Rabiatheit neigt? Wieviel Respekt kann eine prominente Familie erwarten? Fragen an eine Amtsrichterin und ihre Schöffen.

Oliver J. wird vorgeworfen, eine ihm unbekannte Frau gröblichst beleidigt, sie angegriffen und verletzt zu haben. Ohne jeden Grund soll er sie »Schlampe«, »Hure«, »Fotze« geschimpft, dann sogar auf sie eingeschlagen haben, sagt die Frau. Sie ist Reporterin. Und sie klingelte zur Mittagszeit am Gartentor der Familie Juhnke, weil eine Hamburger Redaktion sie schickte, die Gattin des Entertainers zu interviewen. Erst drei Tage zuvor war Harald Juhnke aus einem Krankenhaus entlassen worden, niemand wusste genau, wie gut oder wie schlecht es um ihn stand.

»Juhnke vorm Aus?« spekulierten vereinzelt Tageszeitungen. Das interessierte natürlich auch das Blatt aus Hamburg. Doch der Versuch, mit Frau Juhnke in Kontakt zu kommen, schlug mehrfach fehl. Niemand ging ans Telefon. So blieb der Redaktion als letzte Hoffnung Bärbel B., die Berliner Korrespondentin, eine Freiberuflerin. »Ich sollte mich mit Susanne Juhnke über die Krankheit ihres Mannes unterhalten, darüber, wie sie mit all den Belastungen fertig wird, wie sie lebt, was sie denkt.«

Den fragenden Blick der Richterin beantwortet die Reporterin mit dem Hinweis: »Das ist ganz normal. Eine seriöse Sache. Ich hätte ihr auch Geld angeboten dafür.«

Der Anruf aus Hamburg kam gegen zwölf, Bärbel B. setzte sich ins Auto und fuhr zu Familie Juhnke nach Hause. Unangemeldet und mit Block und Diktiergerät in der Tasche. Ein ganz seriöser Überfall auf das ganz normale Leben?

Oliver J., der Sohn, der an diesem Tag von seiner Mutter gebeten worden war, für ein paar Stunden auf den kranken Vater »aufzupassen«, weil sie etwas zu erledigen hatte, pocht auf den Schutz der Privatsphäre. Nichts als üble Nachrede sei die Geschichte der Reporterin. Zum Publikum gewandt schneidet er Fratzen. »Für wieviel Geld haben Sie Ihre Story denn schon verkauft?« ruft er zur Zeugin. »Oder sind die Rechte noch frei? Da wäre ich interessiert, ließe sich doch ein prima Film draus machen!« Sein Anwalt stoppt ihn mit einem Blick. J. Junior pariert. Nur nicht das Vorurteil nähren, er sei leicht unbeherrscht, zynisch und aggressiv. Das hängt ihm seit diversen Verurteilungen wegen Trunkenheitsfahrten und Ausflügen ohne Führerschein an, von vermeintlichen Handgreiflichkeiten in Diskos ganz abgesehen. »Ehrlicherweise« räumt er ein, »nicht gerade höflich« gewesen zu sein an jenem 17. Mai.

Unflätig und gewalttätig sei ihr der Angeklagte begegnet, sagt die Reporterin Bärbel B., zweiundfünfzig, die draußen am Gartentor geklingelt haben will, sich dann, über die Wechselsprechanlage, vorstellte und ganz freundlich nach Susanne Juhnke fragte. »Ich hätte gerne mit ihr gesprochen. Ist das möglich?« Doch statt einer Antwort seien ihr sofort die deftigsten Beschimpfungen an den Kopf geflogen, »ich will das hier gar nicht wiederholen«, und: Sie solle verschwinden, abhauen, sich nie mehr blicken lassen. »Damit konnte ich mich doch nicht abfinden«, sagt Bärbel B., »ich hatte etwas ganz Normales gefragt und erwartete eine normale Antwort. Hätte er gesagt, dass Frau Juhnke nicht zu Hause sei, wäre ich doch sofort gegangen.« So aber hielt sie es für angebracht, noch ein zweites und ein drittes Mal zu klingeln. Sie erntete jedes Mal die gleiche Reaktion, nur der Ton wurde schärfer.

Erst da, so schildert sie es, sei ihr klar geworden, dass sie kein Interview bekommen würde. Und: Die Beschimpfungen hätten ihr zugesetzt. »Völlig fertig« sei sie gewesen, als sie zurück zu ihrem Auto ging und plötzlich hörte, dass die Tür des Hauses aufging. Sie sah, wie Juhnkes Sohn auf sie zustürzte, er habe auf sie eingeschlagen, versucht, ihr das Diktiergerät aus der Manteltasche zu reißen. Sie spricht von Gewalt, mit der er ihr die Finger umbog, ein ärztliches Attest bestätigt ihre Verletzungen.

»Wie ein bockiges Kind« habe er schließlich das Band aus dem Gerät gezerrt, obwohl doch überhaupt nichts von ihrem Disput aufgezeichnet war.

J. Junior lacht höhnisch auf. Er sagt, er hätte ganz genau gesehen, wie diese Frau, die da klingelte, schon vom ersten Augenblick an ungeniert ihr Diktiergerät an die kameraüberwachte Wechselsprechanlage gehalten habe, um ihr »Gespräch« aufzunehmen. Der war jedes Wort »teuer«, das hätte ihn ja so sauer gemacht. »Sie wissen vielleicht, dass heimliche Mitschnitte verboten sind?«, erkundigt sich der Rechtsanwalt wie beiläufig bei der Zeugin.

Sie weiß es, und sie bestreitet, das Gerät an jenem Nachmittag angeschaltet zu haben. Oliver J. aber ist sicher, dass er es sah. Und es hat ihn aufgebracht. Nein, freundlich war er nicht. Warum auch? »Ich habe ihr deutlich zu verstehen gegeben, dass sie auf der Stelle gehen soll, dass es kein Gespräch gibt.« Doch beschimpft habe er sie nicht, »auf keinen Fall!«

Geht es nach ihm, dann war die Reporterin die Unverschämte, die ihn nicht in Ruhe ließ, die immer wieder störte. »Mein

Vater ist schon unruhig geworden und tänzelte in der Wohnung herum. Wer gibt denn solchen Leuten das Recht, in unser Leben einzudringen?« Als er schließlich rauslief, um Frau B. vom Grundstück zu verweisen, das sie inzwischen betreten haben soll, sei die Frau völlig durchgeknallt. Im Gerangel fiel das Diktiergerät zu Boden, das Band sprang raus. Er selbst hätte sich nur ihres Angriffs erwehrt und gedroht, er würde die Polizei rufen wegen Hausfriedensbruchs.

Das brauchte er nicht, denn die Reporterin war mit ihrem Notruf schneller. Wie es dazu kam, dass wenig später das umstrittene Band nicht etwa im Garten, sondern auf der Kellertreppe des Juhnke-Hauses gefunden und der Polizei erst auf nachdrückliches Verlangen vom hinzugerufenen Rechtsanwalt ausgehändigt wurde, bleibt ungeklärt. Auch, warum die Polizei das Band nicht beschlagnahmte, sondern es der Reporterin zurückgab. Immerhin hörten es die Beamten vor Ort noch kurz ab und waren der Meinung, außer einem früheren Gespräch mit dem Schauspieler Horst Buchholz nichts Erhellendes zu vernehmen. Weil dieses Gespräch für Bärbel B. damals dreitausend Mark wert gewesen sein soll, übergaben sie es ihr.

»Dreitausend Mark, ist das nicht eine ganze Menge?«, fragt die Richterin. »Wie viel hätten Sie denn für Frau Juhnke bekommen?« Da druckst die Reporterin ein wenig und sagt, das wäre noch nicht vereinbart gewesen. »So tausend, tausendfünfhundert vielleicht.« Aber das Geld sei ihr nun natürlich entgangen, und auch das Buchholz-Interview hätte sie nicht mehr verwerten können, weil sowohl Band als auch Diktiergerät arg beschädigt worden seien. Heißt: Die Attacke habe ihr also auch finanzielle Verluste eingebracht, nicht nur Angst und Schmerzen.

Von Justitia, der Allwissenden, kommt keine Hilfe. Es steht Aussage gegen Aussage, und offenbar hat niemand recht Lust, die Geschichte bis ins letzte Detail zu erforschen. Nach vierzig Minuten Pause und einem Gespräch unter allen Beteiligten verkündet die Richterin: Einstellung des Verfahrens wegen Geringfügigkeit. Der Angeklagte sei damit einverstanden, 7.500 Euro an eine gemeinnützige Einrichtung zu zahlen. Womöglich habe er ja unter dem Druck der Ereignisse und wegen der schweren Krankheit des Vaters »überreagiert«. Der Anwalt von Oliver J. beeilt sich hinzuzufügen, dass diese Geldbuße aber »kein Schuldeingeständnis« sei.

## Sind doch nur Rekruten

*Eine Armee ist kein Kaffeekränzchen, sagt der Verteidiger. Doch wo hört Befehlssinn auf – und fängt Schikane an?*

Es sind die letzten Februartage 2003. Der Schnee ist geschmolzen, Schlamm beherrscht die Szenerie, und ungemütlich ist es allemal. Aber danach fragt bei der Armee keiner. Mehrere Dutzend Rekruten eines Regiments im Brandenburgischen ziehen ins Biwak, ins Feldlager, Schießübungen stehen auf dem Programm. Für die Jungs, die derzeit Soldaten sind, geht die Grundausbildung zu Ende, es sind nur noch ein paar Tage. Vielleicht fehlt ihnen da der dringende Wille zu militärischer Höchstleistung, vielleicht sind sie auch einfach nur geschafft.

Gordon B. jedenfalls ärgert sich. Wenn er etwas überhaupt nicht leiden kann, dann Nachlässigkeit. Und da gibt es so ein paar Spezies. Wissen immer noch nicht, dass sie ihre Waffen nicht einfach ablegen dürfen, wenn sie aufs Klo gehen. Packen sich Bierdose und Süßigkeiten ins Gepäck, obwohl das in einem Schießlager nichts zu suchen hat. Denken, es sieht keiner, wenn sie beim Waffe Putzen einfach mal kurz die Augen zumachen. Aber sie sollten ihren Zugführer eigentlich besser kennen: Gordon B., wenig älter nur als die meisten in seiner Truppe, Mitte Zwanzig, ein ansehnlicher, athletischer Typ um die eins neunzig, lässt sich so etwas nicht bieten. Wozu schließlich hat er als ihr Vorgesetzter Macht? Befehlsgewalt?

Mehrfache körperliche Misshandlung, Nötigung und entwürdigendes Verhalten gegenüber Untergebenen ist vor dem Amtsgericht Potsdam angeklagt. Der ehemalige Leutnant Gordon B. soll erklären, wie es im Winter letzten Jahres zu den Vorfällen kam. Dazu, dass er Soldaten über den Boden schleifte, ihre Waffen auseinandernahm und in Einzelteilen in den Dreck warf, warum er ihnen befahl, im Entengang Wache zu schieben oder mit ausgebreiteten Armen auf einem Tisch zu stehen, weshalb er sie zwang, über Drecklachen Liegestütze zu zelebrieren, bis sie zusammensackten, oder fast nackt auf dem Appellplatz anzutreten, um ihr Gepäck zu durchsuchen. Da kann B.s Verteidiger noch so oft abwinken und Sätze sagen wie »Armee ist eben kein Kaffeekränzchen«, »lassen wir doch die Kirche im Dorf« oder »Frau Vorsitzende, also wenn ich mich da an meinen Militärdienst erinnere …«, die schmale Richterin lässt nicht locker. Glauben Sie nicht – sagt ihre Haltung – dass ich nur, weil ich eine Frau bin und nicht zur Armee musste, nicht zwischen Recht und Unrecht unterscheiden kann. Dass ich die Grenze nicht finde zwischen Befehlssinn und Schikane. Aber mich interessiert das Warum.

Gordon B. weicht nicht aus. Er hatte mehr als ein Jahr Zeit, sich auf diese Verhandlung einzustellen. Seit die Vorwürfe gegen ihn öffentlich wurden, ist er wieder Zivilist. Die Bundeswehr hat sich von ihrem unbeherrschten, sein Amt missbrauchenden Leutnant getrennt. Für eine gewisse Frist gab es noch ein Übergangsgeld, weil nun auch der Prozess über sein Maß an Schuld befinden muss, aber aus dem Truppendienst wurde Gordon B. ziemlich schnell und endgültig entfernt. Das hat ihn überrascht. Er sagt, dass ihm erst da klar wurde, wie verachtungswürdig er sich benommen habe.

»Ich konnte nicht damit umgehen, dass ich plötzlich Vorgesetzter war, kaum unter Kontrolle stand und eigentlich freie Hand bekam. Ich war doch selbst noch ziemlich unreif. Und hatte auch gar nicht vor, so früh Verantwortung zu übernehmen.« Ja, er wollte Offizier werden, aber erst nach dem Abschluss seiner Ausbildung an der Bundeswehrakademie und dem BWL-Studium in Hamburg. »Doch dann fiel ich zweimal durchs Vordiplom, und damit war das Studium für mich zu Ende. Ich kam zurück nach Beelitz zur Truppe. Und weil dort unter den Vorgesetzten ziemliche Fluktuation herrschte und es Spannungen gab, wurde ich womöglich ein bisschen protegiert. Jedenfalls ging es schnell mit der Ernennung zum Zugführer.«

Die Kameraden dort kannten ihn zum Teil noch aus seiner eigenen Armeezeit, das hatte günstige und ungünstige Effekte. Er kam nicht als Fremder, aber es sprach sich auch herum, dass er nicht ganz freiwillig zurückkehrte, sondern sein Studium vermasselt hatte. Das nagte am Selbstwertgefühl. Die Befehlsgewalt macht ihn stark. »Ich hatte mir deshalb eine relativ harte Linie angewöhnt, um meine Autorität zu stärken, mir Respekt zu verschaffen und die Gruppenleiter hinter mich zu bringen.« Eigentlich sind das ganz egoistische Gründe. Es ging Gordon B. vor allem um Gordon B. Um den Ruf, um die Anerkennung.

Denn weder die Armee stand auf dem Spiel noch das Vaterland. Die »Vergehen«, die der junge Leutnant so überzogen ahndete, waren allesamt das Ausrasten nicht wert. »Mich haben diese Disziplinlosigkeiten an der Ehre gepackt, ja das stimmt«, räumt er ein, und heute, als »Außenstehender« kann er diese Überreaktionen selbst nicht mehr verstehen. Aber er schiebt es nicht aufs Militär, nicht auf den rauen – oder rüden? – Umgangston, der dort bisweilen herrscht, nicht darauf, was sein Verteidiger »kein Kaffeekränzchen-sein« nennt. »Man fasst einen Soldaten nicht an, das ist untersagt, und das wusste ich auch. Trotzdem konnte ich mich nicht beherrschen und habe M. am Koppel gepackt und zu Boden gerissen. Da gibt es keine Entschuldigung.«

Der Übergriff auf den Soldaten M., der bei einer Übung womöglich etwas langsam war und aus Sicht seines Zugführers nicht den nötigen Elan zeigte, ist Anklagepunkt Nr. 1 im Prozess. Acht weitere folgen, und alle räumt der Fünfundzwanzigjährige ein. Die Situation war immer gleich: Er fühlte sich provoziert, als Vorgesetzter herausgefordert, etwas zu unternehmen, und er unternahm etwas – das Falsche. Das, was den anderen signalisierte: Ihr seid doch nur Rekruten, ich gebe hier die Befehle. Und das merkt euch gut!

Den Soldaten K. hat er erwischt, als dem beim Waffe Reinigen die Augen zufielen – also schlug er ihm ein paar Mal kräftig auf den Rücken. »Es war schon mehr als ein Klaps, das muss ich zugeben«, sagt Gordon B.

S., ein Unteroffiziersanwärter, ließ seine MPi während der Übung vorm Dixie-Klo stehen, »da trat und schrie ich ihn raus, und weil er bummelte, wie mir schien, habe ich ihn mir gegriffen, seine Ausrüstungsgegenstände gepackt und in den Schlamm geworfen zur Strafe.« Der gemaßregelte S. durfte nun alles fein säuberlich wieder aufsammeln und putzen. Diese Strafe ist im Katalog der Bundeswehr aber nicht vorgesehen.

Körperliche Gewalt und Nötigung sieht das Gericht darin. Unsinn, moniert der Verteidiger: »So reagiert man doch auch manchmal in der Kindererziehung, zum Beispiel wenn es schlampig und unordentlich ist. Das brüllt man sein Kind schon mal an und schubst das herumliegende Spielzeug in die Ecke. Das ist doch zumindest nur als eine verbundene Handlung und nicht als zwei einzelne zu sehen.« Solche juristischen Spitzfindigkeiten könnten sich minimal auf das Strafmaß auswirken bei der Frage: Geht es um acht oder um neun Fälle der Anklage?

Die Richterin spielt das Erziehungs-Spiel nicht mit, sie ist erkennbar anderer Meinung: Macht braucht Charakter. Sie hat sich mit den Dienstvorschriften der Bundeswehr vertraut gemacht und weiß, wie weit ein Vorgesetzter gehen darf und welche Möglichkeiten der Erziehung oder Bestrafung ihm offenstehen. Gordon B. hat all diese Befugnisse weit überschritten. Und selbst wenn das auch in anderen Einheiten, an anderen Standorten zum Repertoire der Befehlenden gehören sollte, in dem Fall, über den sie zu entscheiden hat, wird sie Misshandlung und Entwürdigung auch als solche ahnden. Es kommen der Entengang, die Liegestütze über der Suppenpfütze, das Ausziehen auf dem Truppenplatz zur Sprache. Und jedes Mal sagt der angeklagte Gordon B. mit sich ähnelnden Worten: »Wenn ich das heute noch nachvollziehen könnte … Ich fühlte mich überfordert, gestresst, genervt, wollte es aber nicht wahrhaben. Und habe kraft eigener Arroganz so unwürdig reagiert.« Anders kann er sich auch die Sache mit der »Verpisserlitze« nicht erklären, die er, kurz vorm Dienstende seiner Rekruten, einem von ihnen verpasst hat. Ein schmutzig gelbes Band, das der »zu Disziplinierende« als Zeichen des Versagens an der Uniform tragen sollte. »Ist das nicht eher ein Spaß?«, fragt der Verteidiger.

Vor allem mit den Schwachen, »den Losern«, konnte Gordon B. wenig anfangen. Einen trieb er mit seinen Schikanen vor versammelter Truppe zu Tränen. Die Richterin möchte

wissen, ob ihn das befriedigt habe. »Nein«, antwortet der Angeklagte, »eher irgendwie beruhigt. Ich hatte es nicht durchgehen lassen.«

Ein Jahr und zwei Monate Haft werden dem einstigen Zug-
führer und heutigen Studenten, der später einmal als Eventma-
nager arbeiten will, als Strafe angedroht, falls er die zweijährige
Bewährungszeit nicht besteht. »Ich hoffe sehr, dass es in Ihrem
Leben solche Situationen nicht mehr geben wird, wo Sie Ihre
Macht über Menschen so unkontrolliert ausnutzen können«,
verabschiedet ihn die Richterin. Benjamin F., der Mann mit der
»Verpisserlitze«, als Zeuge geladen, geht auf seinen einstigen
Vorgesetzten zu.

»Ist doch besser, dass das jetzt geklärt ist, oder?«


## Es war ein stiller Schrei


*»Sehr geehrte Staatsgewalt, ich habe meine Frau getötet.« So be-
ginnt ein Brief, den der Ehemann einer Schwerkranken schrieb.*

Das erste Mal starb Renate B. in der Tanzstunde. Eben noch
hatte ihr Tanzlehrer sie geführt, der Rhythmus wechselte, die
Paare verharrten einen Moment, um sich auf den neuen Takt
einzustellen, da sackte Renate B. in sich zusammen. Blieb am
Boden liegen. Die Musik spielte weiter, aber Renate B. atme-
te nicht mehr, auch ihr Herzschlag war nicht mehr zu spüren.
Zwei, drei Kursteilnehmer erkannten den Ernst der Situation,
fingen mit einer Druckmassage an, eine junge Krankenschwester war dabei, gab Anweisungen und versuchte, die Bewusst-

lose, so gut es ging, zu erwecken. Ein paar Minuten geschah gar nichts, dann kehrten Lebenszeichen in die Neunundfünfzigjährige zurück. Ihr Tanzlehrer alarmierte den Notarzt, der wenig später eintraf. Da hatte Renate B.s Herz aber erneut ausgesetzt. Weitere vier Mal wurde die Frau an jenem Abend im Januar

2002 reanimiert, mit Mund-zu-Mund-Beatmung und elektrischen Impulsen wiederbelebt. Fünfzig Minuten eines solch instabilen Zustands waren vergangen, als sie im Krankenhaus eintraf und das EKG ganz deutlich einen Herzinfarkt nachwies. Eine sofortige Operation rettete ihr das Leben. Doch aus der Narkose erwachte sie nicht mehr. Renate K. blieb im Koma.

»Mein Renchen ist am 19. Januar gestorben«, sagt Peter B., ihr Ehemann. Das stimmt nicht mit den offiziellen Dokumenten überein, denn die vermerken den 8. August 2002 als Todesdatum. Doch für Peter B. war es kein Leben mehr, das seine Frau führte. Blind, taub, gelähmt, so beschreibt er, lag sie im Wachkoma, dem sogenannten apallischen Syndrom.

Der Körper, die Maschine, arbeitet noch. Aber viele Funktionen kann er nicht mehr aus eigener Kraft erfüllen. Er kann den Schleim, den die Lunge produziert, nicht mehr abstoßen. Dafür ragt aus dem Hals des Patienten ein Metallrohr, durch das mit einer Kanüle der Schleim abgesaugt werden muss. Der Mensch kann nicht mehr schlucken – also wird die Nahrung künstlich zugeführt, über eine Magensonde. Blase und Darm zeigen keinerlei eigene Tätigkeit. Sie müssen entleert werden. Kein Muskel, kein Gelenk lassen sich bewusst bewegen. Die Sehnen verkümmern, die Gliedmaßen verkrampfen in unnatürlichen, schmerzhaften Stellungen. Oft liegt der Patient mit offenen Augen da – aber fast nie gelingt es, irgendeinen Kontakt zu ihm aufzunehmen. Und der Partner, der dieses Elend mit ansehen muss, empfindet all das als einen einzigen stillen Schrei.

»Eins möchte ich nicht: Mitleid«, erklärt der sehr gerade, sehr hagere Mann, der vor dem Berliner Landgericht angeklagt ist.

»Ich möchte nur, dass Sie die Situation kennenlernen. Alle wussten, ihr Zustand würde nie wieder besser. Aber ich habe alles dafür getan, dass sie sich so gut fühlen konnte, wie es unter diesen Umständen nur irgend möglich war.« Am Ende hat er sie getötet. »Sehr geehrter Staatsgewalt, ich, Peter B., habe aus Liebe und Mitgefühl meine Ehefrau Renate getötet«, wird aus einem Brief verlesen, »es war allein meine Entscheidung. Ich weiß, das stellt mich außerhalb Ihrer Gesellschaft. Menschlichkeit und Liebe gibt es in den Paragraphen nicht.«

Die Staatsgewalt ist in diesem Fall eine verhuschte, kleine Staatsanwältin, die man kaum bemerken würde, stellte sie nicht ganz selten einmal dem Angeklagten oder Zeugen eine zaghafte Frage. Den Tötungsvorwurf trägt sie so leise vor, dass man ihn eher erahnen als hören kann, und es tauchen darin die Worte auf, er habe ihr ein Valium-Schlaftabletten-Gemisch verabreicht, um sie »von ihrem schweren Leiden zu erlösen.« Trotzdem steht er vor Gericht, denn Tötung auf Verlangen ist in der Bundesrepublik des frühen 21. Jahrhunderts ebenso verboten und mit Strafe belegt wie aktive Sterbehilfe. Bis zu fünf Jahren Haft droht das Gesetz an. Hätte Renate B. zu ihren Lebzeiten eine sogenannte Patientenverfügung unterzeichnet, in der sie für den schwersten Krankheitsfall die Ärzte anweist, ihr Leben nicht unnötig und ohne Hoffnung auf Heilung zu verlängern, so hätte es beispielsweise die Möglichkeit gegeben, die Zufuhr künstlicher Nahrung einzustellen, auf dass sie langsam dahinsterben würde. Damit hätte sich niemand strafbar gemacht.

Aber eine solche Patientenverfügung gab es nicht. »Nein, es ist nicht dazu gekommen«, bestätigt auch ihr Ehemann Peter B.

»Dabei wäre es hundertprozentig in Renates Sinne gewesen.

Wir haben darüber gesprochen, oft. Wollten uns solche Papiere anschauen, verschiedene Varianten prüfen und sie dann beim Notar hinterlegen.« Sie hatten auch schon Kontakt zu einem Hospizdienst und sich mit Bekannten beraten. An manchen Tagen war es gut möglich, mit Renate B. über dieses heikle Thema zu sprechen. An anderen wiederum blockte sie total ab, wollte kein Wort von Alter, Tod oder Krankheit hören. Das hing ganz von ihrer seelischen Verfassung ab. Und die war labil. Seit Jahren bekämpfte sie eine manische Depression, deren Ursache im Dunkeln blieb, mit Tabletten. Da wechselten die Stimmungen rapide. Aber sie hatte wohl immer eine panische Angst davor, hilflos krank oder alt zu werden. Das bestätigen alle Verwandten, die das Gericht befragt. Die Schwägerin, die im gleichen Haus mit wohnte, der Sohn, der nach Chemie-Studium und Promotion nach Hamburg ging, die Schwiegertochter.

»Wenn sie mit jungen Leuten zusammen war, blühte sie regelrecht auf. Ich denke, auch deshalb hing sie so an der Tanzstunde«, sagt ihr Mann. »Von einer Reise nach Wien hingegen mussten wir nach drei Tagen zurückkehren, weil wir in eine Art Seniorengruppe geraten waren, und das erfüllte Renate mit blanker Panik. Sie hatte eine richtige Altenphobie.« Peu à peu, Erinnerung für Erinnerung erhellen sich Situationen, die auch das Gericht, wenn es sich darauf einlässt, als ein Zeichen sehen könnte, dass Renate B. dieses quälende Stückchen Leben, das ihr im Wachkoma geblieben war, womöglich selbst beendet hätte, wenn es ihr denn möglich gewesen wäre.

Da erzählt Peter B. vom langsamen Tod seines Bruders, den er und seine Frau sehr mochten, und der Renates Depressionen einen unheilvollen Schub gab. Und da ist vor allem das Schicksal ihrer eigenen Eltern, die 1993 mit ein paar Monaten Abstand nacheinander starben. Weit über siebzig waren sie, als der Vater sich vom Kehlkopfkrebs nicht mehr erholte, und die Mutter, die zupackende, nach einer Bypass-Operation ins Wachkoma fiel.

»Ist das nicht ein Irrsinn Gottes«, fragt der Sohn ratlos, »dass Mütterchen jetzt erleiden musste, was ihr damals bei meiner Oma so grauenvoll erschien? Dabei lag die Oma in einem ganz friedlichen, ruhigen Koma, sie schien nicht zu leiden, aber schon diesen Anblick konnte meine Mutter nicht ertragen. Ich vergesse nicht, wie wütend sie über ihren eigenen Vater war, dass der seine Frau nicht erlöste.« Renate B.s Schwiegertochter erinnert sich daran noch drastischer: »Sie hat ihren alten, kranken Vater inbrünstig dafür gehasst, dass er dem kein Ende bereitete. Das konnte sie überhaupt nicht verstehen.« Und die Schwägerin, auch sie als Zeugin, hat noch die Worte im Ohr, mit denen Renate B. damals ihren Vater bedachte: »Der Feigling«, soll sie gesagt haben, »er hat doch nichts zu verlieren, warum tut er nichts?«

Peter B. bittet um eine kurze Pause, denn die Schilderungen seiner Schwester haben ihn aus dem Gleichgewicht gebracht. Dabei wollte er doch so stark, so bedacht, so entschlossen vor Gericht wirken. Er wusste, was er tat, als er in der Nacht zum 8. August letzten Jahres zwanzig Schmerz- und zwanzig Schlaf-tabletten zerbröselte, sie in Saft auflöste und seiner Frau durch die Magensonde zuführte. Es war kurz nach dreiundzwanzig Uhr, als die letzte Pflegekraft, die Peter B. bei der Betreuung seiner Frau zu Hause half, das Haus verlassen hatte, und sein Entschluss stand fest. Schon am Nachmittag hatte er zu seiner Frau gesagt: »Heute, Renchen, heute werde ich dich erlösen. Jetzt will ich dich nicht weiter vertrösten. Bald hast du es ge-schafft.«

Die Vorsitzende Richterin, eine herbe, lebhafte Frau, die für ihre sehr pointierte und straffe Verhandlungsführung bekannt ist, unterbrach den Angeklagten ganz am Anfang einmal bei einer längeren medizinischen Beschreibung, und sie gab ihm zu verstehen, dass sie sehr wohl verstünde, in welcher Gewissensnot er gesteckt haben mochte: »In meiner ganz nahen Bekanntschaft lag auch ein Mensch im Koma. Das ist kein friedlicher Zustand. Und wir haben sehr viel gesprochen, wie sich dieses Leben wohl anfühlen könnte, welche Alternativen es gibt. Wir haben uns für eine Pflege im Heim entschieden. Inzwischen kam der Tod.«

Darauf hatte auch Peter B. gehofft, sieben Monate lang. Dann entschied er allein und für sich etwas anderes. Das erste Mal dachte er im zeitigen Frühjahr darüber nach, ob Renate ihn um diese Tat bitten würde. Ob er es verantworten könne. Doch zwischen dem Gedanken, ja, ich helfe dir, ich lasse dich sterben, und dem wirklichen Ende liegen tausend zermürbende Stunden.

»Mal dachte ich, ich schaffe es, dann schob ich es wieder auf, hoffte auf Besserung, wartete auf Mut.« Peter B. sagt das ganz ruhig, ganz sachlich. So wie er auch beinahe technisch davon spricht, wie er Renate drei Monate lang zu Hause gepflegt und betreut hat. »Besser als jeder Profi«, werden ihm später selbst erfahrene Pflegekräfte bestätigen. »Er konnte einfach alles.« Die Trachial-Kanüle wechseln, den Schleim absaugen, ihren Darm entleeren, sie waschen, wickeln, ihr Arme und Beine massieren und sie dabei noch verwöhnen. Mit Worten, Gesten, ihrer Lieblingsmusik.

Seit dem Tag, als ihr Herz aussetzte, ging es keine Stunde mehr um Peter B., bestätigen alle Zeugen. Er war nun voll und ganz auf seine Renate fixiert. »Mir schien das ja manchmal ganz schön übertrieben«, sagt eine Pflegerin, die ins Haus der B.s kam. »Er wurde regelrecht wütend, wenn man mal sagte, ›Legen Sie sich doch ein Stündchen hin, Herr B., Sie sehen ganz erschöpft aus, ich mach das schon.‹ Aber irgendwie vertraute er keinem anderen. Immer war er dabei, immer passte er auf, ob auch alles richtig gemacht wurde. Also mir als Patientin wäre so viel Fürsorge ganz schön lästig gewesen.«

Fünfmal am Tag kam professionelle Hilfe zu Peter B., jeweils etwa eine Stunde. Die restliche Zeit war er allein für seine Frau da. Und das wohl ohne Pause. »Peter nahm rapide ab, war blass und müde. Er schlief ja auch nachts auf einem Feldbett neben ihr, reagierte aufs leiseste Geräusch, nahm sie hoch, streichelte sie, guckte nach dem Rechten. Er kann selbst kaum geschlafen haben. Aber er wollte es nicht anders. Und er schien noch so viel Energie zu haben«, beschreibt es die Schwester, die ihn wenigstens sonnabends mit einem gemeinsamen Mittagessen ein wenig unterstützen durfte. Sohn Clemens sagt: Väterchen wurde vom perfekten Bauingenieur zum perfekten Krankenpfleger. Es klingt ein bisschen, als könnte man das Wort »perfekt« auch mit »perfektionistisch« übersetzen.

Aus B.s Sicht hat nur ein einziges Teilchen in seiner Planung versagt. Ein wichtiges Teilchen. Seine Frau Renate sollte nicht allein aus dem Leben scheiden. Peter B. sagt, »ich hatte doch nun meine Aufgabe erfüllt. Und ich wollte nicht, dass fremde Leute später mit Fingern auf mich zeigen und mich anpinkeln.« Er wollte mit ihr von dieser Welt gehen. In dem Abschiedsbrief an seine Schwester schrieb er: »Für den Staatsanwalt gibt es für diese Tat kein edles Motiv. Wir können nicht auf das Verständnis der Gutmenschen hoffen. So drehen wir allen eine Nase. Renate und Peter B. gibt es nicht mehr. Wir danken Euch unendlich für Eure Wärme und Nähe. Kommt uns doch einmal besuchen in unserem neuen ›Zuhause‹«. Es folgt eine Friedhofsangabe.

An alle hatte Peter B. in den letzten Stunden des 7. August Briefe geschrieben. An Sohn und Schwiegertochter, die Polizei, den Staatsanwalt, die Krankenkasse, den Pflegedienst. Und er brachte sie nachts heimlich rüber in die Wohnung seiner Schwester. Sie sollte sie am Morgen, nach dem Aufstehen finden. Aber sie wurde wach, hörte ein Knarren, sah nach, fand die Briefe, las die ersten Zeilen – und rief in ihrer Angst die Feuerwehr. Peter B. kam nicht mehr dazu, sein eigenes Leben zu beenden. Er hatte es versucht, konnte aber, verstört vom Trommeln seiner Schwester an der Tür und in Vorahnung der herbeitelefonierten Rettungskräfte, nicht mehr zum Mittel seiner Wahl greifen. »So ein Tod geht ja nicht schnell, und ich hatte es mir viel leichter vorgestellt«, sagt er. Sein Versuch, sich mit einem Messer in der Badewanne in die Brust zu stechen und das Herz zu treffen, scheiterte. Er war schwer verletzt, aber er starb nicht. Als er seinen Abschiedsbrief schrieb, kann Peter B. nicht allzu sehr darauf vertraut haben, dass Lebenserfahrung und Weisheit auch in die Beurteilung von Rechtsbrüchen einfließen können, und dass es immer Situationen im Leben gibt, denen starre juristische Normen nicht gewachsen sind. Vielleicht hat ihm der Prozess nun sogar ein Stück Lebensmut zurückgegeben. Nach fünf Verhandlungstagen und langer Beratung ergeht das Urteil: keine Haft, sondern eine Bewährungsstrafe, die niedrigste, die das Gesetz zulässt. Drei Monate.

# »Oh, Sie müssen mir vertrauen!«

*Viel steht auf dem Spiel für einen Mann, der genau dafür eine Leidenschaft hat – fürs Spielen.*

Der eine trinkt sich ins Paradies, der andere kokst, bis er Gut und Böse nicht mehr unterscheidet, der dritte glaubt, im Glücksspiel seine Erfüllung zu finden. Nur leider folgt jedem berauschenden Höhenflug ganz schnell auch wieder die Ernüchterung: Bruchlandung. Katzenjammer. Verloren. Horst T. sagt, er habe diesen Frust lange nicht an sich rangelassen: Ich, der König des Spiels, hatte diesmal nur einfach kein Glück. Ein kleines Pech, das kann vorkommen. Aber ich bin der Beste – also, auf ein Neues! Der Anwalt des Angeklagten versucht, diese Sucht nach Gewinn, nach Bestätigung, nach Euphorie dem Gericht eindringlich zu beschreiben. »Mein Mandant spielt seit frühester Jugend. Für ihn dreht sich alles nur um die Frage: ›Wie beherrsche ich den Zufall, wie kann ich gewinnen, wo bekomme ich das Geld dafür her?‹ Er war sich seiner Sucht nur früher nicht so bewusst.«

Die Sonne knallt auf die Südseite des Landgerichts in Moabit, das sich zum x-ten Mal mit dem Angeklagten Horst T. befassen muss. Doch vor dieser Kammer stand er noch nie. T. hat die kühlste Ecke im Saal, den Platz ganz links außen, vor der dunklen Holzwand. Er lehnt sich zurück. Er vertraut seinem Anwalt. Der wird das Gericht schon davon überzeugen, dass T. kein böswilliger Krimineller ist, sondern ein vom Pech Verfolgter.

»Was ich getan habe, tut mir ja auch leid. Aber es ging nicht anders …«

Draußen sind Bauarbeiten im Gange, es hämmert und klopft,

der Verkehr rumpelt vorbei, und der Vorsitzende Richter murmelt. Liest tonlos und ohne besondere Leidenschaft vor, was das Strafregister über Horst T. so hergibt: einundzwanzig Jahre Haft, aufgesplittet in ein Dutzend mehr oder minder heftige Verurteilungen. Die Delikte sind immer die gleichen, Diebstahl und Betrug. Seit etlichen Jahren genaugenommen nur noch Betrug. Darauf hat er sich spezialisiert. Wahrscheinlich würde er sogar sagen »erfolgreich«. Aber der Erfolg brachte ihn immer wieder hinter Gitter.

Keine drei Monate vergingen in Freiheit, schon zog er seine Masche wieder ab. Wie ein uneinsichtiges Kind.

T. ist jetzt fünfundfünfzig – und sieht aus wie ein großer Junge. Schmal, sportlich, kurzes dunkles Haar, ein Profil wie Cäsar und dazu lustige Augen. Er ist gewandt und kann schlau reden, gibt sich gefällig, vor allem aber charmant. Ganz bestimmt glaubt Horst T., dass man ihm nicht widerstehen kann, zumindest nicht als Frau. Und schon gar nicht als ältere, alleinstehende, die sich über den Besuch des »netten jungen Mannes« freue. Endlich kümmert sich jemand um sie.

Horst T. fing die Damen am Friedhof ab, in der Sparkasse, auf der Parkbank, im Supermarkt. Oder er klingelte einfach an ihrer Tür. Gab sich als Rentenberater, Versicherungsvertreter, Rechtsanwalt, Mann von der Krankenkasse, Finanzbeamter oder Bankmitarbeiter aus. Immer korrekt. Immer hilfsbereit. Gern versuchte es auf diese Weise: »Es gibt eine neue EURente, aber davon weiß noch kaum jemand. Die staatlichen Stellen werden sich hüten, Sie darauf aufmerksam zu machen. Aber es ist eine ganz neue Regelung und Ihr gutes Recht, diese Rente zu beantragen. einhundertfünfzig, zweihundert Euro mehr jeden Monat stehen Ihnen zu. Und wenn Sie wollen, beantrage ich das gern für Sie. Ich bräuchte dazu nur Ihre EC-Karte und die Pin-Nummer. Oder Sie kommen selbst mit und heben Ihre Rente für diesen Monat ab.

Ich zahle die dann auf ein gesondertes Konto ein, sozusagen als Startkapital für die neue Versorgung, und künftig können Sie ein ganzes Stück besser leben.«

So oder so ähnlich werden die Reden geschmeichelt haben, die die hochbetagten Damen von dem smarten Mann hörten. Im letzten Verfahren war keine der Geschädigten jünger als siebzig, die älteste dreiundneunzig. Und (fast) alle haben ihm vertraut. Ihm Papiere, Kreditkarte oder Bargeld gegeben. Fast 33.000 Euro insgesamt. Dann wurde eine der Frauen stutzig, denn sie war vor etlichen Jahren schon einmal auf solch einen Hochstapler hereingefallen und anschließend um 15.000 D-Mark ärmer. Nun kam da einer, der meinte, er sei Anwalt und könne ihr helfen, Wiedergutmachung zu erlangen, aber dafür bräuchte er zunächst einmal Bargeld, um die Sache einzuleiten. Und irgendwie klang der Mann diesmal ganz so wie der Betrüger von einst …

Er klang nicht nur so, er war es! Im März 2004 wurde Horst T. wegen dieser argwilligen Täuschung und dreizehnfachen Betruges an älteren Damen zu einer Strafe von vier Jahren und sechs Monaten verurteilt. Doch da zwei namhafte psychiatrische Gutachter dem Gericht bestätigt hatten, dass der Angeklagte an einer langjährigen Spielsucht litt, die ihn außer Kontrolle brachte, dass er trotz überdurchschnittlicher Intelligenz seine Vernunft und seine Seele preisgab, stattdessen nur noch auf den nächsten Coup hinfieberte, wurde er nicht in eine Haftanstalt eingewiesen, sondern zu einer »Maßregel«-Therapie verurteilt mit dem Ziel, seine Sucht zu behandeln und zu beherrschen. Heilen lässt sie sich nicht.

Die Staatsanwaltschaft protestierte gegen diese Sicht und legte Revision beim Bundesgerichtshof ein. Der befasste sich letzten Winter mit dem Fall und gab bekannt, dass eine Therapie statt Haft nur dann vorgesehen sei, wenn der Täter als

Süchtiger von einem Stoff abhängig sei – nicht von einer Tätigkeit, dem Spielen. Ob krankhafte Neigung oder nicht, das wollten und konnten die Bundesrichter nicht werten – aber die Therapie lehnten sie ab.

Ein neues Urteil muss also her. Deshalb hat der Vorsitzende Richter diesmal auch einen anderen Gutachter bestimmt. Einen, der den wendigen Horst T. schon ärztlich betreut hatte, als die 2004 angeordnete Therapie begann. Und der straffe Eins-Neunzig-Mann, ein Praktiker, der seit drei Jahren eine Suchtabteilung mit Straftätern leitet, räumt zwar ein, dass seine Vorgänger bei der Beurteilung des Angeklagten Horst T. wissenschaftliche Koryphäen seien, aber er selbst käme zu einem anderen Ergebnis:

»Herr T. spielt nach eigener Aussage mehr als intensiv alles, was mit Karten, Würfeln, Glücksspielautomaten oder ähnlichem zu tun hat, um das Gefühl auszukosten, der Beste zu sein, allen anderen und dem Schicksal überlegen. Das Spiel ist für ihn eine Leidenschaft – und eine Lust. Aber er hat sich durchaus unter Kontrolle. Der Spieltisch ist seine Bühne, er genießt den Auftritt. Auch wenn es ums Geldbeschaffen geht, handelt er zielstrebig, und die Menschen um ihn herum sind seine Spielfiguren.« Glauben Sie, dass T. davon lassen kann? fragt der Richter. Der Sachverständige zweifelt. »Er hat einen Hang, sich das nötige Geld immer wieder auf die gleiche Art zu beschaffen. Regelrecht kunstvoll inszeniert er das. Und auf diese ›Norm‹, dieses Repertoire könnte er natürlich auch in Zukunft zurückgreifen.«

Der Verteidiger ahnt, was diese Sätze bewirken. Wie ein Löwe kämpft er darum, noch die früheren Gutachter zu hören, er zweifelt an der Erfahrung und der speziellen Spielsucht-Kompetenz des Facharztes vor ihm, stellt Antrag um Antrag. Der Richter winkt ab, der Anwalt prescht wieder vor. So lange, bis sein Mandant ihn zurückholt. »Lassen Sie das. Es hat keinen Sinn. Ich will keine Anträge mehr.« Die Sonne über Berlin ist längst verschwunden.

Aus der Therapie von einst wird nun eine verschärfte Bestimmung: Nach der Verbüßung der viereinhalbjährigen Strafe steht der Verurteilte fortan unter sogenannter Sicherungsverwahrung. Damit schützt man, so die Vorschrift, die Allgemeinheit vor besonders gefährlichen Tätern. Der Delinquent bleibt in der Haft – und alle zwei Jahre wird geprüft, ob er inzwischen so weit gefestigt und geformt ist, dass er ohne Rückfall-Risiko entlassen werden kann. Das ist die Alternative zur Therapie. Doch bisher hat Horst T. auch im Knast immer weiter gespielt. Er habe gewonnen und verloren, sagt der Fünfundfünfzigjährige. So sei das im Leben. Sein erster Diebstahl war übrigens der eines Schafes von der Weide – da war er noch strafunmündig, und der Vater brauchte das Geld. Zum Spielen.

## Wer tötete Marina?

*Es gab einen Angeklagten, einen Prozess und am Ende auch ein Urteil. Trotzdem ist sieben Jahre nach dem Mord an einem neunjährigen Mädchen alles offen wie zuvor.*

Der Sonnabend versprach ein schöner Tag zu werden. In Berlin hatten die Ferien begonnen, Heike E. plante mit ihren beiden Kindern und dem neuen Freund einen Ausflug, irgendwohin ins Grüne, vielleicht zum Baden. Dann begann es zu nieseln, und die Wahl fiel auf den Flughafen Schönefeld. Die vier beobachteten das Abheben der großen Urlaubsflieger, sie aßen Eis und alberten herum. Heike E. war froh, dass ihre kleine Marina und der etwas ältere Maik den Mann, den sie mochte und mit dem sie sich vorstellen konnte, einmal zusammenzuleben, so unkompliziert annahmen. Ihre anfängliche Distanz hatten die Kinder schnell überwunden, Heike E. begann sich auszumalen, wie es werden könnte, gemeinsam, in einer kompletten, kleinen Familie.

Am Abend jenes Sonnabends, der so fröhlich begann, war Marina verschwunden. Nach der Rückkehr vom Ausflug hatte sie sich schnell hübsch gemacht, sie wollte zum Geburtstag, eine ihrer Schulfreundinnen hatte eingeladen. Also lief Marina mit ihren Blumen und dem Geschenk los. Doch die Neunjährige musste etwas durcheinandergebracht haben. Als sie an der Tür des Geburtstagskindes klingelte, öffnete niemand. Traurig kam Marina wieder nach Hause, wo die Mutter sie tröstete.

»Wer weiß, vielleicht ist deine Freundin mit den Kindern noch ein bisschen auf dem Spielplatz. Willst du es nachher noch einmal versuchen?« Marina wollte.

Heike E. liegt dieser Tag wie ein Mühlstein auf der Seele. Seit sieben Jahren. »Hätte ich Marina doch nur nicht gehen lassen. Aber sie hatte sich so auf die Feier gefreut. Sie tat mir einfach leid. Oder wäre ich mitgegangen! Aber Marina kannte sich in unserer Gegend gut aus. Ich hatte überhaupt keine Angst. Als sie dann gegen sechs nicht zum Abendbrot da war, packte mich eine unbeschreibliche Unruhe. So was wie eine Ahnung.«

Dass sie an jenem 10. Juli 1993 ihre kleine Tochter verlor, erfuhr Heike E. erst ein Jahr später. Da fand ein Fremder die Leiche des Mädchens auf einem Dachboden ganz in der Nähe ihres Zuhauses – bis zur Unkenntlichkeit verwest, skelettiert, nackt, erdrosselt, in Plastiktüten verhüllt und mit einem Laken verdeckt. Bis zu jenem Tag hatte Heike E. immer noch Hoffnung.

»Den Traum habe ich bis heute, dass ich die Wohnungstür aufschließe und Marina ist da.«

Die Mutter ist als Zeugin ins Gericht geladen, sie muss berichten, wie es war, damals, als Marina verschwand, sie soll die Tochter beschreiben, ihre Art, mit Fremden umzugehen, sie soll Auskunft geben, ob ihr Marina leichtfertig erschien, verführbar und sorglos. Aber sie kann immer nur wiederholen, dass sie ihre Tochter anders in Erinnerung hat: überlegt, selbstbewusst und wehrhaft. Sie unternahm viel mit ihrem älteren Bruder, hing an ihm, setzte sich aber auch gegen ihn durch, »eigentlich bestimmte sie oft«. Beide Kinder gingen zum Schwimmtraining, Marina war kräftig und kein hilfloses Mäuschen. »Wir hatten zu Hause auch schon darüber gesprochen, wie sie sich verhalten soll, wenn sie ein Fremder anspricht. Im Notfall, habe ich ihr gesagt, schrei einfach los. Deine Stimme überhört keiner.« Vielleicht kannte ja Marina den Täter?

Marinas Tod liegt nun schon so lange zurück, dass Heike E. ruhig und gefasst über den Tag reden kann. Sie beantwortet dem Gericht alle Fragen, weicht nicht aus, und sie hat sogar die Kraft zu sagen: »Natürlich wünsche ich mir nichts sehnlicher, als dass Marinas Mörder gefasst wird. Aber ob es der Angeklagte hier ist, ich weiß nicht … Nicht, dass ein Falscher bestraft wird.« Den Ort, an dem ihre Tochter starb, hat sie verlassen, Adlershof, jenes südöstliche Stück Randberlin, das schon so nah am Grünen liegt, dass Großstadt-Flair einfach nicht aufkommen will. Knapp 15.000 Einwohner, dreistöckige Wohnhäuser, Reihensiedlungen, eine einzige Geschäftsstraße, die sich noch immer im Umbruch befindet.

Überall klebten hier im Sommer '93 Handzettel mit dem Foto und der Beschreibung des vermissten Kindes, Lautsprecherwagen fuhren durch die Straßen, Polizisten fragten auf Spielplätzen und in Parks, ob jemand Marina gesehen hätte.

Ein paar Zeugen wollten sich erinnern, dass das Mädchen allein spielte, dass es zu einem Mann ins Auto stieg, dass es in Berlin-Mitte an der Hand eines schlanken Jünglings über einen Kunstmarkt lief. Im ersten Moment waren sich alle Befragten sicher. Dann begannen sie zu zweifeln, am Ende gab ein Mädchen zu, es hätte sich die Auto-Story nur ausgedacht. Die Polizei fand keinen konkreten Hinweis.

Auf die Idee, in den vielen leerstehenden Wohnungen, Keller- und Dachräumen der Hauptstraße nach Marina zu suchen, kamen die Beamten nicht. Dahin lockte es nur die Halbwüchsigen aus der Gegend, die den Kick des Morbiden, Geheimnisvollen witterten, sowie mitunter ein paar Mieter der zur Sanierung freigegebenen Häuser, die kurz vor dem Auszug noch ermahnt wurden, ihr längst vergessenes Hab und Gut auf den Böden zu entrümpeln.

Auch das fast leergezogene Haus Dörpfeldstraße Nummer dreizehn und seinen Dachboden betraten Polizisten erst nach dem Fund der Leiche und entdeckten in einer Ecke des Raumes eine Spur, die sie eindeutig für eine Spur zum Täter hielten: Papiertaschentücher, an denen irgendwann einmal Sperma abgewischt wurde. Da im Haus zum Tatzeitpunkt neben dem Eigentümer nur noch zwei Männer wohnten, und einer der beiden das Mädchen gefunden hatte, fiel die Wahl nun nicht mehr schwer. Christian J., ein ruhiger, unauffälliger Mittdreißigjähriger, nicht verheiratet, aber mit einer Partnerin in der Zweiraum-Wohnung lebend, gesteht, es wäre ihm alles hochnotpeinlich, aber die Beziehung zu seiner Freundin sei vor einiger Zeit so getrübt gewesen, dass er sich nicht nur oben auf dem Dach sonnte, sondern gelegentlich auch onanierte. Marina je gesehen, geschweige ihr etwas getan zu haben, bestritt der Verdächtige allerdings vehement, und mehr als die Selbstbefriedigung war ihm nicht nachzuweisen.

Der Fall kam zu den Akten. Und blieb dort. Bei einer routinemäßigen Überprüfung stieß ein Kriminalbeamter sechs Jahre später auf ein weiteres Indiz: den verblichenen Aufnäher einer Adlershofer Wäscherei an dem Bettlaken, das Marinas Körper bedeckt hatte. Nachforschungen in der Wäscherei ergaben, dass auch eine frühere Lebensgefährtin des verdächtigen Christian J. einst Kundin in jener Wäscherei war. Also stammte das Tuch wohl aus dem Haushalt des J. So schloss sich der Ring. Christian J., der nach längerer Arbeitslosigkeit wieder einen Job als Lagerarbeiter bei einer Berliner Spedition ausübte und inzwischen mit einer Frau verheiratet war, die drei Kinder mit in die Ehe brachte, wurde verhaftet und des Mordes an Marina angeklagt. Mochte er noch so oft beteuern, mit der Tat nichts, aber auch gar nichts zu tun zu haben.

Das zu klären ist Sache des Gerichts. Und auch hier, vor der 32. Großen Strafkammer des Berliner Landgerichts, bleibt Christian J. dabei, unschuldig zu sein. »Ich kann mir nichts Schlimmeres vorstellen, als Kindern wehzutun. Und nun glauben Sie gar, ich hätte ein kleines Mädchen getötet. Sie wissen ja gar nicht, wie sehr ich unter diesem Verdacht leide. Und der Mörder läuft frei herum!«

Ein Prozesstag nach dem anderen vergeht, und wie immer, wenn Beweise fehlen und lediglich Indizien für eine Tat sprechen, gewinnt an Gewicht, was Zeugen aussagen: Da sind die ehemaligen Nachbarn, die Christian J. für einen netten Kerl halten, aber auch wissen, dass er Anfang der Neunziger so seine Schwierigkeiten hatte: Arbeit weg, Streit mit der Freundin, »da hat er schon mal ein Bier über den Durst getrunken«. Die Bekannte mit dem Bettlaken kann sich nicht mehr erinnern, ob sie das Tuch ihrem Ex-Freund überließ, es in die Lumpen steckte oder später jemand anderem schenkte. »Das ist doch schon ewig her, ich hatte mich längst von Christian getrennt.«

Die Freundin zur Tatzeit, eine inzwischen verheiratete Frau, die auch moniert, dass J. damals zu viel trank, kann sonst nichts Belastendes über ihn sagen. Er habe sie weder misshandelt noch ungewöhnlichen Sex gewollt, nie sei ihr aufgefallen, dass er anderen gegenüber gewalttätig war. Seine Brüder hätten doch auch Kinder, und mit denen sei er immer sehr nett und locker umgegangen. »Nein, dass Christian etwas mit dem Mord zu tun hat, das kann ich mir überhaupt nicht vorstellen.«

Auch der psychiatrische Gutachter, der den Angeklagten untersucht hat, findet keinen Anhalt für eine in Christian J. schlummernde Perversion oder Persönlichkeitsstörung. »Eine solche Tat ist ihm wesensfremd.« Die Familie hält zu Christian J., Eltern und Geschwister glauben an einen großen Irrtum, die neue Frau vertraut ihm, besucht ihn in der Haft, so oft es geht. Sogar seine Mitgefangenen, so erzählt Christian J., sollen von seiner Unschuld überzeugt sein. Sie hätten ihn immer fair behandelt. Gewöhnlich reagieren selbst Raubmörder im Knast höchst allergisch auf Männer, die Kinder quälen, sie missbrauchen oder gar töten.

Die Anklage steht auf bröckligem Fundament, und der erfahrene Staatsanwalt weiß das. Ein Pfeiler muss her, das Gebäude zu stützen: Er holt den in Amerika geschulten und international hochangesehenen Profiler Thomas Müller nach Berlin, einen Österreicher, der unter Kriminalisten schon mal als Guru gilt. Tausende Sexualstraftaten hat Müller studiert, analysiert und verglichen, um unbekannten Verbrechern über ein Täterprofil beizukommen. Dass die Polizei so berüchtigte Serientäter wie den Wiener Prostituiertenmörder Jack Unterweger oder den Briefbombenattentäter Franz Fuchs ergreifen konnte, verdankt sie nicht zuletzt ihrem Profiler. Diese Koryphäe nun darüber reden zu lassen, was der Tatort Dachboden Dörpfeldstraße über Tat und Täter verrät, war zugegebenermaßen ein

Experiment der Berliner Justiz. Ein spektakuläres, umjubeltes – und vor allem teures. Gurus arbeiten nicht für Peanuts.

Gebracht hat es nichts. Oder: fast nichts. Müllers Fazit besagt, dass der Täter offenbar mit dem Tatort vertraut war. Dass die Art, wie das Kind verschnürt und verhüllt war, dafür spricht, dass sich der Mörder nicht in Zeitnot fühlte. Dass er sehr wahrscheinlich davon ausging, dass ihn auf diesem verwahrlosten Dachraum eines fast leeren Hauses so schnell niemand überraschen würde. Das allerdings durfte jeder vermuten, der sich in Adlershof ein wenig auskannte. Nicht nur Christian J. Sein Verteidiger beantragt am Ende des Müller-Tages zum ersten Mal, die Untersuchungshaft für seinen Mandanten bis zum Urteil auszusetzen, ihn freizulassen. Das Gericht kann sich zu einem solchen Signal noch nicht durchringen. Aber es überlegt immerhin. »Wir vertagen die Entscheidung.«

Erst als wenig später die Besitzerin der Adlershofer Wäscherei einräumt, dass es in ihrer Firma schon eine relativ hohe Fehlerquote gibt und es öfter vorkommt, dass Stücke vertauscht werden – erst da wird das vermeintlich stärkste Indiz, der Wäschereizettel, plötzlich zum Schwächling. Und mit ihm wanken auch alle anderen Verdachtsmomente. Sieben Jahre nach dem Mord an Marina ist alles so offen wie zuvor. Christian J. wird in aller Form freigesprochen und für seine Haftzeit entschädigt. »Ich bin wirklich unschuldig«, beteuert er noch einmal und will nur noch eins: »Diesen Alptraum endlich vergessen.«

Aus Mangel an Beweisen hat auch der Staatsanwalt auf Freispruch plädiert. Dennoch glaubt er, dass er den Schuldigen vor sich hatte. Er sagt dies auch noch nach dem Urteil in Kameras und Mikrofone. Christian J. wird in seinem Leben wohl noch sehr oft wiederholen müssen, dass er wirklich ganz unschuldig ist.

# Verbotenes als Medizin

*Ein schwerkranker Mann hat sich illegal mit Cannabis versorgt und Hanfpflanzen in seiner Wohnung herangezogen. Das Gesetz sieht dafür Strafen vor. Doch Patienten und Mediziner wissen auch um die heilende Wirkung des Stoffes.*

Zweiundvierzig Jahre alt ist Michael G. – und seit fast einem Jahrzehnt Rentner. Ein großer, sehr schlanker, fast dürrer Mann. »Die Ärzte hatten mich irgendwann abgeschrieben. Nein, nicht dass sie annahmen, ich würde demnächst sterben. Sie wussten nur einfach nicht mehr, wie sie mir helfen sollten. Ich war ausmedikamentiert, keine Medizin schlug mehr an. Ich konnte damals kaum noch leben, aber sterben ging auch nicht.« Und dann beschreibt Michael G. auf Wunsch des Richters, wie er sich fühlte, damals, als er bei über ein Meter achtzig Größe gerade noch dreiundfünfzig Kilo wog, nachts vor Krämpfen wach lag, morgens mit Krämpfen aufstand und sich tagsüber in Krämpfen wand, wochenlang schwerste Durchfälle hatte. Es war für ihn die schlimmste Phase seiner Krankheit und der Moment, als er das erste Mal – geht es nach dem Gesetz – zum Drogenfall wurde.

Es geht nach dem Gesetz: Wegen Verstoßes gegen das Betäubungsmittelgesetz und Anbaus selbstgezüchteter Hanfpflanzen in seiner Wohnung wird Michael G. vorm Berliner Landgericht angeklagt. Er hat damit gerechnet, seit langem. Und er steht zu dem, was die Akten Drogenmissbrauch nennen. »Ich halte das Gesetz, so wie es ist, für völlig weltfremd, und ich musste dagegen verstoßen, weil ich mir nicht anders zu helfen wusste.« Michael G. sagt das ruhig, fast freundschaftlich, der Richter nickt. Aber sie stehen auf verschiedenen Seiten des

Rechts, und daran wird wohl auch die Verhandlung nichts ändern. Der Angeklagte ist bereit, bis vors oberste, das Bundesverfassungsgericht zu gehen. Die Berliner Richter könnten ihm dabei helfen und seinen Fall dorthin verweisen. Das wünscht er sich. Er kämpft ums Prinzip. Oder sie müssen ihn verurteilen. Dann folgt der Weg durch die Instanzen: Verurteilung, Berufung. Verurteilung, Berufung. Es wird ihn Zeit und Geld kosten. Viel Zeit und viel Geld. Beides, sagt er, habe er nicht. Aber es hinge sein Leben dran. Das klingt dramatisch genug.

Die Krankheit, die 1981 bei Michael G. diagnostiziert wurde, heißt Morbus Crohn. Eine chronische Entzündung des Verdauungstrakts, die in Schüben das Leben zur Hölle macht. Als der Name das erste Mal fiel, war G. einundzwanzig. »Anfangs dachte ich noch, ich könne das aushalten. Aber mit den Jahren wurde es immer schlimmer.« Frau und Kinder kapitulierten vor der Krankheit. G. ist nicht bitter, er weiß nicht, ob er als Partner tapferer gewesen wäre. »Alles haben die Ärzte mit mir durchprobiert. Jede Behandlung, jedes Medikament, hohe Dosen Cortison. Ich konnte manchmal monatelang nicht arbeiten. Welcher Betrieb macht das schon mit? Und immer wieder diese Schmerzen.«

Es dauerte lange, bis Michael G. seine Skrupel überwand, ein Mittel auszuprobieren, das er eigentlich ablehnte, von dem er in Fachaufsätzen und im Internet aber las, es könne ihm Linderung bringen: Cannabis. Britische Forscher stellten Studien darüber ins Netz, wie günstig Wirkstoffe aus der Hanfpflanze schwere Entzündungsprozesse beeinflussen, ein Professor aus Mexiko publizierte die Behandlungserfolge eines Morbus Crohn-Patienten mit Haschisch, dem Cannabisharz, und Marihuana, dem Cannabiskraut. In Amerika standen klinische Tests mit einem Medikament, das auf Cannabis basierte, kurz vor dem Abschluss. Michael G. versuchte, sich kundig zu machen, aber seine behandelnde Ärztin wusste nichts von etwaigen positiven Wirkungen der Hanfpflanze. Haschisch und Marihuana waren für sie vor allem Drogen, Rauschmittel, und also verboten. »Aber irgendwann bist du soweit, selbst etwas zu tun, wenn dir keiner mehr helfen kann oder will«, sagt Michael G. Er beschaffte sich – illegal – Cannabis und kiffte. Am nächsten Morgen »war der Stress im Darm weg. Ich konnte zum ersten Mal wieder auf der Toilette sitzen, ohne vor Schmerzen in einen Eimer kotzen zu müssen.«

Ganz so detailliert will das Gericht G.s Krankenbericht dann allerdings doch nicht kennenlernen. Es mahnt Sachlichkeit an. Der Patient respektive Angeklagte entschuldigt sich, meint aber, es sei genau so gewesen. Erst seit er bewusst mit Cannabis gegen seine Krankheit vorgehe, fühle er sich besser, nicht nur subjektiv, auch die schweren Entzündungen seien abgeklungen. Das lässt sich belegen, und er fand in Berlin Ärzte, die ihn unterstützen, denn die medizinischen Potentiale des Cannabis waren schon unseren frühen Vorfahren bekannt. Gegen Rheuma und Migräne, gegen Asthma, Krämpfe, spastische Lähmungen, schwere Übelkeit. Vor über fünftausend Jahren empfahl es der chinesische Kaiser Shung-Nung als Heilmittel, die katholische Ärztin Hildegard von Bingen verwies um 1140 auf seine gesundheitsfördernden Kräfte. »Man muss vernünftig mit Cannabis umgehen«, sagt Michael G., und: »Ich bin überhaupt nicht fürs Kiffen. Aber Cannabis ist ein heilender Naturstoff. Und er gehört in die Apotheke.« Inzwischen ist in Deutschland ein Medikament in der Erprobung, das vor allem für Multiple Sklerose-Kranke gedacht ist und auf die natürlichen Wirkstoffe der Hanfpflanze setzt. Das Zulassungsverfahren läuft, doch noch ist nicht entschieden, ob und für welche Krankheitsgruppen es angewandt werden darf. Michael G. kann nicht solange warten. Um seine Krankheit in den Griff zu bekommen, muss er sich, verbotenerweise, weiter Cannabis beschaffen. Eigene Pflanzen zieht er heran, um in ihrem Sud Sitzbäder zu machen. Das hat ihm ein Arzt empfohlen.

Seit er weiß, dass er mit einer Anklage rechnen muss, studiert Michael G. die Literatur und Forschungsberichte. Er lässt seinen Verteidiger vorschlagen, das Gericht möge doch, um sich sachkundig zu machen, international anerkannte Experten hören: einen Professor aus Bern, Wissenschaftler der Uni Zürich, einen amerikanischen Pharmakologen, der die gesundheitsfördernde Wirkung von Haschisch und die Kosteneinsparung im Gesundheitswesen belegen kann, britische Klinikchefs, einen Vertreter des Europäischen Instituts für onkologische und immunologische Forschung in Berlin. Sie alle wüssten um die Therapieerfolge mit Haschisch und Marihuana. Verboten bleibt es hierzulande trotzdem. »Wie kann man nur diese ausgedienten Vorurteile aufbrechen?« fragt, rein rhetorisch, der Verteidiger und schlägt den Richtern vor, den Fall Michael G. ans Bundesverfassungsgericht zu verweisen.

Das war Anfang des Jahres. Die junge Staatsanwältin, die die Anklage vertrat, hatte zur Rede des Verteidigers »im Moment nichts anzumerken«, die Richter entschieden, eine Pause einzulegen und das Verfahren vorübergehend auszusetzen. Michael G. glaubte das erste Mal, es könne sich etwas bewegen. Aber die Zeit ist wohl noch nicht reif.

Michael G. erhält eine Bewährungsstrafe. Die Berliner Strafkammer lehnt es ab, Karlsruhe anzurufen. Eine Haftstrafe ist angedroht, falls G. »rückfällig« wird. Natürlich, meint G., werde er »rückfällig« werden. Zwangsläufig. Er muss bei Cannabis bleiben, solange ihm kein anderes Medikament hilft. »Doch im Knast würde ich kein Jahr überstehen.« Das Gericht, sagt sein Verteidiger, habe es vermieden, der Realität ins Auge zu blicken.

# Der Richter im schwarzen Body

*Wegen Swinger-Partys kommt noch niemand ins Gefängnis.*
*Doch wo endet Lust, und wann beginnt Vergewaltigung?*

»Es sieht aus wie ein Käse, es riecht wie ein Käse, also ist es ein Käse.« Vielleicht wollte er witzig sein, der hagere blass-blonde Mann im Richteramt. Vielleicht war es auch seine Art, den Verklagten in den Zivilprozessen, die er gewöhnlich leitete, klarzumachen, dass er nun keine Debatten und Ausreden mehr dulde, dass sein Urteil gilt. Der Käse-Satz war jedenfalls ein beliebter Spruch des Amtsrichters Hubert F., der bis zum Frühjahr 2001 in Brandenburg an der Havel über Recht und Unrecht entschied. Niemand regierte in sein Reich hinein. »Ich hatte mein Dezernat im Griff«, verkündet der Jurist nicht ohne Stolz.

Das war ganz am Anfang seines eigenen Prozesses. Damals, vor zwei Monaten, als Hubert F. noch die Selbstgewissheit ausstrahlte, dieses sonderbare Verfahren ginge ihn eigentlich nichts an. Als er vor Fernsehkameras parlierte und freimütig Auskunft gab, dass er »ein bisschen extravagant« sei, auch in geschlechtlichen Dingen. »Ich mag eben keinen Blümchensex – und genauso ging es Lydia.« Und er sprach noch in die Mikrofone, dass er die ganze Chose für einen Racheakt seiner einstigen Geliebten halte, dass die Justiz nichts gegen ihn in der Hand habe und dass er auch wenig geneigt sei, zu »all den absurden Vorwürfen« etwas zu sagen. »Ich versteh Lydia ja, dass sie sich vor ihrem neuen Freund und dessen Eltern rechtfertigen will«, gibt sich der Dreiundvierzigjährige generös, aber dass er, ein Richter, deswegen auf die Anklagebank gezerrt werde, das übersteige nun wahrlich die Grenzen des guten

Geschmacks. »Das geschieht doch nur, weil ich selbst Richter bin. Einem Bäcker hätte niemand deswegen den Prozess gemacht!!!«

Da irrt Herr F. unter Umständen. Denn das, was angeklagt ist, steht im Katalog der Verbrechen: Vergewaltigung, Körperverletzung dazu noch Zuhälterei und Förderung der Prostitution. Hubert F. ist lange genug im juristischen Geschäft, um das zu wissen. Schließlich war er, bevor er ans Brandenburger Amtsgericht kam, selbst etliche Jahre lang Staatsanwalt, also Ankläger solcher Delikte. Anfang der Neunziger wechselte er, abgesandt, als junger, aufstrebender Jurist aus der Pfalz in den Osten. Nach Leipzig, nach Potsdam, in die Stadt Brandenburg.

Dies wird nun allerdings auch die letzte Station seiner Karriere gewesen sein. Als die Slowakin Lydia S. Ostern 2001 Anzeige gegen ihn erstattete und die Polizei ernsthafte Ermittlungen aufnahm, wurde F. vom Dienst suspendiert. Von einem Tag auf den anderen durfte der Richter nicht mehr als Richter agieren, doch neunzig Prozent seines Gehaltes erhielt er weiter. Für den Fall, es löse sich alles in Luft auf …

Als endlich das Verfahren begann, kam Hubert F. als freier Mann, fühlte sich zu Unrecht beschuldigt, trat entsprechend arrogant auf – und saß am Abend des Tages in Haft. »Verdunkelungsgefahr« hieß der entscheidende Grund, unter Umständen sah das Gericht auch eine Fluchtgefahr. Auf jeden Fall gab es Hinweise, dass Hubert F. in den Wochen zuvor eifrig mit möglichen Zeugen telefoniert hatte. Einer der Betroffenen sagte aus, F. habe ihn aufgefordert, zu seinen Gunsten auszusagen. Das wollte die 33. Große Strafkammer unterbinden – auch wenn Hubert F. tobte und sein Anwalt fassungslos erwog, den »Spiegel« einzuschalten. Es handele sich hier schließlich um eine »Justizposse«, wehte er durch die Gänge.

Lydias Anzeige bei der Polizei ist knallhart: Ja, sie wusste, dass Hubert F. als Richter arbeitet. Zumindest montags, an den anderen Tagen war er meist zu Hause. Er hätte sie auch gleich nach dem Kennenlernen bei sich in der Wohnung auf-genommen, denn sie, die Neunzehnjährige, hatte gerade eine Arbeit in Berlin verloren und Stress mit ihrem letzten Arbeit-geber, einem Kioskbesitzer. F. wollte ihr helfen – und habe sich vielleicht auch in sie verliebt. Doch genaugenommen suchte er wohl nur jemanden für seine Partys. Sex-Partys. Oft sei sie die einzige Frau mit acht oder neun Männern gewesen. Sie brauch-te aber eine Bleibe, und sie brauchte Geld, deshalb habe sie eingewilligt. Anfangs. Dann wurden die Partys häufiger und die Männer brutaler. Aber Hubert F. zwang sie zum Weiter-machen. Ihren Pass habe er unter Verschluss gehalten und ihr gedroht, dass seine Macht groß genug sei, ihr viel Ärger zu be-reiten, schließlich sei sie ohne Aufenthalts- und Arbeitserlaub-nis im Land. Also solle sie sich »nicht so haben«. Er kassierte das Geld, das die Gäste zahlten, und habe sogar zugesehen, wie sich drei, vier Männer gleichzeitig über sie hermachten, sie festhielten und vergewaltigten, ihr mit Fäusten in den Unter-leib drangen. Als sie vor Schmerz schrie, hielt ihr F. den Mund zu und stellte die Musik lauter. »Wegen der Nachbarn.«

Lydia S. wiederholt diese Aussage auch vor Gericht. Sagt es ihrem Ex-Lover ins Gesicht, dass er sie wie eine Sex-Sklavin behandelte, bis sie geflohen sei. Aber darüber lacht Hubert F. nur. Nichts Wahres sei daran. Lydia wäre einfach immer und überall auf Sex aus gewesen, »richtig süchtig«. Und: »Es konnte ihr gar nicht hart genug sein. Sie schimpfte noch rum, wenn ich bei einer Party mal nicht genug Männer zusammenbrach-te.« F.s Anwalt zimmert in der Nacht nach Lydias Vernehmung einen Beweisantrag zusammen: Das Gericht solle einen psych-iatrischen Gutachter beauftragen, um Lydias Glaubwürdigkeit zu überprüfen. Schließlich habe die junge Frau eingeräumt, dass sie in ihrer Kindheit mehrfach vergewaltigt wurde – und daraus könne doch durchaus ein »Trauma« erwachsen. Ein Rachekomplex.

Fünf Wochen lang kämpft Hubert F. darum, all diese unappetitlichen Verdächtigungen zu widerlegen. Obwohl es ihm, wie er sagt, »unangenehm ist, unbescholtene Gäste meiner Partys mit hineinzuziehen«, gibt er einen Namen nach dem anderen preis und fordert, sie als Zeugen zu hören. Da kommen ein Lehrer und ein Taxifahrer, ein Kommunalpolitiker, ein Informatiker, ein Altenpfleger, ein Busfahrer. Und keiner der männlichen Partygäste möchte bestätigen, dass etwas geschah, was nicht auf eine »ganz normale Swinger-Party« gehört. Man unterhielt sich bei Sekt und Wein, saß auf der Couch, hörte Musik, trug hübsche Dessous, Negligé oder Boxershorts, inspirierte sich an Filmchen, alles war sehr entspannt, und natürlich »machte man auch miteinander rum«. Wer mit einem anderen ins Nebenzimmer wollte, gab dem das mit einer Geste, einem Blick zu verstehen. Und die meisten wollten mit Lydia. »Die war schon toll«, urteilt ein Zeuge.

Unter den Geladenen sind auch zwei Frauen, die gelegentlich zu Hubert F. als Partygäste in die Wohnung kamen. Eine flüstert nur, weil es ihr so peinlich ist, »ich wollte das mal probieren, aber mein Mann darf es nicht wissen«, die zweite kam mit ihrem Freund, um sich anregen zu lassen. »Für mich war das aber nichts. Ich blieb im Wohnzimmer.« Sie verbreitet zumindest die Ahnung, dass die Art Sex, die dort in den beiden offenen Schlafzimmern betrieben wurde, ihr doch zu hart erschien. Sie sah dann nicht weiter hin.

»Was, bitte, soll denn strafbar sein an solchen Partys?«, mosert der Angeklagte im Verlauf des Prozesses. Niemand belastet ihn. Außer Lydia. Und den drei »Dienstleisterinnen« vielleicht, denen Hubert F. über längere Zeit »Gewerberäume« vermietete, damit sie dort »Massagen« durchführen konnten. Sie bestätigen so überzeugend, wie rührend sich Hubert F. um den Gang ihrer erotischen Geschäfte gekümmert habe, dass der gar nicht versucht, es zu bestreiten. Er habe auch Annoncen für die Frauen geschaltet und ihre Telefonrechnungen beglichen, aber nur, weil er ja interessiert war, dass seine Mieterinnen auch Einnahmen hätten, um eben die Miete zu bezahlen. »Hundert Mark«, erzählt die Polin Evi, »wollte er jeden Tag von mir haben. Das war okay. Es kamen ja unterschiedlich viele Kunden.« Kati, eine Einundfünfzigjährige, die nur anschafft, »weil mein Enkel doch krank ist und die Behandlung so teuer«, zahlte einen monatlichen Pauschal-Preis: tausend Euro für zwei Zimmer einer »Modellwohnung«, für die der Angeklagte als Hauptmieter eingetragen ist. Auch Katis Kontakt-Anzeigen – »Heiße, erfahrene Sie …« – gab Hubert F. auf.

Ob er diesen Nebenverdienst seinem Dienstherrn meldete, der sonst so korrekte Herr F.? Das Gericht fragt vorsichtshalber nicht danach. Denn irgendwie sind die Vorwürfe der Prostitutions-Förderei auch nur zweitrangig neben dem, was er Lydia S. angetan haben soll. Also setzt die Strafkammer alles daran, die Vergewaltigung aufzuklären und die sexuelle Gewalt, an der Hubert F. gut verdiente. Aber wer bestätigt Lydias Aussage? Die Teilnehmer jener Partys in Hubert F.s Steglitzer Wohnung beschreiben ihn als perfekten Gastgeber. Sie sahen ihn stets nur im schwarzen engen Body. Er sorgte sich um Getränke und Knabbereien, unterhielt die Gäste, »schaute wohl gern zu«, wie es eine Zeugin nennt. Und er kassierte den Eintritt, den vor allem die Herren zu entrichten hatten: hundert Mark, es war noch DM-Zeit, pro Abend. Dreimal die Woche, ein reichliches halbes Jahr lang.

»Hatten Sie denn soviel Zeit?« erkundigt sich der Vorsitzende der Strafkammer überrascht, und Hubert F., ganz ernsthaft, bestätigt diese Angaben. »Zivilrecht ist leicht«, sagt er, »ich musste nur montags arbeiten.« Etwas anderes ist ihm wichtig: Dass es natürlich auch Tage gab, wo das Fest ausfallen musste. »Wenn Lydia ihre Menstruation hatte, da ging es ihr immer schlecht. Da sagte ich dann ab. Ebenso Weihnachten und Silvester.«

Nach dem sechsten Verhandlungstag – und noch immer in U-Haft – zieht er einen letzten Trumpf aus der Tasche: eine Auflistung aller Einnahmen und Ausgaben, die ihm aus dem Zusammenleben mit Lydia S. entstanden waren. »Und Sie werden sehen, Herr Richter, ich habe nur draufgezahlt«, sagt der Richter, der keiner mehr ist. Akribisch hat er die Posten zusammengetragen. Das klingt dann so:

Einnahmen (»wenn man sechsunddreißig Partys im angeklagten Zeitraum zugrunde legt und durchschnittlich vierhundert DM ansetzt, manche Abende waren ja nicht so gut besucht«): 14.400 Mark. Ausgaben: 6.104,86 DM (darunter der größte Posten für Anzeigen in Tagespresse, *Tip* und *Zitty*). Weiterhin je Woche drei Kartons Sekt (»bekommt man bei Aldi preiswert und gut«), vierundzwanzig Dosen Bier, fünfundzwanzig Teelichter. 10,20 DM für Cola und Wasser, Chips und Salzstangen; Kondome (einhundertfünfundzwanzig Stück) – sechsundsechzig DM; dazu Plastikbecher (»manchmal nahm ein Gast ja auch zwei«), Toilettenpapier, Raumspray und Flüssigseife. Für die erhöhten Betriebskosten je Party: 4,50 DM für Strom (»fünfmal Bettzeug, bei neunzig Grad gewaschen«), zehn Mark für Gas (»Es sollte ja schön warm sein«), drei für Wasser, denn »geduscht haben die ohne Ende«.

Bleiben: 8.296,14 Mark Überschuss.

»Aber das ist nur Theorie. Lydia brauchte viel Geld für Kosmetik, Dessous, ihre Sprachbücher und Kurse, die Katze kostete, zusätzlich Arztbesuche, eine Hepatitis-Impfung, Anrufe bei ihrer Familie in der Slowakei, Süßigkeiten, Fahrgeld ... Hubert F. summiert: 8.956,38 Mark / Ausgaben für Lydia. Was bleibt, ist ein Minus! »Und nun lassen Sie mich bitte frei!«

Doch die Rechnerei ist umsonst. Erneut muss Hubert F. die Nächte in der Zelle verbringen, in Einzelhaft, mit täglich einer Stunde Hofgang. Dann verlassen ihn Selbstbewusstsein und Nerven. Für alle überraschend gibt er an einem Juni-Mittwoch zu, dass er – so wie Lydia es sagte – Zeuge ihrer Vergewaltigung in seinem Schlafzimmer wurde. Und dass er sie schreien hörte, als die Männer mit derber Gewalt in sie eindrangen. Aber er konnte doch die Party nicht auflösen. »Da habe ich ihr den Mund zugehalten, es tut mir leid.«

Kurz nach diesem Geständnis ist Hubert F. ein freier Mann – auf Zeit. Das Gericht verurteilt ihn zu einer Freiheitsstrafe von drei Jahren, und bis der Termin zum Haftantritt feststeht, darf er nach Hause. Als Richter aber wird Hubert F. nie wieder arbeiten.


## Männer sind eben so

### Oder: Vom Doppelleben eines Streuners

*In einem ungewöhnlichen Gerichtsstreit geht es um ein männliches Wesen, das bei zwei Familien Liebe und Zuneigung suchte.*

Manchmal steht die Justiz vor echten Herausforderungen. Das Land Brandenburg erlebte es jüngst: Durch zwei Instanzen zog sich ein Streit, der eigentlich wie eine ganz private, intime Sache aussah. Und das alles nur, weil sich ein

Kerl, der wahlweise auf den Namen Charly oder Bismarck hörte, nicht entscheiden konnte. Mal kuschelte er auf dem Sofa von Familie L. und ließ sich von der Tochter des Hauses verwöhnen. Dann ließ er sich tagelang nicht blicken und streunte durch die Nachbarschaft. Auch dort gab es Frauen, die ihn nicht unsympathisch fanden und seinen treuen Blicken nicht widerstehen konnten. Manchmal, wenn er auf Tour war, machte er völlig auf Mitleid. Davon ließ sich Elke W. erweichen, fast drei Jahre ist das jetzt her. Sie nahm den leicht heruntergekommenen Schönen mit ins Haus, päppelte ihn auf und umsorgte ihn. Er dankte es mit viel Zärtlichkeit, ließ sich Charly nennen, und sogar der Ehemann der Frau W. arrangierte sich bald mit dem neuen Hausfreund: Es war ein liebevoller, schneeweißer Kater. Am Hals hatte er ein Ekzem, die Ärztin, die ihn untersuchte, stellte auch Wurmbefall fest und behandelte ihn. Bald erholte sich Charly. Sehr zur Freude der Eheleute W., die ihr »Fundstück« behalten wollten. Scheinbar gab es keinen Besitzer, das örtliche Tierheim jedenfalls kannte keine Suchmeldung. Und weil ein Kater ja nun einmal ein freiheitsliebendes Wesen ist, sperrten ihn die W.s auch nicht ein. Sie wohnten in einer ruhigen Gegend am Rande der Stadt Oranienburg, es drohte keine Gefahr, also durfte Charly durch Gärten und Wiesen spazieren. Er kam ja immer wieder.

So treu, wie es schien, war er aber nicht. Schon bald nach seiner Einquartierung bei Elke W. und deren Ehemann erinnerte er sich plötzlich an sein früheres Zuhause, an Susanne L. und deren Familie. Schön war es ja dort, und gar nicht weit entfernt von der neuen Heimstatt. Konnte es Besseres geben, als von verschiedenen Frauen umsorgt und verwöhnt zu werden? Als Bismarck bei den L.s und als Charly bei den W.s? Glaubt man den beiden Parteien vor Gericht, lebte der Kater im Paradies.

Genau deshalb müssen sich jetzt die Brandenburger Gerichte mit ihm beschäftigen. Es ist ein ungewöhnlicher Prozess. Wem steht das Eigentum an Charly alias Bismarck zu? Susanne L., die Achtzehnjährige, hat den Streit unbewusst ausgelöst, als sie im September 2003 das Doppelleben des Katers abrupt beendete und mit ihm in eine eigene kleine Wohnung zog. Immerhin war es einmal ihr Tier, sie hatte das Katzenbaby als Zwölfjährige geschenkt bekommen. Doch seitdem fehlt Charly-Bismarck nun den W.s so sehr, dass die auf Herausgabe klagen. Ihnen sei er schließlich zugelaufen, und sie hätten ihn gefüttert und gepflegt.

4.120 Euro haben sie in das Tier investiert, rechneten sie vor. Ein teurer Spaß. Was fällt Susanne L. nur ein, ihnen den Liebling einfach wegzunehmen? Zumindest soll sie nun, wenn sie schon das Tier nicht wieder hergibt, diese Summe an die W.s zahlen. So steht es in der Klage des Ehepaars.

Eine erste juristische Instanz, das Oranienburger Amtsgericht, hat den Fall nicht zur Verhandlung angenommen. Es fühlt sich nicht zuständig für den Streit um die Katze. So etwas könne man friedlich lösen, ohne Richter. Das ließen die W.s nicht gelten, und ihr Anwalt – man vermutet, das Ganze bezahlt eine Rechtsschutzversicherung – glaubt auch nicht, dass es vernünftig wäre, sie zu bremsen. Gegen die Entscheidung der ersten Instanz legen sie Berufung ein. Die beschäftigt nun das Landgericht Neuruppin. Und weil der Fall inzwischen auch schon durch bunte Zeitungen ging und das Wohl und Wehe von Tieren gern ganz besonders leidenschaftlich diskutiert wird, kommt es zur öffentlichen Verhandlung.

Das Publikum bleibt nicht aus. Eine Fernsehkamera nähert sich den Gesichtern von Herrn und Frau W., von Mutter, Vater und Tochter L. Wer sind diese Leute, die so unversöhnlich um ein Tier streiten? »Lassen Sie uns in Ruhe«, sagt Elke W. Es ist ihr unangenehm, hier für geldgierig gehalten zu werden: »Wir wollen doch nur wissen, ob Charly in guten Händen ist, wie er gepflegt wird, ob er sich wohl fühlt.« Braucht man dafür einen Richter?

»Haben Sie je miteinander darüber gesprochen, was besser für das Tier wäre?« fragt dann auch ganz am Anfang des Prozesses der Mann, der das Verfahren leitet: Egbert Simons, achtundvierzig, Ministerialrat, ein Kölner, der, bevor er nach Brandenburg kam, am Bundesgerichtshof tätig war, dann ins Potsdamer Justizministerium wechselte und nun dem Landgericht Neuruppin als Präsident vorsteht. Der Chef muss also schlichten. Und er macht das, als wäre er ein leidgeprüfter Familienrichter. Irgendwann rutscht ihm sogar die Wendung »das Kind« durch, als er vom Kater spricht. Er könnte die Klage auch abweisen. Denn ein scheinbar herrenlos aufgefundenes Tier wird noch lange nicht deshalb zum »Besitz«, nur weil man es füttert und pflegt. Erst wenn zweifelsfrei feststeht, dass der frühere Besitzer das Tier abgegeben oder ausgesetzt hat, um es dauerhaft loszuwerden – erst dann wäre die Frage nach dem Eigentum zu stellen. Aber die L.s hatten nie verzichtet. Im Gegenteil, Bismarck war doch immer wieder auch in ihrem Haus Stammgast. Nur ahnten die beiden Familien nichts voneinander …

»Das kann ich mir gar nicht vorstellen«, empört sich Gudrun L., Susannes Mutter. »Jeder in unserer Straße wusste, dass dieser schöne weiße Kater zu uns gehört. Das ist doch ein Tier, das auffällt.« Das Ehepaar W., das nur wenige Grundstücke entfernt wohnt, sagt, sie wussten es nicht. »Charly war verwahrlost und verhungert, als wir ihn fanden. Um ihn konnte sich schon lange niemand mehr gekümmert haben.«

Richter Simons will das nicht klären. Das führt zu nichts. »Es geht nicht darum, wer ihn besser und liebevoller umsorgte.

Das Eigentum an dem Kater war nicht aufgegeben. Haben Sie das Ihren Mandanten erklärt, Herr Anwalt?« Er blickt auf die Seite der Klagenden, Frau W. widerspricht, »aber wir ahnten davon nichts!« – »Tja, aber das ist nun wirklich allein Ihr Problem. Andererseits verstehe ich ja, dass Sie sicher sein wollen, dass es dem Katerchen gut geht. Was halten Sie von einer familienrechtlichen Lösung? Wollen wir über den Umgang reden?«

Beide Familien stutzen. Umgang? Jedes zweite Wochenende darf Familie W. den Kater um vierzehn Uhr für einen Spaziergang abholen und ihn dann über Nacht behalten? Das finden jetzt selbst die Kläger ein bisschen übertrieben. Wenn sie ihren Schützling gelegentlich besuchen dürften, das wäre schon ausreichend. »So ein Kater ist schließlich ein sensibles Wesen, das möchte nicht dauernd hin- und hertransportiert werden, das würde ihm nicht gefallen.« Na, so genau kennt sich der Richter im Seelenleben eines Katers nicht aus. Aber wenn der Besuch der W.s bei Susanne L. okay wäre, dann will auch er damit einverstanden sein: »Sagen wir, einmal im halben Jahr?« Beide Familien nicken. Richter Simons diktiert die gütliche Einigung ins Protokoll. »Oder möchten sie ›das Kind‹ – da ist der Versprecher – im Urlaub vielleicht bei sich betreuen?« – »Lieber nicht …«, Herr und Frau W. winken ab, »zweimal jährlich sehen reicht. Wir wollen ja nur das Beste für Charly.« So viel Verständnis. Und Susanne L., die Achtzehnjährige, wird sie Kater Bismarck künftig einsperren? »Ach, Männer sind eben so.«

## So ist das mit der Liebe

*»René sollte mal erleben, wie das ist, verprügelt zu werden.«*
*Nichts anderes, sagt die Angeklagte, hätte sie ihrem Liebsten ge-*
*wünscht. Doch der Mann, der zuschlagen sollte, verstand: Töte!*

Der Berliner Stadtteil Prenzlauer Berg hat den Ruf, ein Szene-
bezirk zu sein. Was immer das sein mag. Künstler haben sich
hier einquartiert, Punks, Junkies und Juppies, ja, selbst gediege-
ne Manager ziehen inzwischen hierher und hoffen, das exzentri-
sche Flair könnte ein wenig auf sie abfärben. Meinungsforscher
fanden heraus, dass in den vergangenen Jahren ein gewaltiger
Umbruch vonstatten ging: Die Einwohnerschaft vom Prenzlauer
Berg habe sich zu gut einem Drittel ausgetauscht.

»Ick wohne schon ewig hier«, berlinert Gert Sch. ungehemmt
drauflos, als ihn der Vorsitzende Richter, um die Personalien
festzustellen, nach seinem Wohnort fragt. »Na, Prenzlauer
Berg, Driesener Straße.« Hier lebte er schon, als er noch im
Außenhandel arbeitete, hier hatte er seine Kneipe, den *Weißen
Hirsch*, und ganz aus der Nachbarschaft kommen auch die beiden anderen Angeklagten.

»Szene« sind sie gewiss nicht, aber ein eigenwilliges Trio: die
Hausfrau Iris G., vierzig, eine stramme Blondine, die früher in
der Gastronomie arbeitete und sich als Geschäftsfrau bezeich-
net; der einstige Kampfschwimmer und NVA-Major Gerd K.,
48, ein unscheinbares, blasses Männchen mit Brilli im Ohr, das
sich hinter einer Sonnenbrille versteckt, arbeitslos ist und acht
Kinder zeugte. Und der Kneipier Gert Sch. Wenn der Einundfünfzigjährige nicht redet, wirkt er in seinem hellbraunen Na-
delstreifen, mit dem kurzgeschnittenen weißen Haar und dem
feinen Gesicht fast ein wenig aristokratisch.

Was die drei eint, ist ein Mordplan. Das zumindest sagt die Staatsanwaltschaft, und die Anklage erzählt eine abenteuerliche Geschichte: Ein Liebhaber sollte sterben, der Freund von Iris G. Diesen Wunsch habe Frau G. habe dem Kneipier Sch. mitgeteilt, der bot seine Vermittlung an und beauftragte einen Killer: den schmalen Herrn K. Ein Zettel wurde ihm zugesteckt mit der Anschrift des Opfers, und ein paar Urlaubsfotos sollten ihm helfen, den Richtigen zu erwischen. Der Auftrag war klar: Leg ihn um!

In diesem Punkt sind die drei Angeklagten allerdings sehr unterschiedlicher Meinung. Der einzige, der dazu steht, ist der vermeintliche Mörder. »Natürlich sollte ich den Freund von Frau G. beiseite schaffen, also umbringen. Für fünftausend Mark. Wie, das war meine Sache, aber er sollte weg. Warum sonst würden die mir so viel Geld anbieten?«

Die – das sind Iris G. und Gert Sch. Doch beide bestreiten jede Mordabsicht. »Nein, niemals ging es darum, René zu töten. Ich liebe ihn doch. Er sollte nur mal merken, wie das ist, wenn man verprügelt wird. Der hat mich nämlich auch geschlagen und war nicht immer fein zu mir«, bemüht sich die blonde Schöne um eine plausible Erklärung. »Eine Tracht Prügel sollte er kriegen, und dann hätte ich ihn zu Hause gesund gepflegt. Über das Geld habe ich nicht so genau nachgedacht. Ich weiß ja nicht, was so 'ne Aktion kostet.«

Der Wirt vom *Weißen Hirsch* nickt ausdauernd mit dem Kopf und stimmt der blonden Iris zu. »Ja, genau so war's. Ich wusste von einer Bekannten, dass der Freund von Frau G. ziemlich eklig werden konnte und sie öfter mal durchwalkte. Einen Denkzettel brauchte der, einfach Dresche, und darüber habe ich mit Herrn K. geredet. Über nichts anderes! Frau G. war bereit, dafür zu bezahlen …«

Doch nicht einmal über den Betrag, der da fließen sollte,

können sich die drei einigen. Zweitausendfünfhundert Mark habe er erhalten, sagt der angeheuerte Killer, die Hälfte; den Rest sollte er nach getaner Arbeit bekommen. Der »Zwischenhändler« Gert Sch. spricht davon, dass insgesamt achttausend Mark vereinbart gewesen wären. Die habe er auch zum Teil weitergeleitet, als erste Rate. Auftraggeberin Iris G. behauptet, in dem Umschlag, den sie übergab, seien genau zehntausend Mark gewesen. Nicht mehr und nicht weniger. »Aber es hat ja keiner nachgezählt!«

Ein kleiner Streit entbrennt unter den Beteiligten, doch der Richter schlichtet. »Das werden wir schon noch klären, keine Aufregung.« Ihn interessiert vielmehr, was mit dem Liebhaber von Frau G. wirklich passieren sollte. Ging es um eine Backpfeife? Oder ging es um Mord? Das ist nicht so leicht zu klären, denn jeder der drei Angeklagten erzählt unbeirrt seine Geschichte – Iris G. knapp und gewandt, Gert Sch. ausschweifend und voller Eifer, Gerd K. wirr und verzagt.

Im Gericht wird bayrisches Volkstheater gegeben, und das Publikum amüsiert's. Es stellt sich vor, wie der dürre, vom Alkohol gezeichnete Herr K. seinem Opfer auflauert, um ihm die verabredete Tracht Prügel zu verabreichen. Als müsse er sich Mut machen, steht das Wort »Rache« auf seinen Handrücken tätowiert. Doch wäre er im Ernstfall nicht lieber davongerannt? Denn zart und wehrlos sieht René Z., der jähzornige Liebhaber, nicht eben aus. Eher derb und zupackend, ein robuster rotgesichtiger Bauunternehmer, der von dem ganzen Vorfall nichts wissen will. Mit feinem französischen Akzent gibt er sich gelassen: »Ich nehme das nicht so wichtig. Vielleicht war ich ja wirklich manchmal grob. Aber seit meine Diabetes behandelt wird, fühle ich mich besser. Da gehen mir die Nerven nicht mehr so oft durch. Seitdem hat es auch die Iris besser bei mir.« Großherzig legt der kräftige Mann seiner Geliebten den Arm um die Schulter. »Mich interessiert nicht, was die Zeitungen so schreiben.«

In den Verhandlungspausen steht das Paar vertraut beieinander, demonstrativ entfernt von den Mitangeklagten, die sich auch untereinander keines Blickes würdigen. Denn wären Gerd K. nicht irgendwann die Nerven durchgegangen, hätten sie jetzt nicht dieses peinliche Verfahren am Hals, das sie eines Mordkomplotts beschuldigt, obwohl gar nichts passierte – René Z. lebt, ist gesund und munter, und Iris G. liebt ihn immer noch:

»Mein Verstand hat ja gesagt, ich sollte mich trennen. Aber das Herz wollte es anders. So ist das eben mit der Liebe.« Das Publikum seufzt.

Ein beisitzender Richter unterbricht abrupt die aufkommende Rührung. »Ihr Freund hatte nicht zufällig eine Lebensversicherung auf Ihren Namen abgeschlossen?«, erkundigt er sich bei der Angeklagten. Die kann ihn beruhigen. Nein, die Versicherung begünstige lediglich seine drei Kinder aus früherer Verbindung. Ihr gehören nur die gemeinsamen Schulden. Die aber scheiden als Mordmotiv aus.

Bleiben die Demütigungen und Misshandlungen, die Frau G. immer wieder hinnehmen musste. Sie möchte, »jetzt, da wir uns wieder vertragen«, nicht weiter darüber sprechen, »aber manchmal tat das sehr weh«. Ihr Vertrauter, der Gastwirt, erzählt von Schlägen – mal mit dem Gürtel, mal mit der Hundeleine. Einmal musste sogar die Polizei anrücken. Und auch mit fremden Damen soll sich der unbeherrschte Geliebte des Öfteren vergnügt haben. Genaueres weiß er natürlich nicht. »Aber die Iris war schon ziemlich verzweifelt.«

»Genau! Ein Frauenquäler sollte das sein«, bestätigt auch der angeheuerte Rächer Gerd K. Er bleibt dabei, dass ein Mord geplant war. Mögen die anderen sagen, was sie wollen.

Doch Gerd K. hat im Vorfeld des Prozesses so viele wirre Geschichten über geheime Geldübergaben, verpatzte Pistolenkäufe und bedrohliche Anrufe der Auftraggeber erzählt, dass seine Glaubwürdigkeit heftig leidet. »Ich weiß«, antwortet der schmale Held, »aber ich stand doch damals immer unter Strom. Jetzt bin ich seit drei Monaten trocken, jetzt sag ich die Wahrheit.« Alkohol hat sich nicht nur auf seine Erinnerung gelegt, Alkohol war auch der Grund, weshalb er in den mörderischen Plan einwilligte. Zum Schein, wie er unermüdlich versichert. Daran hegen auch Gericht und Staatsanwalt keinen Zweifel. Gerd K. ist des Betruges angeklagt, nicht eines versuchten Mordes. Denn er hatte von Anfang an die Absicht, den vereinbarten Tat-Lohn zu nehmen und ihn zu verjubeln. In seiner Stammkneipe am Helmholtz-Platz, in einer der vielen Pizzerias in der Gegend, im Getränkeladen an der Ecke. »Ich habe davon aber auch Schulden bezahlt, Herr Richter«, ereifert sich Gerd K. »Miete und Strom und so. Und einen alten Computer habe ich mir gekauft, für vierhundert Mark. Das ist nicht alles versoffen!«

Zweitausendfünfhundert Mark hat Gerd K. binnen weniger Wochen ausgegeben, Geld, das ihm nicht gehörte. Dann drängte der Gastwirt Sch. auf Auftragserfüllung. Immer wieder rief er an. K. ließ sich verleugnen, erfand Ausreden, vertröstete. Ein paar Mal zeigte der Vermittler noch Verständnis, dann aber machte er unmissverständlich Druck: »Entweder du erledigst den Job jetzt, oder du gibst sofort das Geld zurück!« Doch das war längst alle. Da packte Gerd K. die Panik.

Vor der nächsten, »der letzten« Verabredung wählte er die Nummer der Polizei. »Ihr seid meine einzige Rettung«, sagte er am Telefon und begann seine Geschichte zu erzählen: »Ich soll da einen Mann umbringen …« – »Wieder so ein Besoffener«, brummte der diensthabende Beamte und hängte ein. Gerd K.

musste ein zweites Mal anrufen. Diesmal schickte man einen Funkwagen.

Ein Jahr auf Bewährung lautet das Urteil, das das Berliner Landgericht gegen Gerd K. verhängt. Wegen Betruges. Versuchter Anstiftung zum Mord wird Iris G. für schuldig befunden: Nach langer Beratung entschließen sich die Richter, auch ihr eine Bewährungsstrafe zu geben: zwei Jahre. Sie sei verzweifelt gewesen, als sie den Plan fasste, einen Killer zu engagieren, und hätte unter den Misshandlungen gelitten. Später tat es ihr leid. Ins Gefängnis allerdings muss der Dritte im Bunde, der Vermittler. Er habe vor allem ein Geschäft gewittert und ohne Gewissensbisse auf die Tat gedrängt. Der einstige Wirt vom *Weißen Hirsch* wird nun vier Jahre lang nicht mehr im Prenzlauer Berg wohnen.

## Und dann schrie es nicht

*Fünf Jahre nach der Totgeburt eines Kindes verteidigen sich zwei Hebammen vor Gericht, die eine junge Frau zu Hause betreut hatten.*

Manchmal hängt vieles an einem einzigen Wort In diesem Fall geht es um das Wort »überreden«. Anett K., die junge Frau, die sich seit fünf Jahren mit der Frage quält, ob sie schuld am Tod ihres Kindes sei, benutzt es: »Wäre ich doch nur an dem Morgen ins Krankenhaus gefahren. Die Wehen hatten begonnen. Eine Kollegin meiner Hebamme schaute nach mir und meinte, es würde noch dauern, und sie hat mich überredet, das Baby zu Hause zu bekommen. ›Warum wollen Sie denn überhaupt in die Klinik?‹ hat sie gefragt. ›Haben Sie nicht Angst vor der Anonymität dort? Wir könnten heute sogar zu dritt bei Ihnen sein, wir haben eine Kinderärztin dabei. Es ist für alles gesorgt. Noch ein paar Stunden, dann haben Sie Ihr Kind …« Anett K. sagt, sie erinnere sich noch sehr genau an die Situation, sie war ja selbst überrascht von der Idee, nun doch zu Hause zu entbinden. Eigentlich wollte sie doch immer in die Klinik, hatte sich gemeinsam mit ihrem Mann verschiedene Geburtsstationen angeguckt, abgewogen, sich nach den kinderärztlichen Möglichkeiten erkundigt und letztlich fürs Virchow-Klinikum entschieden, weil ihr dort alles perfekt schien.

»Meine Schwangerschaft war nicht ganz unkompliziert, es ging mir nicht gut, und ich lag nun auch schon neun Tage über dem vorhergesagten Geburtstermin. Das Baby war zuletzt stark gewachsen, das hatte die Frauenärztin festgestellt. Sie war darüber ein wenig in Sorge und ordnete noch zwei weitere Ultraschall-Termine an. Leider schloss sie ausgerechnet am Ende meiner Schwangerschaft ihre Praxis. Ich wollte nicht noch einmal zu fremden Ärzten, deshalb hielt ich mich an die Hebamme, Frau M. Ich vertraute ihr, sie kannte mich und meinen Zustand, bei ihr hatte ich Yoga gemacht und den Vorbereitungskurs besucht. Mir schien, sie hatte auch akzeptiert, dass ich kein Risiko eingehen und lieber im Krankenhaus unter ärztlicher Aufsicht entbinden wollte. Es war mein erstes Kind, ich war Ende Zwanzig, und ich freute mich so. Sicher hat eine Hausgeburt auch Vorzüge, aber ich entschied mich damals dagegen. Vielleicht, weil ich Angst um das Kind hatte.«

Katrin M., die Hebamme, die die schwangere Anett K. damals betreute, berichtet das etwas anders. »Ich wusste, dass Frau K. sich ein Krankenhaus ausgesucht hatte, doch ich spürte bei unseren Gesprächen immer auch ihre Angst davor, ihre

Ambivalenz, ihre Zweifel. Und aus medizinischer Sicht sprach in ihrem Fall nichts dagegen, das Baby zu Hause zu bekommen. Entscheiden muss es letztlich aber die Frau, und ich versuche dann auch nicht mehr, sie umzustimmen. Trotzdem habe ich oft erlebt, dass Frauen noch in letzter Minute ihre Meinung ändern. Dass sie sich nun, wenn sie merken, es wird ernst, für die vertraute Umgebung und die Hebamme entscheiden, für das Besondere dieses schönen Moments. Das ist überhaupt nicht selten, und deshalb habe ich mich auch bei Anett K. nicht gewundert. Sie entschied sich, als die Wehen einsetzten, für die Hausgeburt, und wir waren an ihrer Seite. Jemanden zu ›überreden‹, daran liegt mir nicht, so arbeite ich nicht.«

Die Hebamme Katrin M. ist eine auffallende, Lebenslust ausstrahlende Frau. Zupackend, sinnenfroh, mit vielen langen bunten Zöpfen und einem hübschen afrikanischen Namen. Sie hat eine zehnjährige Tochter, mit der sie allein lebt, weil der Vater des Kindes in die Heimat zurück wollte. Sie aber hat ihre Lebensmitte in Berlin – auch bei den Frauen, denen sie hilft, ihre Kinder gut zur Welt zu bringen. Deshalb ist ihr der Unterschied zwischen »überzeugen« und »überreden« wichtig, extrem wichtig, denn sie steht vor Gericht – ohne eigene Schuld, wie sie glaubt. Es sei Schicksal gewesen. Nicht jedes Kind, das zur Welt kommt, kann leben. Das von Anett K. hat es nicht geschafft. So sieht die Hebamme M. rückwirkend den Tod jenes Babys, den sie – laut Anklage – fahrlässig mitverschuldet haben soll, weil sie nicht erkannte, dass es Probleme unter der Geburt gab, dass das Kind extrem unter Sauerstoffmangel litt und das Endstadium der Schwangerschaft von Frau K. genug Risikopotential aufwies, um sie zur Klinik zu bringen.

Katrin M. widerspricht dieser Anklage: Mehr als dreihundert Kindern hätte sie schon auf die Welt geholfen, nie sei sie ein Risiko eingegangen, und es gab auch im Fall Anett K. keines.

Dass sich eine Geburt über acht, neun Stunden hinzieht, sei nun wirklich kein Grund zur Sorge. Frau K. und ihrem Baby ging es gut, sie und ihre Kollegin hätten regelmäßig die Herztöne abgehört, die Lage des Kindes überprüft, Frau K. über die Wehen hinweggebracht. Nichts habe auf Probleme hingewiesen. Das beteuert sie immer wieder. Sie weiß, ein Schuldspruch könnte ihr Leben verändern. Als Hebamme fände sie womöglich kaum noch Arbeit, denn welche werdende Mutter wollte sich ihr künftig anvertrauen? Und auch Ärzte, die der Hausgeburt eher kritisch gegenüberstehen, würden ihren Patientinnen angesichts dieses Beispiels wohl abraten. Es sind ohnehin nur etwa zwei Prozent aller Entbindungen, bei denen sich die Familien entscheiden, das Baby nicht in der Klinik, sondern so, wie es über Jahrtausende und in allen Zivilisationen als das Natürlichste galt, zu Hause zur Welt zu bringen.

Lange und sehr ausführlich lässt sich der junge Richter des Amtsgerichts Berlin-Tiergarten den Tag der Geburt schildern: von Anett K., die ihr Kind verlor, von ihrem Mann, der immer dabei war, von den beiden angeklagten Hebammen, die nicht nur sich, sondern ihren ganzen Berufsstand verteidigen, von der vermeintlichen »Kinderärztin«, die allerdings zu jener Zeit nicht mehr und nicht weniger war als eine angehende Kinderkrankenschwester im Praktikum – und von fünf Gutachtern, die recht verschiedenen Philosophien anhängen.

Fünf Experten – sechs Meinungen. Man hört Pro und Kontra Geburtsklinik. Pro und Kontra Hausgeburt. Pro und Kontra intensiver computergestützter Überwachung des Kinderkriegens. Pro und Kontra des Grundvertrauens in die Natur und die Erfahrung einer Hebamme. Die einen sind überzeugt, dass es keine Versäumnisse in der Arbeit der beiden angeklagten Geburtshelferinnen gab, obwohl sie unterschiedlicher Meinung darüber sind, wie oft zum Beispiel die Herztöne des

Noch-nicht-Geborenen zu messen sind und ab wann ein Über-schreiten des Geburtstermins als Risikofaktor gilt. Es gäbe für die Hausgeburt eben »sehr wenige Standards« und: »Die Gren-zen sind fließend.« Die anderen schütteln den Kopf vor Unver-ständnis darüber, warum Frau K. nicht spätestens am frühen Nachmittag jenes Tages, als die Geburt trotz heftig gewordener Wehen nicht fortschritt, von den Hebammen in die Klinik ge-bracht wurde. »Nur dort gibt es die Möglichkeit, übers CTG und spezielle Laborbefunde jede Abweichung vom normalen Verlauf aufzuspüren und sofort einzugreifen. Das Kind von Frau K. hätte nicht sterben müssen, ganz sicher nicht.«

Anett K. weint. »Keine der beiden hat mir gesagt, dass etwas nicht stimmt. Und ich war einfach fertig. Ich wollte nur dieses Baby bekommen, aber sein Köpfchen zog sich immer wieder zurück. Fast drei Stunden lang sollte ich pressen, ich konnte kaum noch. Dann war es da. Die Hebamme legte es mir in den Arm, ich war so glücklich, es war rosig, aber dann schrie es nicht. Mädchen, du musst doch schreien! dachte ich panisch, aber es blieb ganz still. Da nahmen sie es mir weg, bespritzten es mit kaltem Wasser, massierten den kleinen Körper, drückten ihm Luft in die Lungen.« Bis der Notarzt kam. Da ahnte Anett K. schon, dass ihr Baby gestorben sei, plötzlich waren alle da: ihre Familie, die Polizei, ein Seelsorger. Lieza sollte das Mäd-chen heißen. In den Papieren steht: Totgeburt.

Dass das an sich gesunde Baby keine organischen Schäden hatte, bestätigen die Gerichtsmediziner. 3985 Gramm schwer, fünfundfünfzig Zentimeter groß, reif geboren, keine Fehlbil-dungen. Die Todesursache war eindeutig Sauerstoffmangel unter der Geburt. Und ihre Befunde belegen anhand von Ver-änderungen an der Plazenta und Kindspech in den Lungen des Winzlings, wie schlecht es dem Baby in den letzten Stunden gegangen sein muss.

Mit wachsendem Missfallen hat der junge Richter den Vertretern von Klinik und Hebammenverband einen halben Nachmittag lang zugehört, dann bittet er sich eine mehrtägige Beratungszeit aus. An ihrem Ende verkündet er einen Freispruch für die »mithelfende« Hebamme L., die zuvor nicht in die Betreuung der Schwangeren einbezogen war, und eine Geldstrafe von 2.800 Euro für Katrin M., die Buntbezopfte. Das liegt am unteren Limit des Strafrahmens – und soll wohl vor allem eine Mahnung sein. »Es geht hier nicht um einen Glaubenskrieg. Nicht um das Risiko oder Nicht-Risiko von Hausgeburten. Auch wenn die Gutachter das scheinbar anders sahen. Zu fragen war nur: Haben die beiden Geburtshelferinnen Fehler begangen – ja oder nein? Und konnten sie sie als Fehler erkennen?«

Dann sagt er: Jaaaein. Es seien Fehler gemacht worden, aber eher »durchschnittliche«, keine »groben«, es gab zu viel Routine, vielleicht, und ihm scheint, die letzte Sensibilität für die Besonderheiten gerade dieser Geburt fehlten. »Das sind Dinge, die leider vorkommen, obwohl sie nicht vorkommen sollten. Doch darüber zu spekulieren, was gewesen wäre, wenn, steht uns nicht zu.« Jetzt, im Mai, hätte Lieza fünf werden können.

# Das Kreuz mit den Kreuzchen

*Vehement kämpft eine Literaturdozentin um ihren Lottogewinn – und setzt sich dem Verdacht aus, sie hätte ihren Spielschein gefälscht.*

Tamara E. ist sehr blond, sehr imposant und sehr temperamentvoll. Ihre festen Locken beben, ihr roter Mund zittert, der Zorn hebt ihrem üppigen Busen, wenn sie klagt, dass die Deutsche Klassenlotterie sie so schnöde um ihren Gewinn betrogen hat. Sie, Tamara E., die russische Dozentin für Literatur und Philosophie, die vor zwölf Jahren nach Deutschland kam, weil sie sich hier in einen Mann verliebte. »Mein Mann war ein wunderbarer Mensch«, deklamiert sie, »so klug und bescheiden. Aber er war krank und sensibel, und er hat es nicht verkraftet, dass mich die Lottogesellschaft so dreist als Betrügerin hinstellte. Er ist gestorben wegen mir. Nein, nicht wegen mir, wegen der Klassenlotterie! Diese Schande, die hat er nicht überlebt.« – »Frau E.«, mahnt der Richter, »ich würde jetzt gern zur Sache kommen.« – »Das ist die Sache, Herr Richter!« ruft sie aus. »Deswegen sind wir hier. Weil ich betrogen worden bin und mein Mann daran zugrunde ging!« Der Richter ächzt leise.

Über beinahe drei Jahre schon zieht sich dieser Rechtsstreit hin, und eigentlich ist für fast alle Beteiligten die Sache klar: Frau E. wollte ihrem Glück nachhelfen! Sie kaufte einen Lottoschein mit drei verschiedenen Tipps, machte im Copyshop eine erstklassige Farbkopie jenes Scheins, setzte darauf ihre Kreuzchen, gab wenig später die Kopie zum Einscannen im Lottoladen ab, wartete zu Hause in Ruhe auf die Mittwochsziehung, füllte dann ihren (bislang noch leeren) Originalbeleg mit sechs Richtigen – und marschierte freudestrahlend in die Filiale, um ihren Gewinn einzulösen: 85.110 Euro.

»Gelogen ist das, kein einziges wahres Wort dran«, braust die blonde Dozentin auf. »Ich hatte alles nur ein einziges Mal und genau so auf dem Schein angekreuzt, doch anscheinend war die Maschine in der Lottoannahmestelle kaputt. Sie hat nicht richtig funktioniert, sondern die falschen Zahlen für die Quittung gespeichert. Dafür kann ich doch nichts, da muss sich die Lottogesellschaft drum kümmern. Ich hatte gewonnen, und ich wollte meinen Gewinn haben. Was ist falsch daran?«

Unsinn, kontert die Lottogesellschaft. Sie schickt ihren EDV-Leiter zur Gerichtverhandlung. Der soll bestätigen, dass es so etwas nicht gibt: Dass ein Spieler auf einem Schein sechs Richtige hat und der Computer auf der dazugehörigen Quittung sechs völlig andere ausweist. »Völlig unmöglich«, konstatiert der Experte. Ja gut, sagt er, ein, zwei unleserliche Zahlen, das könne schon mal vorkommen. Wenn der Schein zerknickt oder befleckt ist beispielsweise, wenn Lippenstift oder Kaffeetasse ihre Spur hinterlassen haben, dann kann so ein Apparat – vielleicht, möglicherweise, unter Umständen – ein wenig irren. Oder wenn es zu heiß ist, das Gerät in der prallen Sonne steht, dann gibt es schon mal Fehler. Kleine, minimale, niemals gravierende. Und der Computer würde sie vor allem melden! Er selbst hätte doch das Gerät überprüft, als Frau E. reklamiert habe. Zugegeben, das geschah nicht gleich: Selbiges Terminal aus der Kreuzberger Annahmestelle kam nämlich in jenen Tagen zum Service, und ehe die Lottogesellschaft es wieder ausfindig gemacht und in ihre eigene technische Abteilung gebracht hatte, da war der Vorgang leider nicht mehr zu rekonstruieren. Aber das Gerät, es funktionierte da einwandfrei. Warum sollte es vorher anders gewesen sein? Das sei schlicht undenkbar.

»Und«, fragt Frau E., »haben Sie damals einen unabhängigen Gutachter hinzugezogen?« Der Experte schüttelt verwundert den Kopf. »Nein, warum denn? Dafür gab es keinen Grund. Schließlich bin ich der Fachmann.«

Pech hat Tamara E. auch mit dem ehemaligen Betreiber des kleinen Lottoladens, der ihren Tippschein entgegennahm: Ein türkischer Großfamilienvater mit sehr bescheidenen Deutschkenntnissen wird versehentlich ohne Dolmetscher geladen. »Oh, ich dachte, Sie verstehen hier alles«, entschuldigt sich der Richter und entlässt den Mann nach kurzen, ernüchternden Versuchen, eine Auskunft zu bekommen. Was hätte er auch sagen sollen? Dass eigentlich niemand so recht zuständig war? Er, der alte Ladenboss, nicht mehr und der neue noch nicht? Dass just in jenem Monat das Geschäft wegen einer Kündigung den Inhaber wechselte und das Gerät aus diesem Grunde abgeholt wurde? »Herr Richter«, fleht die wortgewaltige Dozentin, »sehen Sie nicht, dass da alles schieflief? Was, bitte, kann ich denn dafür?«

Irgendwie scheint es, als wäre der schmale Richter dieser unerquicklichen Sache müde. Das anstrengende Dazwischenrufen der Angeklagten, die lässige Borniertheit der Lottogesellschaft, die lange Dauer des Verfahrens. Am 13. August 2003 jubelte die blonde Russin über ihren vermeintlichen Gewinn. Dann die Ernüchterung: Lottoschein und Lottoquittung tragen zwar die gleiche Seriennummer, stimmen im Inhalt aber nicht überein, und am Ende zählt nur die Quittung. So steht es in den Vertragsbedingungen. Also: Kein Gewinn. Doch Frau E. will ihn erkämpfen.

»Ich habe sechs Richtige! Ihr Gerät war kaputt.« Das lässt sich die Lottogesellschaft nicht bieten: Anzeige wegen versuchten Betruges. Frau E. erhält einen Strafbefehl und soll 4.500 Euro zahlen. Damit hätte alles beendet sein können. Aber die

Frau legt Widerspruch ein. Es muss verhandelt werden. Zwei angesetzte Termine platzen.

»Wissen Sie, welches Risiko Sie eingehen?« fragt der Richter. Tamara E. nickt: »Ich habe nichts mehr zu verlieren. Mein Mann ist tot, ich gelte als Betrügerin. Das Geld ist ohnehin futsch. Jetzt geht es nur noch um die Ehre.« Sie drängt ihren Anwalt, noch einmal den Antrag zu stellen, es möge sich endlich ein unabhängiger Gutachter jenes Gerätes der Lottogesellschaft annehmen, das sie um ihren Gewinn gebracht hat. Denn dass sie die Betrogene ist, daran lässt Tamara E. keinen Zweifel. Nicht den kleinsten. »Schauen Sie einmal, was Sie alles im Computer finden, wenn Sie zum Thema Pannen beim Lottospiel recherchieren«, triumphiert sie. Ihr Anwalt pocht auf einen Aktendeckel – bundesweit fänden sich Dutzende solcher Fälle, in denen gravierende Fehler auftraten, Geräte streikten und hohe Gewinne nicht zu ihren wahren Besitzern kamen. Fernsehsender hätten es publik gemacht, Magazine beschrieben, selbst der TÜV hätte Mängel bestätigt. Und nur weil seine Mandantin nicht einlenkt, soll sie die Leidtragende sein?

Am dritten Tag hat der Richter ein Einsehen. Vor seinem Gerichtssaal ist ein Ehepaar erschienen, das sich für den Prozess interessiert und der angeschuldigten Frau E. beistehen will. Die beiden sagen, dass sie die blonde Russin nicht kennen, aber von dem Fall in der Zeitung lasen. Deshalb wären sie hier. Denn etwas Ähnliches wie Frau E., das sei auch ihnen passiert. Hier in Berlin. Aber sie hätten aufgegeben, weil es bei ihnen nicht um sechs, sondern nur um zwei strittige Zahlen ging. Ihr Gewinn war nicht so hoch, ihre Lust auf Auseinandersetzung gedämpft, doch sie könnten alles belegen. Wie zum Beweis halten sie Spielschein und Spielquittung in die Höhe. Tamara E. jubelt: »Ich bestehe auf einem Gutachter!« ruft sie, der wieder wachgewordene Richter belehrt, dass das dauern könne, »lange, sehr lange«, dass schließlich alles noch einmal aufgerollt werden müsse und sie, falls sie verliert, letztlich auch diese Kosten noch zu tragen hat.

»Das kann nicht wenig sein«, gibt er zu bedenken.

Aber Frau E. hat neue Hoffnung geschöpft. Was, wenn das Lottospielen ja doch nicht so reibungslos funktioniert, wie die Verantwortlichen es immer darstellen? Hat sie dann noch eine Chance?

## Als das Schneckenhaus zerbrach

*Nichts hören, nichts sehen, nichts wissen. Ein Neunzehnjähriger zog sich so konsequent von der Außenwelt zurück, dass eines Tages der Gerichtsvollzieher klingeln musste ...*

»Ich wollte nicht da sein, aber mich hat keiner gefragt.« Wolfgang war zehn, als seine vielköpfige Verwandtschaft beschloss, Kasachstan zu verlassen und nach Deutschland zu gehen, dorthin, wo früher Vorfahren lebten.

Wolfgang hieß Bogdan, als das geschah. Er ließ seine Freunde daheim zurück, das Dorf, die Tiere. Bei der Einreise nach Europa wird Wladimir aus ihm, er muss die fünfte Klasse wiederholen, weil er kaum ein Wort Deutsch spricht. Seit er vierzehn ist, darf er sich Wolfgang nennen. Wolfgang – der Kämpferische. Nur: Er ist nicht kämpferisch. Heute ist er zwanzig und sieht aus wie sechzehn. Blass, scheu und verschlossen. Doch er hat einen Menschen niedergestochen. Wolfgang sagt: aus Angst. Der Staatsanwalt, der die Anklage vorträgt, meint:

heimtückisch und berechnend. »Das passt überhaupt nicht zu meinem Mandanten«, ruft die mütterliche Verteidigerin dazwischen. »Wenn Herr J. eines nicht ist, dann berechnend! Der plant nicht, der überlegt nicht, der lebt wie in einem Kokon und verbarrikadiert sich gegen die Welt. So klare Gedanken, die kommen ihm gar nicht …«

An einem grauen September morgen wurde ein anderthalb Köpfe größerer, dreißig Kilogramm schwererer, durchtrainierter Mann sein Opfer. Ein dreiundvierzigjähriger Schlosser, der seinen Körper nicht nur beim Schlüsselfeilen und Türschlösseröffnen fit hält. Vielleicht hat ihm seine Konstitution das Leben gerettet, als Wolfgang J. mit dem Messer auf ihn einstach, ein wenig schräg von unten, genau zwischen Herz und Lunge ins Muskelfleisch. Eine zwölf Zentimeter lange Klinge kann durchaus innere Organe verletzen. Der Schlosser G. hatte Glück. Er kam nach einem Tag wieder aus dem Krankenhaus raus, behielt keine bleibenden Schäden. Nur bei der Arbeit, da trägt er inzwischen eine Schutzweste. Und ist noch vorsichtiger geworden. Noch hellhöriger als am 6. September 2001, als er sein Leben riskierte. Denn sein Job bleibt gefährlich: Der Schlosser G. öffnet bevorzugt Türen für Zwangsvollstreckungen.

Der Vorsitzende Richter bittet den Angeklagten, aus seiner Sicht jenen Tag zu schildern. »Sie wussten doch, dass Ihre Wohnung geräumt werden sollte. Sie hatten Mietschulden, fast tausendfünfhundert Mark. Und der Gerichtsvollzieher hatte sich angekündigt …« Wolfgang J. schweigt. Murmelt. Das hilft dem Richter nicht weiter. »Kannten Sie den Brief?« J. zuckt die Schultern. »Hab mir das alles doch gar nicht mehr angesehen.« Aber der Umschlag lag geöffnet im Flur seiner Wohnung, so steht es in den Polizeiakten. »Vielleicht hatte ich ihn gelesen, sicher, doch dann aus meinem Kopf gestrichen. Ich wollte das nicht.« Man weiß nicht, ob er die Räumung meint oder den Angriff.

»Also, Herr J., wie war das? Was machten Sie an jenem Morgen, bis etwa um zehn, als die Sache geschah? Schliefen Sie noch?«, fragt der Richter, baut mit kleinen Steinen eine Brücke, über die Wolfgang J. zu seinen Erinnerungen gelangen soll. Es hilft. Leise, aber nun immerhin in mehr als ein, zwei Sätzen, berichtet der Zwanzigjährige, dass er früh gegen sechs aufgestanden sei, wie immer zuerst eine Weile Fernsehen geguckt habe, dann die Wohnung aufgeräumt, den Müll rausgebracht, das Geschirr gespült. Diese Aussagen bestätigt das Polizeiprotokoll vom Tatort: Es war alles erstaunlich sauber, sehr ordentlich aufgeräumt, selbst das noch nicht abgewaschene, aber vorsortierte Geschirr in der Küche akkurat ausgerichtet. Für Jungs in seinem Alter nicht gerade typisch.

»Ich hatte in der Küche das Fenster offen, alles war ruhig, als ich plötzlich einen Luftzug merkte. Wusste ja nicht, was los war. Woher kam das? Da musste eine Tür aufgegangen sein. Aber zu mir kam doch sonst keiner. Das hat mich erschreckt.« Wolfgang J. sagt, er hätte noch ein Küchenmesser vom Abwasch in der Hand gehabt, als er zum Flur ging, um nachzuschauen, was passiert sei. Da stand ein fremder Mann vor ihm, groß, muskelbepackt, glatzköpfig. Rambo. Oder ein Einbrecher. »Ich hatte echt Angst«, flüstert J. »Ich wollte ihn vertreiben und stach zu.« Nur ein einziges Mal, sagt J., und er beteuert: aus Panik.

Von dem nicht ganz unauffälligen Geschehen draußen vor dem Haus, vorm Fenster seiner kleinen, zur Straße gelegenen Ein-Zimmer-Wohnung in Schöneberg, will Wolfgang J. nichts mitbekommen haben. Dort fanden sich nämlich seit halb zehn allerlei Menschen ein, die zu ihm wollten: Möbelspediteure mit ihrem Umzugswagen, die Chefin der Hausverwaltung, der Gerichtsvollzieher Gernot G., die Hauswarts-Frau, der Schlosser.

»Wir treffen uns meist etwas früher, um noch Details zu besprechen. Man muss ja wissen, wie die Wohnung geschnitten ist, ob jemand den Mieter gesehen hat, bei dem geräumt werden soll, ob Hunde im Haus sind.« Gernot G. kennt sich aus. Er ist ein erfahrener Rechtspfleger, seit Jahrzehnten im Dienst und inzwischen dreiundsechzig. »Ich kenn doch die Wohnungen hier im Dreh aus dem Effeff. Auch die Leute. Mal wollte mich einer mit 'nem Morgenstern erschlagen ... Ist aber nichts passiert. Nein, mit der Polizei arbeite ich eigentlich nie. Ich krieg' das meist ruhig hin, im Gespräch. Komm ja auch nicht wie ein Staatsbeamter angepoltert: Achtung, Tür aufmachen! Räumung! Man will schließlich nicht das ganze Haus zusammenbrüllen, ist doch für alle unangenehm, so eine Aktion. Wie oft hat einer Pech gehabt im Leben, wenn ich kommen muss. Ich mach das auf die freundliche. Wenn ich mich melde: Gerichtsvollzieher, Gerichtsvollzieher, dann klingt das eher wie bei der Mutti, die zum Essen ruft, so in dem Ton. Ich hoffe ja immer, dass jemand zu Hause ist, wenn wir räumen, damit wir nicht gewaltsam die Tür aufmachen müssen. Ich hab schon bei allen Klientel zu tun gehabt, weiß Gott. Und die Räumungstermine schicke ich auch besser gleich zweimal, damit die Mieter wirklich Bescheid wissen. Einmal ganz normal mit der Post und einmal per Einschreiben. So ist das Vorschrift. Aber viele Leute holen sich ja ihre niedergelegten Schriftstücke nicht ab, die ahnen wohl was ...«

Auch an Wolfgang J. schickte er den Brief zweimal. Auch bei ihm kam er pünktlich zur Räumung, beriet sich mit seinen Mitstreitern, trat kurz vor zehn an die Tür, um zu klingeln und zu klopfen. »Natürlich laut, was denken Sie denn! Sehen Sie sich meine Knöchel an, kein Scherz, ich kann verdammt laut klopfen. Manche Mieter schlafen doch um die Zeit noch, oder es sind alte Leute, die schlecht hören. Da muss ich mich schon bemerkbar machen.« Also klopfte der amtliche Mann und klingelte, wartete einen Moment, um das Ganze zu wiederholen.

Aber nichts regte sich. Die Hauswarts-Frau, gefragt, ob sie J. gesehen habe, antwortete, dass sie ihm lange nicht begegnet wäre. Die Jalousien sind immer zu, und man hört ihn nicht. Vielleicht sei er längst weg?

Fünf nach zehn machte sich der Schlosser ans Werk. Er legte sein Werkzeug bereit, pochte, rüttelte, drückte an der Tür, prüfte das Schloss, setzte den Bohrer an, traf das Metall des Zylinders, kam aber nicht weiter, weil eine spezielle Sicherung das Schloss schützte. Nun half nur noch die Fräse. Jörg G. wechselte die Maschine und machte die Umstehenden darauf aufmerksam, dass es jetzt noch lauter werden würde. Stück für Stück fraß sich die Fräse in den Zylinder vor. »Es war so laut, dass wir uns nicht mehr unterhalten konnten«, sagt die Hausverwalterin. »Das ganze Haus vibrierte«, beschreibt eine Nachbarin, die wegen des Lärms aus ihrer Wohnung kam. »Bei so einem Krach schläft keiner mehr, das könn' Se mir glauben«, bestätigt der Schlosser. Und weil der Richter offenbar gern selbst einmal hören wollte, wie geräuschvoll sich so eine Türöffnung vollzieht, darf der Handwerker sein Werkzeug mitbringen und im Gerichtssaal erproben. So, wie an jenem Morgen an der Tür des zwanzigjährigen Angeklagten.

Die Demonstration gelingt beeindruckend. Mehr Geräusch kann man kaum erzeugen. Wolfgang J.s Schutzbehauptung, er hätte von all dem nichts mitbekommen, zerbröckelt zu Staub. Er muss gehört haben, was vorging. Er muss gewusst haben, dass es sich um die angedrohte Räumung handelte und dass der Schlosser nicht als Räuber kam.

Dennoch will ihm der Richter glauben, dass er spontan und aus Verzweiflung gehandelt habe, weil er keine andere Chance mehr sah, seine Wohnung zu retten, sein Schneckenhaus zu bewahren. Drei Monate Mietschulden waren aufgelaufen, als die Hausbesitzerin dem jungen Mann die Wohnung kündigte. Das letzte Refugium, in das er sich zurückgezogen hatte, seit er mit sich und seiner Unerwachsenheit nicht mehr klar kam, seine Lehre geschmissen hatte, weil ihm Konsequenzen aus Bummelstunden drohten, seine Familie verstieß, weil sie ihm Vorhaltungen machte. Das Verhältnis zur Mutter war schon früh zerbrochen. Sie musste sich um so vieles kümmern, als sie mit Großeltern, Tanten und Onkeln, mit ihren beiden kleinen Kindern, aber ohne Mann nach Deutschland kam: um die Schule, Wohnung, Sprachkurse, Arbeit. Ihr Sohn Wolfgang, sagt sie, wurde mit den Jahren immer stiller. Erst als er mit sechzehn sitzenblieb und zu trinken begann, fiel ihr auf, dass er sich schon abgeschrieben hatte. Sie schimpfte mit ihm, machte Druck, schmiss ihn raus.

»Er sollte lernen, sich selbst um etwas zu kümmern.«

Aber er kümmerte sich nicht. Eine Zeitlang lebte er bei der Großmutter, dann übernahm das Jugendamt so etwas wie Fürsorge, besorgte die Mini-Wohnung, trug sechs Monate lang die Miete. Im Frühsommer 2000 sei Wolfgang J. »selbstbewusst und gefestigt genug« gewesen, um selbständig zu leben, befand man. Dass er einfach nicht mehr auffiel, weil er sich Stück um Stück in seine vier Wände zurückzog, seine Kumpels nicht mehr traf, nicht ans Telefon ging, die Tür nicht mehr öffnete, wenn es klopfte, Tag und Nacht die Jalousien geschlossen hielt, kaum einmal rausging, sondern sein Leben vor den Fernseher verlegte, das vermerken die Akten nicht. Bei einer Wohnungsdurchsuchung fand die Polizei in seinem Zimmer einen Brief: »Kind, Du bist krank. Geistig krank. Du brauchst Hilfe, ärztliche Hilfe ...« Die Zeilen stammen von der Oma. Sie lagen, wie so vieles bei Wolfgang J., in einem Fach verborgen.

Und noch ein anderer Brief ist bei den Unterlagen, auch er stammt aus Wolfgangs Wohnung. Das zuständige Bezirksamt schreibt: »… haben wir von der Räumungsfestsetzung erfahren, … möchten helfen, Ihnen die Wohnung zu bewahren … Bundessozialhilfegesetz sieht Möglichkeit vor, Mietrückstände zu übernehmen … Bitte melden Sie sich.«

Wolfgang J. wird nach dem Jugendstrafrecht verurteilt: drei Jahre und drei Monate Haft. Der Richter schreibt ins Urteil, dass es eine sinnlose Tat war. Dass kein vernünftig denkender Mensch so einen Angriff unternommen hätte. Dass Wolfgang J. keines seiner Probleme hat lösen können. Dass er dringend psychologischer Hilfe und Betreuung bedarf. Während seiner Strafe soll er sich einer Ausbildung widmen. Dann bleiben ihm zumindest die Kosten des Verfahrens erspart.


## Der die Nachtigall stört


*Einen Geographie-Lehrer aus Brandenburg trieb die Sammelwut nicht nur auf Wiesen und Felder, sondern auch auf Strommasten und Bäume. Er nahm Nester aus – vor allem die seltener Vögel.*


Sechsundzwanzig Jahre lang unterrichtete Joachim K. immer an derselben Schule, einem Premnitzer Gymnasium, Geographie. Vier Schülergenerationen gab er neben dem Natur- auch Deutsch- und Kunstunterricht. Ob ihn die Schüler mochten? Er macht einen umgänglichen Eindruck, wie er da steht, luftgebräunt, mit seinen ein Meter achtzig Größe und dem legeren hellen Anzug. Ist er auch jemand, der Leidenschaft und Autorität ausstrahlen kann? Wie steht es um seinen Humor? Seine Geduld? Warum ist keine einzige Klasse hierher gekommen in den Potsdamer Gerichtssaal, in dem gegen Joachim K. verhandelt wird, ihren ehemaligen Lehrer?

Seit einem Jahr ist er, unfreiwillig, im Ruhestand. Fristlos aus dem Schuldienst entlassen, seit er in Untersuchungshaft saß und der dringende Verdacht bestand, er, der naturverbundene Lehrer, habe der Artenvielfalt schweren Schaden zugefügt. »Naturliebend«, so nennt er sich selbst. »Es gibt nichts Faszinierenderes als die Vogelwelt, so bunt, so klug, so variantenreich«, schwärmt er von seinem Platz auf der Anklagebank aus, »ich liebte sie schon, da war ich noch ein Junge. Da beobachtete ich sie mit dem Fernglas, das mein Großvater mir schenkte, las in Büchern nach, zeichnete sie.« Und wenn er ein Vogelei fand, dann trug er es nach Hause, säuberte es, blies es hohl – und erfreute sich an dem zarten Anblick. Es begann eine, er umschreibt es blumig, Liebe fürs Leben.

Doch sie war tödlich, diese vermeintliche Liebe, tausendfach, denn als die brandenburgische Polizei den Lehrer Joachim K. eines Junitags aus dem Unterricht holte, mit ihm zu seiner Wohnung in Döberitz fuhr und dort Zimmer, Schuppen und Werkstatt durchsuchte, da fanden die Beamten eine Sammlung von 7287 Vogeleiern! Pastellige, hauchzarte Gebilde, schon bebrütet und den Vogeleltern dann weggenommen, reihten sich gut präpariert in flachen Vitrinen-Fächern, mit Kärtchen versehen, auf denen in zierlicher Handschrift zu lesen war, welches Nest wo, wann und mit welchem Erfolg geplündert wurde.

Das, was Joachim K. in Jahrzehnten zusammentrug bei Wind und Wetter, sorgte in Brandenburg für großes Aufsehen. Eine Vogelei-Sammlung solchen Umfangs hatten sich weder die Polizei noch das zu den Ermittlungen hinzugezogene Landesumweltamt vorstellen können. Und die »Fundorte«, die K.s Kartei so akribisch auswies, zeigten, dass auch andere Wilderer beteiligt sein mussten. K.s Schriftverkehr und sein Adressbuch belegten es schließlich: Mindestens zwölf Männer waren in die räuberische Sammelei eingebunden. Ein Tauschring flog auf – und binnen weniger Tage gingen mehr als 54 000 Eier in den »Besitz« des LKA über. In Basdorf bei Berlin liefen die Ermittlungen zusammen, dort musste Ei für Ei überprüft und neu katalogisiert werden, eine Sisyphusarbeit, die sich lange hinzog. Auch nach Dänemark und Spanien wiesen Spuren. Gegen neun Sammler wurde in Deutschland schließlich Anklage erhoben. Mehrere Lehrer sind darunter, ein hoher Zollbeamter, ein Forschungsdirektor bei Bayer; sie kommen aus Nordrhein-Westfalen, Rheinland-Pfalz und Sachsen, aus Berlin, Bayern, Schleswig-Holstein.

Irgendwann vor Jahren oder Jahrzehnten hatten sie alle damit begonnen, ein eigenwilliges Hobby zu befriedigen: Sie durchkämmten Wiesen und Wälder, kletterten auf Felsen, Bäume und Strommasten, untersuchten Schilfstreifen, Erdhöhlen und Mauerreste, um Eier zu finden. Vogeleier, die nicht etwa zufällig aus dem Nest gefallen waren, sondern Gelege, die sie mit beharrlicher Beobachtung aufspürten und ohne Gnade bis aufs letzte Stück ausnahmen. »Nur so erhält eine Sammlung Wert – wissenschaftlich gesehen«, erklärt Joachim K. nüchtern. Naturschützer fügen hinzu: »Finanziell vor allem«, denn sie wissen, dass unter Vogelei-Liebhabern Nestinhalte seltener oder vom Aussterben bedrohter Vögel zu einem viel höheren Wert getauscht und gehandelt werden als einzelne Eier oder »Alltagsexemplare«.

Doch davon will der Lehrer Joachim K. natürlich nichts wissen. Um Geld sei es ihm nie gegangen. Schmerzvoll zieht er die Mundwinkel zusammen ob des Versuchs, ihm solch niedere

Interessen zu unterstellen. Es sei allein Leidenschaft gewesen, die Freude an der Ästhetik. Und Wissensdrang. Die Polizei fand keinen Beweis, dass K. an verbotenen Verkäufen beteiligt gewesen ist, dabei sollen skrupellose Sammler bis zu fünftausend Euro für ein besonders schönes und seltenes Ei beispielsweise des Schreiadlers zahlen. Aber der Handel läuft nur konspirativ, unter vorsichtigen Eingeweihten, überall in Europa ist er verboten. Und was nicht nachzuweisen ist, ist nicht geschehen. Juristisch betrachtet.

Bleibt der kriminelle Eingriff in die Natur, der Schaden, der der heimischen Vogelwelt entstanden ist, wenn Joachim K. in Naturschutzgebieten Fischadler und Kranich, Specht und Tannenmeise, Goldammer und Mönchsgrasmücke, Teichralle und Ziegenmelker um ihre Brut gebracht hat. Einige mehrmals, manche solange, bis sie gar nicht mehr in diese Regionen kamen. In K.s Sammlung befand sich das Gelege eines baumbrütenden Wanderfalken: dem Nest entnommen am 26.4.1984 in Rehberg. So hat es der Dieb selbst in Schönschrift auf dem Sammelkärtchen vermerkt. Die Naturschützer hielten den Vogel in Deutschland seit 1976, in ganz Europa bereits seit 1983 für ausgestorben. Vielleicht war es ja das allerletzte Paar, das K. um seine Nachkommen bestahl.

Er ist so etwas wie ein Experte geworden mit den Jahren seiner Vogelei-Räuberei, und so möchte er auch vom Gericht wahrgenommen werden. Und wenn ihm die Anklage in einem der über hundert Punkte vorwirft, das Nest eines Kuckucks ausgenommen zu haben, dann kann er nur müde lächeln. »Das sollten Sie wissen, dass der Kuckuck keine Nester baut. Also kann ich es auch nicht ausgenommen haben.« Nach kurzem Hin und Her in den Akten wird klar, dass hier jemand nicht sauber formuliert hatte. Es handelte sich um den Diebstahl eines Kuckuckseis aus dem Nest eines Wirtsvogels. »Da muss man korrekt sein«, moniert der Angeklagte. Also erläutert er ausführlich, dass Kraniche Mitte Mai nicht mehr brüten, sondern vier Wochen eher, wie er die Steigeisen benutzte, die man in seiner Werkstatt fand, wann der Teleskopspiegel zum Einsatz kam oder wie man am besten kompliziert liegende Specht-Höhlen ausräumt – »das, was da teuer als Specht-Brett verkauft wird, taugt jedenfalls nichts«.

Mitunter kokettiert Joachim K. mit seinem angesammelten Fachwissen, dann wieder gibt er sich bescheiden. »In Mexiko beispielsweise bin ich an Grenzen gestoßen, da halfen nur noch Bestimmungsbücher.« Stolz erzählt er von seiner Freundschaft zu einem renommierten Ornithologen: Dr. Wolfgang Makatsch galt in der DDR als Vogel-Papst, er forschte, publizierte in Fachzeitschriften und schrieb wichtige Bücher – auch über die Schönheit und die Gefährdung der Vogelwelt. »Dr. Makatsch hat mir meine erste Sammlung ermöglicht. Er war für mich ein Vorbild, auch wenn ich ihn natürlich nie erreicht hätte. Ich bin gegen ihn ja nur ein Laie.« Mit Makatsch habe er natürlich auch darüber diskutiert, ob man der Natur schade mit solchen »wissenschaftlichen Beobachtungen«. Aber das hätte der nicht so gesehen. Das Erforschen der Eier habe doch keinen störenden Einfluss auf die Population, die Natur selbst richte viel größere Schäden an, abgesehen von Verkehr, Industrie und Landwirtschaft …

Doch auf solche Exkursionen lassen sich Joachim K.s Richter nicht ein. Sie möchten zu jeder einzelnen der hier angeklagten Nestplünderungen von dem Lehrer hören, ob er sich an die Umstände erinnere. Sie zählen jede Tat auf, benennen jeden der Diebstähle so genau wie möglich. Mit Datum, betroffener Vogelart und Anzahl der Eier. Versuchsweiser Ausschnitt: 4. Mai 1992 bei Döberitz das Gelege einer Nachtigall mit fünf Eiern.

17. April 1994 an der Havel das Nest einer Beutelmeise im Weidengeäst, ca. vier Meter Höhe, sieben Eier. Aus dem Urlaub in Spanien, April 1995, das Gelege eines Rohrschwirls (»ja, daran kann ich mich erinnern, danach habe ich lange gesucht«). Mai 1998: vier Eier aus dem Horst eines Fischadlers bei Ferch, auf einem achtundzwanzig Meter hohen Hochspannungsmast. So entsteht aus einem Puzzle der Ausschnitt eines Gesamtbilds.

Der Fischadler beendete die Karriere des Wilderers. Hier wollte er besonders raffiniert sein und legte dem brütenden Elternpaar als Ersatz für die eigenen Eier rotgefärbte Hühnereier ins Nest. Die Adler merkten den Betrug nicht. Doch die Kollegen vom Naturschutz. Ihnen kam es komisch vor, dass die Vögel auch zwei Wochen nach dem üblichen Termin noch oben im Horst saßen und sich kein Junges blicken ließ. Sie kletterten hinauf …

Nach den geltenden Gesetzen in der Bundesrepublik stehen auf schwere Schädigung der Natur bis zu fünf Jahren Haft. Doch die Tat verjährt nach einer ebenso langen Frist. Und das bedeutet für Joachim K.: Er hat Glück. Seine Sammlung datiert in großen Teilen schon aus den achtziger Jahren, es waren sozusagen DDR-Vögel, die da um ihren Nachwuchs gebracht wurden. Dafür kann man ihn heute nicht mehr verurteilen. Und weil er nach einer Phase des Schweigens und zwei Monaten Haft dann doch zu erzählen begann, wie er zu seiner Sammlung kam, und dadurch der Tauschring aufflog, kam ihm das Gericht entgegen: Geständnis gegen Bewährung.

Die Sammlung des Mannes, der nun Rentner ist, wird demnächst an eine Wissenschaftseinrichtung überführt. Es könnte das Berliner Naturkundemuseum sein.

# Große Scheine bitte

*Eine bald Siebzigjährige, die eine Bank überfiel, hat vor Gericht keine besondere Milde zu erwarten.*

Regina L. schluchzt. Soeben hat sie zugegeben, dass sie eine Bank überfallen hat. »Ja, das stimmt. Aber ich wollte mich nicht bereichern ...«

»Sondern?« fragt der Richter. »Sie sind doch nicht dort gewesen, um Geld abzuliefern, oder? Das machen Bankräuber gewöhnlich selten ...«

»Es war nur Verzweiflung, pure Verzweiflung«, stammelt die Angeklagte leise. Sie weiß, dass das ihre einzige Chance ist, eine hohe Haftstrafe zu vermeiden: Mitleid erheischen. Ihre ausweglose Situation beschreiben. Zeigen, dass sie keine andere Lösung sah. Dass sie nicht mehr klar denken konnte und sich in die Idee eines Überfalls hilflos verrannt hatte.

Regina L. versucht ihr Möglichstes. Sie weint. Der Richter lässt ihr ein Glas Wasser bringen, bietet fünf Minuten Pause an. Zu mehr Zugeständnissen ist er einstweilen nicht bereit. Erst will er hören, wie der Bankraub wirklich ablief. Wie gut die Tat vorbereitet war. Zu welcher Einsicht die alte Dame fähig ist. Immerhin hatte sie eine Waffe dabei, als sie die Sparkasse in Berlin-Buch betrat und der Kassiererin einen Stoffbeutel nebst Zettel überreichte: »Geben Sie mir Geld in großen Scheinen. Bin bewaffnet mit Pistole und Nervengas. Draußen wartet ein Freund ...«

Der Coup gelang. Regina L., so schreibt die Boulevardpresse, sei Berlin ältesten Bankräuberin. Die Zeitungen nennen sie »Räuber-Omi« oder sie titeln »Großmama räumte Bank aus«.

In keinem Bericht fehlen die drei Enkelkinder, die nun sehnlichst hoffen, ihre Großmutter bald wiederzusehen, denn Regina L. sitzt seit einem Vierteljahr in Untersuchungshaft. Auch der Rest der Familie sei verzweifelt. Schließlich hätte niemand geahnt, was sie trieb, und keines der drei erwachsenen Kinder wusste, wie schlecht es der Mutter ging. Regina L. erklärt dem Richter, dass sie ein ausgezeichnetes Verhältnis zu ihren Angehörigen hat – doch im Gerichtssaal winkt ihr niemand zu. Sie muss ziemlich einsam gelebt haben, bevor sie auf die krude Idee kam, mit einer grauen Locken-Perücke und einem Basecap wäre sie ausreichend für einen Raub gewappnet.

Es ist schwer für die Siebzigjährige, sich auf eine stimmige Lebensgeschichte zu konzentrieren. Mal schwärmt sie von ihrer Familie, dann schildert sie ein tristes Alleinleben. Sie sagt, sie habe immer gearbeitet, mit Männern kein Glück gehabt, manchmal getrunken, aber ihre drei Kinder ohne Sorgen großgezogen. Mit der Wende kam Arbeitslosigkeit, dann Rente – zuletzt achthundertsiebenundachtzig Euro im Monat. Aber das stimmt so nicht ganz. Nur knapp die Hälfte dieses Betrages konnte sie für sich behalten, denn den größeren Teil bekamen zwei Banken, bei denen sie vor Jahren Kauf-Kredite aufnahm. Sie brauchte eigentlich nichts, aber bestellte aus Katalogen, was das Hochglanzpapier hergab: Bekleidung, die sie nicht trug, Haushaltszeugs, für das sie keine Verwendung hatte, Krims und Krempel, der ihr nicht einmal besonders gefiel. »Zuletzt hatte ich fast 50.000 Euro Schulden«, gesteht Regina L. Doch auch davon wusste in der Familie angeblich keiner etwas. »Ich schämte mich so«, gibt die Angeklagte zu Protokoll, »dass ich mit Geld einfach nicht umgehen konnte.«

Daheim, in ihrer Wohnung, stapelten sich Rechnungen auf und Mahnungen, Mieten blieben unbezahlt, der Strom war schon abgestellt, und bis zur Androhung einer Räumung hätte es wohl nicht mehr lange gedauert. »Das war meine größte Angst, dass ich die Wohnung verliere«, klagt Frau L. und hofft auf Verständnis. Aber die Frage des Richters, warum sie nicht ein einziges Mal Rat bei Mieterverein, Schuldnerberatung oder vielleicht doch den Kindern suchte, die kann sie nicht beantworten. »Es ging mir ja eigentlich gut, da glaubte ich nicht, ich wäre ein Fall für solche Stellen.«

»Bitte, Frau L.«, grummelt der Richter, sonst durchaus geduldig, »erzählen Sie mir nicht, Sie hätten keine Ahnung, wo man Hilfe bekommt. Sie haben vierzehn Jahre lang in einer Rechtsanwaltskanzlei gearbeitet. Sie kannten solche Fälle. Sie haben in den Briefen und Aktenstücken, die sie getippt haben, viele Male Ratschlag und Hoffnung gegeben. Sie sind nicht so dumm, wie Sie tun.« Das sei lange her, sagt Frau L. Auf ihre Zeit als Anwaltsgehilfin möchte sie lieber nicht angesprochen werden. Auch ihr Verteidiger blockt ab. Es ging nämlich durch die bunten Blätter, dass sie einst auch für Gregor Gysi, den Politiker, gearbeitet haben soll, als der in der Hauptstadt der DDR noch Mitglied eines größeren Anwaltskollegiums war. Es gäbe jetzt wohl Wichtigeres zu bereden, moniert der Verteidiger. Seine Mandantin sei siebzig und Rentnerin. Schluss, aus.

Vielleicht hatte sie Pech, dass der erste Überfall gelang. Wäre es beim Versuch geblieben, sie müsste wohl nicht um die nächsten Jahre bangen. Aber Regina L. war weder kopflos, noch in Panik vorgegangen. Sie hatte das Terrain mit einer gewissen Raffinesse ausgeguckt: eine Sparkasse eher am Stadtrand, gut zu erreichen, aber nicht überlaufen, die S-Bahn nahe genug, um nur ein kleines Stück des Wegs mit einem Taxi fahren zu müssen. Regina L. hatte schließlich kein Geld ... »Warten Sie einen Moment«, wies sie den Fahrer an, als sie sah, dass keine zu junge, forsche Angestellte in der Sparkasse bediente und auch kein Kunde drin war. Sie betrat die Filiale, legte Stoffbeutel und den Bestell-Zettel (»Bitte große Scheine!«) auf den Tresen, die Kassiererin schaute zögerlich auf die Rentnerin vor sich, unsicher noch, ob es ernst sei (»Gehen Sie wieder, ich habe Alarm ausgelöst, die Polizei ist gleich hier«, soll sie zunächst gesagt haben). Aber die alte Dame rief flehend: »Nun machen Sie schon!« und zog plötzlich eine Pistole. Dass die ungeladen war und eine Gaspistole, konnte die Angestellte nicht wissen, und so tat sie, wie ihr befohlen, und packte fast 8.000 Euro in die Tasche. Das wartende Taxi brachte die Räuberin anstandslos zur S-Bahn zurück.

Womöglich hatte Frau L. ja gehofft, so eine Bank hätte mehr Geld auszuhändigen, so viel, dass sie all ihre Sorgen mit einem Schlag würde tilgen können. Gern hätte sie die drückenden Kredite gleich im Stück abbezahlt, und wer weiß, ob in den Geldhäusern jemand mitgedacht hätte und misstrauisch geworden wäre. So aber reichte die Summe gerade mal, um die ärgsten Mietschulden zu begleichen und fleißig weiter bei Versandhäusern zu bestellen. So, wie sie es schon seit Jahren tat – ohne rechten Sinn und ohne jede Not. Doch das Blättern und Aussuchen brachte immerhin Abwechslung ins Leben. Wenn die Post kam, war der Reiz verflogen. Sie packte die Tüten und Pakete selten aus.

Der Richter zeigt Fotos aus Frau L.s Wohnung, die kleine, rundliche Person senkt den Kopf. »Ja, ich weiß, es sieht aus wie bei einem Messie. Ich hab mich ja selbst dort nicht mehr wohlgefühlt. Deshalb bin ich oft raus, einfach nur raus. Bin draußen umhergegangen und habe gegrübelt. Ich hatte bei all diesen Sachen komplett den Überblick verloren.«

Nach Monaten, als ihr wieder mal die Decke auf den Kopf fiel, erinnerte sie sich an den Erfolg mit der Sparkasse. Perücke, Pistole, Einkaufsbeutel und Zettel waren noch griffbereit, letztere sogar in verschiedenen Varianten verfasst, wie die Polizei später bei einer Wohnungsdurchsuchung feststellte. Die Busfahrt endete diesmal vor einer Postfiliale mit Schreibwarenladen. Aber der Raubversuch schlug fehl. Wieder stand die betagte Kundin vor einer Kassiererin, wieder legte sie ihre schriftliche Drohung vor (»Geben Sie mir Geld in großen oder etwas kleineren Scheinen. Ich habe eine Waffe!«), doch die junge Frau, die bediente, fand die Szenerie mit der verkleideten Alten so absurd, dass sie lauthals rief: »Von mir kriegen Sie nichts, verlassen Sie auf der Stelle das Geschäft. Und lustig finde ich das auch überhaupt nicht!!!« Frau L. drehte sich um, ohne zu widersprechen. Zwei Jahre lang traute sie sich keine weiteren Aktionen mehr zu. »Ich vergrub mich in der Wohnung, hatte nur Angst, dass man mich findet. Aber zu Hause war es auch unerträglich.«

Am Ende brachte sie ein Bier ins Gefängnis. Der Wirt einer Gaststätte in Berlin-Mitte, der das Fahndungsfoto der alten Dame mit den grauen Locken und dem Basecap nach dem ersten Überfall in der Zeitung gesehen hatte, erinnerte sich an eine Frau, die gelegentlich zum Mittagessen vorbeigekommen war. Er wusste zwar nicht, wie sie hieß, versprach den Ermittlern aber, anzurufen, falls die Frau wieder auftauchte. Das geschah lange nicht – oder er bemerkte es nicht. Dann, im letzten November, saß sie bei ihm und bestellte das Bier. Als die Polizei eintraf, gab sie alles zu.

»Ich möchte nur endlich wieder nach Hause«, sagt Regina L., als sie im Prozess das letzte Wort bekommt. »Die Familie ist jetzt das Wichtigste für sie«, hatte ihr Verteidiger zuvor schon fast feierlich beschworen. Er weiß, wie wichtig es ist, seiner Mandantin ein stabiles Umfeld zu bescheinigen, eines, das sie abhalten wird, je wieder straffällig zu werden. Unter solchen Umständen kann das Gericht auf das Verbüßen einer Haftstrafe verzichten. Er appelliert auch daran, das »hohe Alter der

Frau« zu bedenken und »die Lebenszeit, die ihr noch bleibt«. Es klingt tragisch.

Vielleicht zu tragisch. »Nein, einen Freifahrtschein stellen wir hier nicht aus, nur weil jemand über siebzig ist«, bekundet der Richter. »Das Bild der armen, leidenden Oma haben wir zur Kenntnis genommen, aber wir sehen das etwas anders.« Und da Alter vor Strafe nicht schützt, verurteilt er Regina L. zu drei Jahren Gefängnis. Immerhin mit der Empfehlung eines offenen Vollzugs.

## Sei endlich lieb

*Wenn Wut keine Grenzen kennt: Erst warf er den Fernseher aus dem Fenster, dann den Hund. Und eines Tages den Sohn.*

Tobias ist nicht aus dem Fenster gestürzt, nicht von allein. Sein Vater hat ihn hinabgestürzt. Tobias stand im Weg und störte. Da nahm er ihn und warf ihn weg. Dreizehn Meter tief. Das sind die Fakten. Und was ist die Wahrheit?

Dass der Mann seinen Dreijährigen töten wollte, endlich, nachdem er sich schon oft über ihn geärgert hatte? Oder dass er innerlich ohne Vorwarnung explodierte und dass eigentlich gar nicht Tobias gemeint war mit der Tat, sondern der Mann nur ziellos seine ganze Charakterschwäche abreagierte in jenem Moment?

Achtunddreißig Jahre alt ist Detlef S., ein rundlicher, kleiner Mann, kein Bulle, eher unauffälliger Durchschnitt, sieht man vielleicht von der Glatze ab, die sich auf seinem Kugelkopf fröhlich ausbreitet. Fünf Kinder hat er in die Welt gesetzt, drei leben bei seiner ersten Frau, er hat sie lange nicht gesehen. Wie alt die denn jetzt seien, möchte der Richter gern wissen. Detlef S. überlegt kurz, sagt dann »ungefähr zehn«. Alle drei? stutzt der Richter. Der Vater zuckt die Schultern. Wie alt seine beiden Kinder aus zweiter Ehe sind, weiß Detlef S. etwas genauer: Sandra ist drei, Tobias inzwischen vier.

Am Abend jenes 6. Mai war an Tobias' vierten Geburtstag nicht zu denken. Als gegen 17.45 Uhr die Feuerwehr zur Hoyerswerdaer Straße in Berlin-Hellersdorf gerufen wird, liegt der Dreijährige leblos auf dem Gehweg vor dem Haus Nr. 34, nach einem Sturz aus dem fünften Stock. Mit schwersten inneren Verletzungen kommt er ins Krankenhaus Friedrichshain, in einer Notoperation diagnostizieren die Ärzte Milz und Lungenriss und müssen wegen nicht nachlassender Blutungen die Milz entfernen. Niemand wagt eine Prognose. Hoffen Sie auf ein Wunder, tröstet man die Mutter.

Der Vater wird zur gleichen Zeit bereits von der Kriminalpolizei verhört, denn wenn Tobias nicht überlebt, dann hat er ihn getötet. An steifen Armen aus dem Fenster gehalten und fallen gelassen. Dafür gibt es Zeugen, und Detlef S. bestreitet auch gar nichts. »Sei endlich lieb«, soll der den Jungen noch angebrüllt haben. Daran allerdings kann er sich nicht mehr erinnern. Nur daran, dass Tobias »plötzlich da unten lag«.

»Wie würden Sie Ihr Verhältnis zu Tobias beschreiben?« fragt der Vorsitzende der 29. Strafkammer den Angeklagten. Und der schaut den Richter erstaunt an ob der Frage und antwortet laut und verständlich: »Gut war das Verhältnis. Wirklich. Ich habe mit dem Kleinen immer gern rumgetobt und gespielt. Das war schon okay.« Dann stockt er einen Moment, merkt, dass noch irgendwas fehlt, und setzt hinzu: »Na, bis auf diesen schrecklichen Unfall eben.«

Dass dieser Unfall kein Unfall war, weiß niemand besser als Detlef S. selbst. Aber er versucht, es zu verdrängen. Zum einen, weil er sich sonst als ganz »friedlichen Menschen« sieht. Zum andern, weil die Anklage auf Mord lautet, versuchten Mord. Fahrlässige Körperverletzung klänge entschieden besser, auch versuchter Totschlag ginge noch an, zumindest steht darauf eine geringere Strafe. Nicht zuletzt käme eine Rauschtat in Betracht. Das wird ihm sein Verteidiger eindringlich erklärt haben. Und so benutzt Detlef S. immer wieder nur die gleichen Begriffe: dieses Unglück, das Schreckliche, die Katastrophe. Wie alles genau war, am 6. Mai letzten Jahres, liegt verborgen in einem dicken Dunst aus Suff und Vergessen.

Sicher ist nur, dass sich Detlef S. mit Tobias in der Wohnung eines Bekannten aufhielt, dass der Dreijährige dort spielte, auch mal allein runtergeschickt wurde und ziemlich lange verschwunden blieb, dass die Männer versuchten, ein Zimmer zu renovieren, und sich dabei kräftig mit Alkohol stärkten. Wie viel sie tranken, wie lange Tobias weg war, wann seine Mutter dazukam und das Chaos erlebte, warum sie den Jungen nicht mit nach Hause nahm – keine Antwort. Jeder der Zeugen erzählt seine Version des Hergangs, und die Mutter schweigt. Gegen sie ermittelt der Staatsanwalt wegen böswilliger Vernachlässigung ihrer Kinder. Klein ist sie, keine achtundzwanzig, und zart und blass wie ein Schulmädchen. Detlef S. hat auch sie geschlagen.

Ja, er trinkt hin und wieder schon mal ein Bier und einen Schnaps über den Durst, das gibt der Angeklagte ohne Umschweife zu. Das täten ja viele. Und jetzt, wo er keine Arbeit mehr habe, käme es auch nicht so drauf an. Früher, als er noch Bauhelfer war, und davor, als Lackierer, da hätte er nur manchmal zum Feierabend ein, zwei Bierchen getrunken. Nun aber, mit der vielen freien Zeit im Nacken, da träfe er sich eben öfter mal mit Kumpels. Für den Zeitpunkt der Tat weist der Bluttest auf einen Alkoholwert von drei Komma zwei Promille.

Claudia, seine Frau, mochte das eigentlich nicht. Aber wenn Detlefs Saufbrüder zu Besuch kamen, dann verpflegte sie eben alle. Mit Essen und Bier. Und am Abend vor jenem 6. Mai soll sie auch nichts dagegen gehabt haben, dass Tobias mit zweien der Kumpane mitging und in dessen Wohnung in der Nähe übernachtete. Die Männer waren schließlich immer ganz lustig mit den Kindern. Vielleicht war sie ja auch nur froh, dass der lebhafte – die Psychologin sagt: hyperaktive – Knabe mal ein paar Stunden aus dem Haus war. Seit einigen Tagen durfte Tobias nämlich nicht mehr in den Kindergarten. Frau S. erzählte der Polizei, man hätte ihr den Platz weggenommen. Das Jugendamt des Bezirks verteidigt sich mit der Begründung, die Eltern hätten seit längerem das Geld nicht mehr bezahlt und ein Angebot auf Ratenzahlung in den Wind geschlagen, erst da hätte man den Platz entzogen. Eine Mitschuld am Unglück träfe die Mitarbeiter deshalb nicht. Tobias' Betreuerinnen aber wussten sehr wohl, dass der Junge zu Hause nicht vernünftig betreut wurde. Wie oft war der Vater schon ausgerastet, hatte den Jungen geschlagen, ihm Türen vor den Kopf geknallt, auch Frau und Tochter grob angefasst. Nachbarinnen erzählen, dass sie Angst vor dem Mann hatten, der so unberechenbar war und jähzornig.

»Ick kann wirklich nüscht Schlechtes über Herrn S. sagen«, beteuert auch einer der beiden trinkfreudigen Kumpels, »aber anlegen sollte man sich besser nich mit ihm. Wehe, wenn der wütend wurde. Da hab ick selbst mal wat vorn Kopp bekommen. Aber sonst is er janz normal.« Der Freund schaut aus treuen Augen zum Richter. Er war zwar dabei, als sich Detlef S. an Tobias vergriff, doch genau gesehen hat er es nicht. Zum Glück musste er gerade zur Toilette. Als die beiden Zeugen damals von der Polizei vernommen wurden, ließen sie keinen Zweifel am Tathergang: Sie hätten eine Pause beim Tapetenabreißen gemacht, der Junge sei zum Spielen in das Zimmer gekommen, ihm wäre wohl ein bisschen langweilig gewesen, er wollte mithelfen, flitzte auch mal durch den Dreck – und all das hätte Detlef S. so in Rage gebracht, dass er Tobias anbrüllte, packte und aus dem Fenster warf. Jetzt, neun Monate später, ist die Erinnerung eher mager. Eigentlich hätte der Junge ja gar nicht gestört, und von einem Streit wüssten sie auch nichts. Detlef S. aber ist sich sicher. Er hatte sich mit seinem Kumpel K. ganz heftig gestritten, weil er, der Vater, Tobias eigentlich nach Hause bringen wollte. »Zwischen all dem Malerzeugs, das war nichts für ihn. Außerdem hatten wir ja schon ganz schön gepichelt.« An die acht Büchsen Bier jeder und dazu allerlei Schnaps. Er Braunen, die Freunde Klaren. Als die Kripo kam, fand sie eine leere und zwei fast leere Flaschen vor. »Über den Streit war ich wütend«, sagt Detlef S. »Mit Tobias hatte das gar nichts zu tun. Aber ich kriege mich dann einfach nicht unter Kontrolle, werde so unruhig und nervös, und dann explodiere ich halt.« Er senkt den Kopf, will sagen: So bin ich einfach. Ich kann nichts dafür …

Vielleicht klingt diese Erklärung allzu bequem, aber auch der Neurologe, der sich im Auftrag des Gerichts mit dem Angeklagten befasst hat, kommt zu einem ähnlichen Ergebnis. Er beschreibt eine Persönlichkeit, die mit Konflikten nie umzugehen gelernt hat. Die sich krankhaft impulsiv gebärdet, wenn sie sich angegriffen, beleidigt oder provoziert fühlt. Die Unsicherheiten und Ärger in sich hineinfrisst und aus einem unkontrollierten Impuls heraus mit sinnlosen Tätlichkeiten reagiert. Vor elf Jahren warf Detlef S. einen Hund von der Brücke, der ihn anbellte. Kurz vor der Wende stieß er, unterwegs, um Alkoholnachschub zu kaufen, einen alten, brubbeligen Mann auf der

Straße so heftig vor die Brust, dass der rückwärts aufs Pflaster schlug und an den Verletzungen starb. Nach zwei Jahren Haft kam S. frei, die Auflage des (noch DDR-) Gerichts aber, er habe sich in fachärztliche Betreuung zu begeben, war 1991 vergessen. Seine Probleme blieben.

Drei weitere Verurteilungen stehen in den Akten: Geldstrafen wegen Vergehens gegen den Tierschutz, weil Detlef S. wenig später zweimal binnen weniger Monate derart in Rage geriet, dass er seine noch jungen Schäferhunde vom Balkon warf, beide verendeten. Einmal ergriff er den Fernseher und wuchtete ihn in die Tiefe. Der Grund war immer der gleiche: »Ich hatte mich vorher über irgendwas geärgert. Und dann überkommt mich so eine Unruhe … Wie bei Tobias.«

Warum sich nach all den Signalen und abstrusen Taten nie ein Facharzt dieses Mannes annahm, bleibt ein Geheimnis von Recht und Gesetz und ganz praktischer Justiz. Unbehandelt – und das muss wohl nicht erst der medizinische Gutachter klarstellen – ist und bleibt Detlef S. ein gefährdeter und gefährlicher Mann. Der Sachverständige erklärt, was der Angeklagte dringend benötigt: eine konsequente Verhaltenstherapie, ein gezieltes Anti-Aggressions-Training, langfristige psychiatrische Betreuung, auch stationär.

Das Gericht indes setzt die Strafe vor die Therapie: sechs Jahre Haft, dann erst Einweisung in die Psychiatrie. Noch ist der Vater innerlich sehr mit dem Vorfall beschäftigt, mit seinen Aggressionen, die ihm wohl selbst Angst machen. Suizidversuche zeugen davon. Sechs Jahre Haft aber können auch abstumpfen.

Vier Tage lang lag Tobias nach dem Sturz auf der Intensivstation. Künstlich beatmet und künstlich ernährt. Dann konnten die Ärzte wirklich von einem Wunder sprechen, der Dreijährige hatte den Wutausbruch seines Vaters überlebt. Er wird –

ohne Milz – zeitlebens krankheitsanfälliger sein und vielleicht immer eine dunkle Angst in sich tragen, aber er ist gesund geworden. Nun muss die Zeit für Tobias arbeiten. Noch glaubt er, er sei Schuld an dem Unglück, habe seinen Vater geärgert. Bei Pflegeeltern lernen Tobias und seine kleine Schwester etwas kennen, was ihnen bisher vorenthalten blieb: eine ruhige, ausgeglichene, zugewandte Familienatmosphäre. Einige Stunden in der Woche besuchen sie ihre Mutter Claudia.

## Habt ihr ein Problem?

*Ein Blick genügt, ein beiläufiges Wort. Wer Krieg will, braucht keinen Anlass. Einen jungen Türken kostete das in der Berliner U-Bahn beinahe das Leben.*

Seit dem 14. September sitzt Dirk K. in der Untersuchungshaft, ein knappes halbes Jahr. Ungläubig schauen ihn die Zeugen an, die einen Vorfall schildern sollen, der sich am letzten Augustmontag zutrug. Damals sahen sie einen martialisch gestylten jungen Mann, der ihnen Angst einflößte: glattrasierter Schädel, Springerstiefel, wadenlange, derbe Hosen, die nackte Haut an Kopf und Beinen voller symbolträchtiger Tätowierungen. Stolz und Treue stand da in zentimenterhohen steilen Lettern geschrieben, das eiserne Kreuz prangte. SS-Runen will jemand gesehen haben.

Jetzt sitzt ihnen ein braver Jüngling gegenüber, adrett im hellblauen Hemd, heller Bundfaltenhose, flachen Schuhen. Über die eingebrannten Worte auf seinem Kopf sind die Haare gewachsen. Nichts verrät mehr die damals provokant zur Schau getragene Ideologie des zweiundzwanzigjährigen Gerüstbauers aus Marzahn: ein Skinhead zu sein, der sich seiner Wurzeln bewusst ist, der aus der Arbeiterklasse kommt, der »working class«, Ordnung und Fleiß und Disziplin für das wichtigste im Leben hält und das Chaos nicht verstehen kann, dass ihm in dieser Welt begegnet. Als er dreizehn, vierzehn war, rauschte die große Freiheit über die kleine DDR hinweg, und Dirk K. konnte mit ihr nichts anfangen. Eben noch Geregeltes galt nicht mehr, für die Ewigkeit Gefügtes löste sich auf. »Aber zu irgendwas muss man sich doch bekennen«, sagt er einmal im Verlauf der Verhandlung. »Man will doch zeigen, wofür man steht.« Wofür aber steht einer wie Dirk K.?

»Das hat man gerade bei unsicheren, wenig selbständigen Jungs öfter, dass die sich einen Panzer anschaffen, um ihren Selbstwert zu finden«, erläutert der psychiatrische Gutachter, der sich im Auftrag des Gerichts mit Dirk K. befasst hat. Fremdes mache ihnen Angst, dagegen wappnen sie sich mit einem äußeren Schutzschild und Drohgebärden. Tattoos spielten dabei eine wichtige Rolle. »Alle Symbole am Körper des Angeklagten sind sorgsam ausgewählt und bewusst platziert. Sie umschließen ihn wie eine Ritterrüstung.« Eisern trainieren die jungen Märtyrer ihre Körper, wollen unangreifbar sein. Hart zu arbeiten macht sie stolz, hebt sie über Schwächere. Ihre Vorbilder finden sie in den germanischen Epen. So etwa deutet der Sachverständige das, was Dirk K. ihm erzählt hat von sich. Er malt das Bild eines intelligenten Halbwüchsigen, der zur Skinhead-Szene fand und sich in ihrem breiten Spektrum als »Traditionalist« einordnet: kein Nazi, kein Schläger, »ein nordischer Krieger eher, stolz und ehrlich und unbezwingbar«.

Das klingt sehr archaisch und passt so gar nicht zu dem, was am 24. August passierte. Da nämlich schlug Dirk K. in der

U-Bahn einen anderen brutal und feige nieder, weil der ihn »dumm angemacht« hätte. Der andere war ein junger Türke.

Ergün E., zwanzig, in Berlin aufgewachsen und nach dem Abitur in eine kaufmännische Lehre eingestiegen, hatte großes Glück, dass er diesen Schlag überlebte. Der Sinus rectus, ein Blutleiter im Schädel, lag kaum einen Zentimeter neben der klaffenden Wunde, mit der er nachts ins Unfallkrankenhaus eingeliefert und sofort operiert wurde. Blutungen mussten gestoppt, Knochenabsplitterungen entfernt und verletzte Nervenstränge versorgt werden. Ergün E. überstand die Operation ohne Komplikationen, die Gefahr, dass Spätfolgen auftreten, können die Ärzte allerdings nicht ausschließen. Epileptische Anfälle beispielsweise wären nach einem Lufteintritt ins Gehirn jederzeit möglich. Aber sie wollten nicht den Teufel an die Wand malen. Im Moment ginge es ihrem Patienten recht gut.

Falls Ergün E. noch am Trauma jenes Abends leidet, so gibt er sich vor Gericht zumindest alle Mühe, das nicht zu zeigen. Locker und selbstbewusst tritt der schmale Knabe auf, schaut seinem Widersacher ins Gesicht, wundert sich, wie ein halbes Jahr Knast optisch verändern kann: »Sie hätten den damals mal sehen sollen, das war ein richtiger Nazi!«

Genau das muss der Zwanzigjährige damals auch gedacht haben. Und wahrscheinlich hat er es ebenso unverblümt gesagt. Das zumindest beteuert der Angeklagte immer wieder. Nach seiner Darstellung stiegen an einer U-Bahn-Station im Berliner Bezirk Wedding zwei junge Türken in den Wagen, in dem Dirk K. schon saß, nahmen schräg gegenüber Platz und starrten ihn an. Das fand er schon unverschämt genug, aber dass er nun auch noch Worte wie »Nazischwein« und »Faschist« aus ihrem Mund hören musste, war der Gipfel. »Ich lasse mich doch nicht beleidigen, bloß weil denen mein Outfit nicht passt!« rebelliert er noch ein halbes Jahr nach dem Vorfall. Nun allerdings um vieles gezähmter. »Habt Ihr ein Problem?« will er Ergün E. und dessen Freund damals nur gefragt haben – schon seien die beiden aufgesprungen und hätten die Fäuste geballt. »Ich musste mich doch verteidigen. Sonst hätten die mich fertiggemacht.« Ein Feldspaten war seine Waffe, eingewickelt in eine blaue Plastiktüte. Er hielt ihn am Griff und schlug hart und gezielt zu. Warum fährt ein Skin mit einem Feldspaten in der Hand zu einem Tattoo-Termin in den Wedding? Weil er sich, allein, ohne Waffe, unsicher fühlt? Weil er auf der Straße immer irgendwie auf dem Kriegspfad ist? Oder aus Hilfsbereitschaft, wie er sagt, weil ein Kollege aus Treptow das Gerät am nächsten Tag für eine Baustelle brauchte, und er es ihm bringen wollte? »Dass ich den Spaten dabei hatte, war mir gar nicht richtig bewusst, als die Prügelei anfing. Ich musste mich doch nur schützen!«

Die beiden türkischen Jungs schildern die Sache erheblich anders. Aus ihrer Sicht waren sie diejenigen, die im Zug feindselig angestarrt worden seien – von Dirk K. »Als wir einstiegen, hatten wir ihn zwar schon gesehen. Ein echt auffälliger Typ. Aber die U-Bahn war voll, da hatten wir keine Bedenken, uns in die Nähe zu setzen. So ängstlich sind wir nun auch nicht.« Zu zweit fühlten sie stark, zumal Ergüns Freund Yllmar, gerade Bundeswehrsoldat, in Uniform unterwegs war. Sie hätten nur beim Einsteigen, ganz kurz, über den Rechten da in der Ecke getuschelt, dann nicht mehr. Auf gar keinen Fall hätten sie den Herrn »Nazischwein« oder »Faschist« tituliert.

Wie es dann sein kann, dass der Angeklagte diese Worte dennoch verstanden habe, möchte der Vorsitzende Richter von Ergün E. gerne wissen. Schließlich gäbe es auch Protokolle früherer polizeilicher Vernehmungen, in denen sie eingeräumt hätten, dass solche Worte gefallen sein könnten. Unsicher schaut der Zwanzigjährige den Richter an, dann kommt ihm eine Idee: Ein türkischer Film sei ihr Gesprächsstoff gewesen, ein Video in Slapstick-Manier. »Da ging es um einen Großgrundbesitzer der die Leute in seinem Dorf voll ausnutzt, den haben wir ›Fascho‹ genannt. Nicht den Angeklagten.«

In den Protokollen allerdings war von einem solchen Film nie die Rede, und das Gericht betrachtet die Aussage deshalb als eine Art Schutzbehauptung, zumal sich Ergün E. und sein Freund schon in einer Verhandlungspause auf dem Flur allzu offensichtlich über den vermeintlichen Film unterhalten haben. Zugunsten des Angeklagten geht das Gericht davon aus, dass auch die beiden türkischen Jungs durchaus ihren Anteil an der Eskalation des Geschehens hatten. Dass sie nicht ganz so unbeteiligt in die Prügelei gerieten, wie sie es gern darstellen möchten.

Trotzdem schildert der Bundeswehrsoldat als Zeuge alles genau so wie sein Freund. Ihr argloses Einsteigen in die Bahn. Das Gespräch über den Film. Den Wutausbruch des Angeklagten. Dass er, der Türke, eine Uniform trug, muss den Angeklagten wohl irritiert haben. Jedenfalls habe er sie so provokativ angestarrt, dass sie aufmerksam wurden und zurückschauten. »Was guckt ihr so, ihr Eierköppe?« soll Dirk K. sie plötzlich angebrüllt haben. »Der sprang ganz wild auf und stellte sich wie drohend vor uns hin. Da blieben wir natürlich nicht sitzen.« Sie versuchten, ihn abzudrängen. »Da holte der mit seiner Tüte aus. Ich konnte das abblocken, habe aber gemerkt, dass was Hartes in der Tüte war. Ich wusste nicht was. Ich wollte Ergün noch warnen, aber da schlug der Glatzkopf schon zu. Mein Freund hatte gar keine Chance.«

Nach dem schweren Schlag auf den Kopf stürzte Ergün E. zu Boden, Blut strömte aus der Wunde, seine linke Körperhälfte reagierte nicht mehr. Eine Mitfahrerin zog die Notbremse. Daran, wie der Streit begann, kann aber auch sie sich nicht erinnern. »Ich schaute erst auf, als der Skin mit der Tüte zuschlug.« Niemand, der an jenem Abend mit im U-Bahn-Abteil fuhr, hat beobachtet, wie das Drama begann. Alle, die in der Nähe standen, wichen zurück. Wer wen provozierte, wer zuerst angriff – das kann angeblich keiner sagen. Das Ende aber sahen alle. Doch auch von diesen Augenzeugen meldeten sich nur zwei bei der Polizei. Immerhin konnten sie den Täter so plastisch beschreiben, dass es gelang, ihn drei Wochen später festzunehmen. Aufgrund eines Phantombildes. Als der Zug nach der Attacke im nächsten Bahnhof hielt, hatte der saubere Krieger nämlich nichts Eiligeres zu tun, als zu fliehen. Niemand hielt ihn auf. »Kann es jetzt endlich weitergehen?« soll auch der Zugführer, ungnädig über die Unterbrechung, am Tatort gebrummt haben. Als die Polizei zehn Minuten später eintraf, waren Zug und Zeugen längst weg. Und der Täter auch.

Vielleicht war diese Flucht das letzte Mosaiksteinchen, das die Richter zu der Überzeugung führt, dass Dirk. K. keineswegs aus Not auf seinen türkischen Altersgefährten eingeschlagen hat. Spätestens in dem Moment, als der Blickkontakt da war, die verbale Herausforderung, habe Dirk K. sie sofort angenommen. Er war von Anfang an zur Konfrontation bereit. Seine Waffe verlieh ihm Macht, und er hat sie rücksichtslos eingesetzt. Auch auf die Gefahr hin, dass der andere es nicht überleben würde. So heißt es im Urteilsspruch. Versuchter Totschlag; drei Jahre Gefängnis.

Sorgsam vermeidet es die Strafkammer, Worte wie rechte Gesinnung oder Ausländerhass in ihr Fazit einfließen zu lassen. Ein Jugendkonflikt eben, traurig, aber im Trend der Zeit. Darauf hatte zuvor auch schon der Verteidiger bestanden: Dass man seinem Mandanten keine politischen Motive unterstellen möge. Ein Skinhead sei noch lange kein Rassist, der Angeklagte ein sauberer, ehrlicher Junge. Ähnliche Sätze hört man von diesem Anwalt öfter. Auch in anderen Prozessen, wenn es um verbotene Nazisymbole geht, um den illegalen Vertrieb rechter CDs oder Aufstachelung zum Völkerhass. Der zarte Mittvierziger gilt als Spezialist für die Unpolitischen: Bis vor wenigen Jahren noch verband ihn sehr viel mit der inzwischen verbotenen Wiking-Jugend. Er war ihr Bundesführer.

## Wie klingt ein Schuss

*Immer wieder müssen sich Polizisten wegen schwerer Körperverletzung vor Gericht verantworten. Diesmal soll ein Zivilfahnder die Frage beantworten, warum er auf einen Menschen schoss. Es fällt ihm schwer.*

Roland N. könnte Angst gehabt haben. Das wäre vorstellbar. Roland N. ist Polizist. Darf ihn da keine Angst überkommen, wenn er nachts einen schwarzen BMW mit vier Insassen verfolgt, von denen er annimmt, dass sie keine harmlosen Spazierfahrer sind? Der Wagen wurde geklaut und trägt ein falsches Kennzeichen: OHV – BE 792. Das hat ihm die Zentrale soeben bestätigt. Mehr wissen Roland N. und sein Kollege nicht über das Fahrzeug und die Männer im Innern. Aber sehen die Typen nicht verdammt südländisch aus? Und gab es nicht gerade in diesen Wochen immer wieder überfallartige Einbrüche in Läden und Lauben in den nordöstlichen Vororten von Berlin, in BAR – Barnim, OHV – Oberes Havelland und MOL – Märkisch-Oderland? Als Täter vermutete die Polizei illegal eingereiste Rumänen und Jugoslawen.

Roland N. und sein Kollege, im zivilen Einsatz, nehmen an jenem 3. November die Verfolgung des gestohlenen Autos auf, folgen ihm von der leeren Landstraße auf die Autobahn, verlieren es irgendwann aus den Augen. Ihr kleiner Golf ist eben kein Siebener BMW. Doch weit kann das gestohlene Fahrzeug nicht sein. Die Beamten bleiben auf der A10 und werden wenig später fündig: Der schwarze Wagen steht vor einer Zapfsäule an der Autobahntankstelle Seeberg. Ein etwa Dreißigjähriger ist ausgestiegen, das Benzin läuft schon in den Tank, da biegt die Zivilstreife in die Zufahrt und stellt sich in die Nachbarspur. Videoaufnahmen halten das Geschehen genau fest. Aber das wissen in diesem Moment weder die Fahnder noch die Beobachteten. Interessiert schaut der Mann an der Tanksäule ein paarmal zu dem Neuankömmling hinüber, schließt dann in Seelenruhe den Tankdeckel, fingert Geld aus der Hosentasche, schaut auf die Anzeige und macht keinerlei Anstalten, sich zu beeilen. Nebenan steht der Golf. Eine Minute lang rührt sich nichts. Ob der Motor des Polizeiwagens läuft, hört man nicht. Die Videoaufnahmen der Tankstelle haben keinen Ton. Dann geht die Fahrertür des Golf kurz auf und sogleich wieder zu, das Auto fährt unvermittelt an, biegt – ohne getankt zu haben – rechts aus der Spur und stellt sich schräg vor den BMW: Ein kräftiger Kerl in zu kurzer Bundjacke springt aus dem Golf, die Pistole im Anschlag.

Mit einem geduckten Satz hechtet der bisher so gelassen wirkende BMW-Beifahrer in den Wagen. Da fällt der erste Schuss. Eine Kugel zertrümmert die Scheibe auf der Fahrerseite des BMW. Mit einer scharfen Rechtskurve jagt der dunkle Wagen weg. Zwei Schüsse treffen ihn diesmal von hinten in Kofferraumhöhe.

Als die Polizei den BMW Stunden später im Berliner Stadtgebiet findet, fehlt von drei der vier Insassen jede Spur. Der Vierte liegt bewusstlos auf dem Rücksitz, eines der Geschosse hat ihm die Wirbelsäule zerfetzt. Er überlebt. Aber von der Hüfte an ist er gelähmt. Querschnittsgelähmt. Mit vierundzwanzig.

Roland N. sagt nicht, dass er Angst hatte, damals an der Tankstelle. Er redet auch nicht von Panik. »Es war ein Reflex«, sagt er, und es scheint, als hoffe er, für einen »Reflex«, der ihn überkam, mit Milde rechnen zu dürfen. Immerhin stellt sein Verteidiger den Antrag, einen Experten zu hören, der über nicht steuerbare Reflexhandlungen Auskunft geben kann. Vielleicht hat ja das unwillkürliche Zittern seines Mandanten zum Auslösen des Schusses geführt … Am Ende also doch Panik? Immerhin war N. als Polizist im Einsatz, er wusste, wie rabiat manche Verbrecher reagieren, wenn sie in eine Kontrolle geraten. Schon wegen ein paar Promille zu viel, wegen Frust auf der Arbeit oder Zoff mit der Geliebten sind ertappten Verkehrssündern die Sicherungen durchgeknallt, und sie haben versucht, Polizeibeamte umzufahren, niederzustechen oder mit Bierflaschen zu erschlagen. Acht Beamte kamen im Jahr zuvor im Dienst ums Leben. Über die Verletzten führt die Polizei keine zentrale Statistik.

Auch darüber, wie oft Polizisten bei ihren Einsätzen unkontrolliert die Waffe benutzten, gibt es keine verlässliche Auskunft. Dabei schreiben Schusswaffenverordnung und Polizeigesetze der Länder ziemlich eindeutig vor, wann die Hand zur Pistole gehen, wann der Auslöser gedrückt werden darf. Der »finale Rettungsschuss«, der gezielte Schuss, der einen Menschen töten kann, ist offensichtlich auf Notwehr und Nothilfe beschränkt – und damit ausnahmslos auf den Fall, dass der Polizist selbst oder beispielsweise eine Geisel unmittelbar vom Tod bedroht ist und es keinen anderen Ausweg gibt, das Leben zu schützen. Doch was, wenn ein gestohlenes Fahrzeug, möglicherweise von Einbrechern gelenkt, an einer Tankstelle steht und ein südländisch aussehender Mann den Benzinschlauch hält?

»Gab es denn Hinweise darauf, dass die Männer bewaffnet waren?« erkundigt sich die resolute Richterin, die das Verfahren gegen Roland N. vorm Landgericht Frankfurt (Oder) führt. Was soll der Angeklagte da sagen? Er weiß doch genau, dass die Situation ihm eigentlich nicht erlaubt hätte zu schießen – auf die Insassen eines Autos, das abdreht, das davonfährt, ihn und seinen Kollegen nicht gefährdet. Natürlich hat er keine Waffe bei den anderen gesehen. Die gab es nicht. Und alle drei Schüsse, die an der Tankstelle fielen, stammen aus Roland N.s Dienstpistole. Daran besteht kein Zweifel. Ein Schuss von vorn und zwei von hinten. Zur Notwehr gab es keinen Anlass. Aber Panik, die mag den bulligen Polizisten durchaus ergriffen haben. Der Frust, Verdächtige seien ihm entkommen, einfach so. Das Gespür, »das musst du jetzt unbedingt verhindern«, könnte ihm die Nerven geraubt haben.

Im thüringischen Heldrungen starb, es ist noch nicht lange her, ein harmloser Wanderer, weil die Polizei ihn mit dem geflohenen vierfachen Mörder Dieter Zurwehme verwechselt hatte, nach dem sie verzweifelt fahndete. »Wir waren fest davon überzeugt, hinter der Tür würde der bewaffnete Zurwehme stehen«, erinnerte sich ein Beamter, der beteiligt war, als eine überforderte Streife das Hotelzimmer stürmte, in dem sie den Flüchtigen vermutete. Leider irrten die Polizisten. Sie töteten einen anderen.

Bei einer Drogenrazzia in Hagen büßte ein Niederländer fast mit dem Leben, weil er eine missverständliche Handbewegung machte.

In Hamburg schossen Polizeibeamte auf einen Siebzehnjährigen beim Graffiti-Sprayen. Die Farbdose hielten sie für eine Pistole und fühlten sich bedroht. Manchmal lassen sich Sein und Schein nicht auseinanderhalten. Und wer eine Waffe hat, ist potentiell auch gefährdet, sie zu benutzen. Aus Wut, aus Angst, aus Überforderung.

Beinahe bockig stößt Roland N. seine Verteidigungsworte heraus: »Es war ein Reflex. Woher sollte ich denn wissen, ob die nicht schießen?« Mag sein, er hat das Schlagen der eilig zugeworfenen Autotür als einen Knall wahrgenommen. So beschreibt er es. »Ich dachte, es wäre ein Schuss.« Diesen Satz hat er in allen Vorvernehmungen und Untersuchungen gesagt, er wiederholt ihn auch hier. Der Zweifel soll nicht an ihm nagen, und der »Knall« gibt ihm die innere Rechtfertigung, er könne sich ja tatsächlich bedroht gefühlt haben. Es passt zu dieser Idee, dass er sich nur an seinen ersten Schuss erinnert, den frontalen. Schuss zwei und drei sind ihm abhanden gekommen.

»Wenn ich dem Wagen noch hinterhergeschossen haben sollte, dann weiß ich das nicht mehr. Auch nicht, warum.«

Und wenn er es nicht weiß, dann kann es auch das Gericht nicht erfahren, ebenso wenig wie Vasile C., der sechsundzwanzigjährige Rumäne, der im Rollstuhl zur Verhandlung kommt. Solange das Urteil gegen Roland N. nicht gesprochen ist, darf er noch in Deutschland bleiben. Danach wird er abgeschoben. Die Ermittlungen gegen ihn wegen Diebstahls und des anfänglichen Verdachts, an Einbrüchen beteiligt gewesen zu sein, hat die Staatsanwaltschaft inzwischen eingestellt.

# Als der Mann der Worte schwieg

*Ingo R. weiß nicht, wie seine Frau ums Leben kam. Aber er ahnt, dass er die Schuld trägt.*

Dreiundvierzig Jahre alt war Verona R., als sie starb. »Als sie verunglückte«, sagen die Schwiegereltern. »Als sie ums Leben kam«, sagt ihr Mann. »Als Ingo unsere Tochter umbrachte«, sagen ihre Eltern.

Was wirklich geschah an jenem 29. Juni, das weiß aber keiner von ihnen genau. Ingo R. erinnert sich nur, dass sie wieder einmal heftigen Streit miteinander hatten, wie so oft in jüngster Zeit – wie viel zu oft. »Eigentlich haben wir Verona und Ingo immer um ihre konfliktfreie Beziehung beneidet«, erzählen Freunde des Paares. »Obwohl die beiden so grundverschieden waren, kamen sie scheinbar blendend miteinander aus. Sie handfest und lebenslustig, er ein absoluter Kopfmensch, immer überlegt, immer grüblerisch. So was kann gut gehen. Bis sie wegzogen, um sich ein Einfamilienhaus zu bauen, haben wir nie Streit erlebt. Vier Kinder großzuziehen, das hat sie sehr verbunden. Doch der Hausbau muss sie völlig überfordert haben. Emotional, körperlich und finanziell …«

Verona und Ingo R. stürzten sich in ein Wagnis. Sie fanden eine Firma, die ihnen den Hausbau fast ohne Eigenkapital ermöglichte, sie kauften ein Grundstück im Berliner Süd-Osten, am Teltowkanal, und begannen, es mit einer Doppelhaushälfte zu bebauen. Zu sechst zogen sie ein. Dass es mit dem Geld knapp werden würde, das wussten sie. Auch, dass sie umso mehr mit eigener Kraft beim Bau mithelfen müssten. Beton mischen, Steine schleppen, mitmauern, Gräben ausheben, Leitungen verlegen, Fundamente gießen, Terrassen anlegen.

»Verona hat sich nie darüber beklagt«, erinnert sich ihr Mann. Geld, so sagt er selbst, sei ihm früher nicht wichtig gewesen. Plötzlich ersann er strenge Sparstrategien, beäugte alle Ausgaben misstrauisch und fing an, seiner Familie Vorschriften zu machen. »Wie fertig Verona war und wie sehr sie darunter litt, sich in Haus und Hof um alles allein kümmern zu müssen – das hat er doch gar nicht mehr mitbekommen«, klagt ihn die engste Nachbarin an. »Was wusste er denn von seiner Frau? Entweder saß er im Keller an seinem Computer, oder er redete und redete und nervte mit seinen Debatten.«

Doch die 40. Große Strafkammer des Berliner Landgerichts hat keinen Ehestreit zu verhandeln. Es geht um Totschlag. Um den Verdacht, Ingo R. habe seine Frau in einer eskalierenden Auseinandersetzung derart massiv bedrängt und gewürgt, dass sie keine Luft mehr bekam, unter seinen Händen kollabierte und starb. »Was ist passiert, Herr R.? Erklären Sie es mir.« Der Ton der Richterin ist nicht scharf, eher fragend, bittend. Sie ahnt, dass sie diesem schwergewichtigen, massigen Mann mit dem unsteten Blick Zeit geben muss, seine Gedanken zu sortieren. Sie weiß aus der Akte, dass der Softwareprogrammierer Ingo R. kurz vor dem Tod seiner Frau selbst ein medizinischer Notfall war. Dass er »aus heiterem Himmel« zusammengebrochen und von Müllmännern vor seiner Haustür gefunden worden war, hilflos, verwirrt, ohne Sprache. Daran, was damals passierte, kann er sich überhaupt nicht erinnern. Nur, dass er in einer Klinik erwachte und ihm die Worte fehlten. »Ich wollte etwas sagen, aber es ging nicht. Ich brachte keinen Laut raus, obwohl sich in meinem Kopf doch die Sätze formten.«

Das war im April 2004, und das Paar lebte bereits in Trennung, aber unter einem Dach. Verona R. wollte die Scheidung – und er verstand es nicht. Sie nahm einen Untermieter ins Haus, den sie bekochte und verwöhnte. »Mich aber stieß sie vor den Kopf«, jammert Ingo R., »ich sollte sie in Ruhe lassen, unsere Zeit sei vorbei, sie hasse mein ewiges Diskutieren, und ich sei zu nichts nutze, beschimpfte sie mich. Es war wie eine Kriegserklärung. Aber warum? Ich wollte sie nicht verlieren, doch ich konnte ihr auch nicht folgen. Sie hatte doch alles …« Sein Selbstmitleid wird die Aussprachen nicht leichter gemacht haben.

Ingo R. bricht immer wieder ab, wenn er vom letzten Frühjahr spricht und den Veränderungen bei seiner Frau, die ihm so gar nicht passten, die ihm vorkamen, »wie eingeredet«. Nach zweiundzwanzig gemeinsamen Jahren … Er verhaspelt sich in seinen Gedanken, sieht in der Rückerinnerung nur, wie er den Boden unter den Füßen verliert. Die beiden volljährigen Kinder, die mit den Eltern noch zusammenwohnten und in deren Ehekrieg über Wochen involviert waren, bestätigen vor Gericht, dass diese Trennungsphase zur Hölle geriet. Für beide Elternteile – und für sie. »Wann immer sie begannen, darüber zu reden, endete es im Streit. Jeder gab dem anderen die Schuld. Sie zankten und weinten, und wir steckten mittendrin. Aber Papa ließ sich damals auch wirklich sehr gehen. Das ertrug Mama wohl nicht mehr.« So sieht es Rico, der Zwanzigjährige.

Genau in diese Zeit fällt des Vaters mysteriöser Zusammenbruch. Sechs Wochen lang lag Ingo R. damals in einer psychiatrischen Klinik, weil sich die Ärzte nicht erklären konnten, was mit ihm los war. Warum er plötzlich nicht mehr sprach. Seine Frau vermutete, es sei eine perfide List, ihr Mitleid zu erregen und sie unter Druck zu setzen. Sie besuchte ihn nicht ein einziges Mal. Auch das Klinikpersonal hielt es für möglich, R. würde sich verweigern und wolle nicht reden. Die Wissenschaft indes kennt ein solches Phänomen als Mutismus. Schon sehr früh kann eine solche neurotische Störung entstehen, oft bei ängstlichen oder traumatisierten Kindern, die dann nicht mehr in der Lage sind, ihre Sprache, ihre Stimme zu benutzen. Manchmal richtet sich dieses Unvermögen nur gegen Fremde oder größere Gruppen, manchmal nehmen sie nicht einmal mit den Eltern und Geschwistern Kontakt auf. Oder wenn, dann nur flüsternd und allein.

Dramatische Lebensgeschichten lassen sich darüber in Internetforen lesen, denn einer, der schweigt, macht den anderen Angst. Den können sie nicht verstehen, der ist ihnen unheimlich. Und so wird auf diese »Schweiger«, diese Sprachlosen, immer und immer wieder Druck ausgeübt, sie sollten gefälligst reden. Machen sie das nicht, bleiben sie allein. Auf die gleiche Weise verlieren nach einem Schock, nach großer seelischer Erschütterung oder einem tiefgreifenden Konflikt mitunter auch Erwachsene ihre Worte.

Die Psychiatrie hat Ingo R. mit dieser Diagnose nach sechs Wochen nach Hause geschickt. Und Ingo R. verstand immer noch nichts. Nun nicht einmal mehr sich selbst. Hatte er seine Frau vorher mit seinen Fragen, seinen Monologen genervt, so traktierte er sie jetzt mit Zetteln oder Nachrichten auf seinem Mini-PC, über den er den Austausch suchte: »Hast Du Dich um die Handyrechnung gekümmert?« – »Warst Du beim Sozialamt?« – »Was soll aus uns werden?« Er lief im Haus hinter ihr her, weil er, der Sprachlose, mit ihr »reden« wollte. Sie sollte ihm antworten, wie es denn nun weiterginge. Aber sie wollte nicht mehr reden. Sie ließ ihn stehen, begann sich zu schminken, schicker zu kleiden, sogar mal auszugehen.

Als sie sich am 29. Juni nachmittags, eine Woche nach seiner Klinikentlassung, auf dem Flur ihres Hauses begegneten, trug sie einen Kuchen und ein Küchenmesser in der Hand. »Wo willst Du hin?«, tippte er in seinen Mini-PC. »Geh mir aus dem Weg«, schreit sie ihn an. Sie läuft zur Tür, greift nach den Schuhen, er baut sich vor ihr auf, will eine Antwort; sie versucht, ihn zur Seite zu drängen. »Das geht dich alles nichts mehr an. Du bist ein Versager, verschwinde!« Er packt sie, hält sie fest, drückt ihr die Hand auf den Mund, damit sie aufhört, ihn zu beschimpfen. Wenn er ihr den Mund zuhält, ist es still, wenn er ihn wieder freigibt, kränkt sie ihn weiter. Er kann nicht mehr bis zehn zählen und tief durchatmen, wie er es sonst tut, wenn ihn eine Situation aufregt.

Ingo R. weiß nicht genau, ob es sich so abspielte. Er glaubt, Erinnerungen daran zu haben, er sagt, er sieht ein Bild vor sich, aber er habe keine Gefühle. Das macht ihn ratlos. Er beschreibt einen Moment, in dem er plötzlich am Fuß der Kellertreppe sitzt und den Kopf seiner Frau im Schoß hält. Sie ist ganz friedlich. Aber er weiß nicht, ob der Moment real ist. Er fleht die Richterin an: »Sagen Sie mir, was passiert ist. Habe ich meine Frau wirklich getötet? Was war mit mir los? Wird mir so etwas wieder passieren? Wie soll ich mit dieser Ungewissheit leben?« Die Richterin kann ihm nicht helfen. Aber sie hört Zeugen. Die Polizisten vom Abschnitt 65, die im Dienst sind, als Ingo R. völlig aufgelöst in ihr Revier gestürmt kommt, wild gestikuliert, vergeblich versucht, etwas in seinen Mini-PC zu schreiben und dann nach Stift und Zettel verlangt: »Straße 196«, notiert er, »da liegt meine Frau!« Dann bricht er bewusstlos zusammen. Die Beamten rasen zum Haus und finden Verona R. leblos am Ende der Treppe.

Freunde müssen aussagen, Nachbarn, die Eltern des Ehepaares, die älteren Kinder, die Rettungsärztin, die versucht hat, Verona R. zu reanimieren, der Gerichtsmediziner, der ihre Leiche obduzierte, eine psychiatrische Sachverständige, die über Ingo R.s Vorgeschichte, über seelische Nöte, Neurosen und Mutismus spricht und die den Angeklagten lange in der U-Haft untersuchte. Sie ist überzeugt, dass alle klassischen Elemente einer Affekthandlung auf diesen Fall zutreffen, dass Ingo R. nur noch vermindert in der Lage war, das, was er tat, zu begreifen und zu steuern. Und dass er seine Frau ganz gewiss nicht töten wollte, auch wenn er an ihrem Tod schuld sei.

So entscheidet das Gericht am fünften Tag seiner Beratung nicht auf Totschlag, sondern auf Körperverletzung mit Todesfolge und stützt sich auf Paragraph 21 des Strafgesetzes, der berücksichtigt, dass es Ausnahmesituationen im Leben gibt, in denen schwere seelische Störungen die Schuld eines Täters mindern. Ingo R. wird zu einer Strafe von drei Jahren und sechs Monaten verurteilt. »Gehen Sie unbedingt in eine Therapie«, verabschiedet sich die Richterin von dem Achtundvierzigjährigen, »sonst werden Sie das nie bewältigen.« Einen ersten Schritt hat er im Haftkrankenhaus schon gemacht: Er spricht wieder – dank eines geduldigen Psychologen.

## Der Junge mit dem Januskopf

*Zwei winzige DNA-Reste und die Beteuerung eines Einundzwanzigjährigen, unschuldig zu sein.*

Die Jungs auf der Anklagebank sind sich äußerlich sehr ähnlich, ihrem Wesen nach aber müssen sie sehr verschieden sein. Sie sind beide einundzwanzig, schlank, sportlich, dunkelblond, mit kurzem Strubbelhaar. Beide kommen aus ziemlich chaotischen Familienverhältnissen mit einem liebevollen, aber saufenden Vater und einer Mutter, die weder dem haltlosen Mann noch einem Haushalt mit vier Kindern gewachsen ist.

Beide Jungs sind früh von zu Hause weg, haben die Schule geschwänzt und viel Mist gebaut. Dazu stehen sie.

Doch dann wird alles ganz anders. Markus L., der eine, der nette, kümmert sich um sein Leben, er sorgt sich um die labile Mutter, regelt für sie, wozu sie nicht in der Lage ist, redet mit Ämtern und Gläubigern, damit sie ihr die Schulden erlassen und die Familie nicht aus der Wohnung werfen, er besorgt ihr Ärzte und eine Kur. Er ist unglücklich, dass die jüngeren Geschwister beginnen, abzudriften wie er. Er geht in ihre Schulen, kümmert sich um Nachhilfen, aktiviert das Jugendamt. Mit Erfolg. Auch für sich selbst schmiedet er Pläne, will am liebsten irgendwann Computertechnik studieren, aber das wird ein langer Weg mit seinem notdürftigen Hauptschulabschluss, das weiß er. Als Anja, seine Liebste, das Mädchen, das so ruhig und besonnen ist, dass er gern mit ihr leben würde, ihn im Mai 2003 verlässt, weil sie sich eingeengt fühlt oder einfach noch zu jung, ist er zwar traurig, aber er akzeptiert ihren Schritt. Er lässt sich nicht lange hängen und findet eine neue Freundin. Die hilft ihm auch, vom Kiffen loszukommen. Sie sagt: »Markus ist der beste Freund, den man sich vorstellen kann.« Francis ist siebzehn.

Die Anklage zeichnet Markus L., denselben, in einem ganz anderen Licht: Er sei ein unbeherrschter junger Mann, der zuschlägt, wenn er sich beleidigt oder ungerecht behandelt fühlt, er umgibt sich mit einem Freundeskreis, in dem derjenige als besonders clever gilt, der am besten klauen kann, und er hat nicht die Kraft, ein geordnetes Leben zu führen. Als die Beziehung zu Anja zerbricht, lässt er seinem Frust freien Lauf und rächt sich auf besonders hinterhältige und gewaltvolle Weise: Er überfällt, meist im Schutze der Dunkelheit und immer in einem sehr engen Areal im Berliner Bezirk Tiergarten, völlig arglose Mädchen und Frauen, die Anja vom Typ her irgendwie ähnlich sind: hübsch und schlank, manche zart, alle mit schulterlangem oder längerem Haar, bevorzugt dunkelblond. Sie kamen aus der Disco oder vom Konzert, eine junge Krankenschwester wollte zur Frühschicht in die Klinik.

Zwölf solcher Taten gab es zwischen Juli 2003 und Mai 2004 in der Gegend um das Kriminalgericht Moabit, und immer liefen sie nach genau dem gleichen Schema ab: Ein Radfahrer näherte sich den Frauen von hinten, sie waren allein unterwegs, manchmal schon kurz vor ihrer Haustür, sie sahen ihn nicht, hörten nur das leise Surren der Räder, dann traf sie ein harter Schlag auf den Kopf oder die Schulter. Sie brachen zusammen. Der Fahrradfahrer aber fuhr ohne Stop weiter. Und so erinnern sich die Opfer nur, dass sie ihn für einen jüngeren Mann hielten, eher groß und schlank, und dass das Rad womöglich ein Mountainbike war.

Der Fahrer dieses Mountainbikes, davon sind Polizei und Staatsanwaltschaft überzeugt, war Markus L. Der Junge mit dem Januskopf. Er fiel im Mai 2004 jener Sondereinsatzgruppe auf, die sich kurz zuvor gebildet hatte, um die mysteriösen nächtlichen Überfälle endlich aufzuklären. Am achtzehnten geriet er den Fahndern ins Visier, weil er auffällig ziellos durch eine der Hauptstraßen dieser Gegend fuhr und immer wieder mal anhielt, sich umschaute, weiterfuhr. Als er die Beobachter bemerkte, hängte er sie ab, doch schon ein paar Stunden später entdeckte ihn eine Streife wieder: Markus L., damals für die Beamten noch ein Unbekannter, stand mit seinem Rad am S-Bahnhof, beobachtete die Ein- und Aussteigenden, verschwand in der Dunkelheit, kam wieder, und den Polizisten schien, dass hier einer sehr genau das Terrain sondierte. Doch wieder misslang ihr Versuch, ihn anzusprechen und seine Papiere zu fordern.

Markus L. muss etwas geahnt haben, oder die Beamten bewegten sich wie Zebras in einer Schafherde. Sie konnten ihm jedenfalls nur bis in einen Hinterhof folgen, dann endete die Spur.

Immerhin hatten sie nun eine Straße und eine Hausnummer, und der Polizeicomputer, der sofort befragt wurde, spuckte als einen der Mieter, der dem Gesuchten vom Alter her nahekam, Markus L. aus. Zwölf Einträge ins Strafregister standen neben seinem Namen. Körperverletzungen, Beleidigungen, Diebstähle nicht zu knapp, Fahren ohne Fahrerlaubnis. Manchmal wurden die Sachen eingestellt, oder L. leistete gemeinnützige Arbeit als Strafe. Einmal musste er für 14 Tage in den Jugendarrest.

»Ja, ich habe mit der Polizei Katz-und-Maus gespielt, als ich sah, dass die auf irgendwas warteten. Aber als sie mich am nächsten Tag festnahmen, war ich völlig perplex, es war doch nur Jux«, sagt Markus im Gericht. Und er scheint immer noch so etwas wie verwundert, dass das passieren konnte. »Ich habe mit den Überfällen absolut nichts zu tun.« Als die Polizei zugriff, lief er allerdings nachts durch eine der Straßen, in denen Frauen zuvor schon niedergeschlagen worden waren, und er blieb in dichtem Abstand hinter zwei Mädchen, die sich auf dem Heimweg befanden. Markus L. und sein Verteidiger beteuern, dass das ein Zufall war, doch die Polizisten, die L. beobachtet hatten, bezeugen, dass sie die Situation eindeutig fanden und für gefährlich hielten. Eine Minute später lag der Einundzwanzigjährige gefesselt am Boden.

Eine sehr gewissenhafte Richterin führt den Vorsitz in diesem Prozess. Schlank, dunkelblond und fast jugendlich wirkend. Sie sagt, dass sie sich sehr gut in die Ängste und Traumata der überfallenen Mädchen hineinversetzen kann, aber dass es auch schwer ist, all die sinnlosen Taten wirklich überzeugend dem Angeklagten Markus L. zuzuweisen. Keines der Opfer hat seinen Peiniger gesehen, es ging alles zu schnell. Sie können ihn nicht beschreiben und nicht wiedererkennen. Sie sehen sich den Angeklagten im Gerichtssaal an und schütteln den Kopf. »Nein, der war's nicht«, sagt die eine. »Möglich, aber ich bin keineswegs sicher«, eine andere.

Alle zwölf jungen Frauen sind als Zeuginnen geladen. Sie müssen noch einmal über jenen Moment reden, als sie niedergeschlagen wurden – ganz plötzlich, ohne dass sie etwas argwöhnten, aus dem Hinterhalt. Die, die Glück hatten, kamen mit. Prellungen und Platzwunden davon. Andere mussten ins Krankenhaus. Der zwanzigjährigen Jennifer B. brach er mit seinem Schlag den Kiefer, Jana S., dreiundzwanzig, erlitt einen Riss in der Schädeldecke. Schmerzen hatten sie alle, und was vielleicht noch schlimmer ist, eine Angst, die sie nicht loswerden, wenn sie allein unterwegs sind. Die überfallene Krankenschwester hat ihren Beruf aufgegeben, weil sie sich zu den Nacht- und Frühschichten nicht mehr aus dem Haus traute, eine Studentin wechselte die Stadt.

Einen einzigen Zeugen gibt es, der sich sicher ist. Er trug in jener Nacht Zeitungen aus, als er die Hilferufe einer Frau hörte. Dann kam ein junger Mann auf einem Fahrrad an ihm vorbei, der sah ihn so komisch an. »Er fuhr für einen Moment durch den Lichtkegel der Straßenlaterne«, sagt der Zeuge, »da habe ich sein Gesicht gesehen.« Bei der Polizei wurden ihm wenige Tage nach dem Vorfall Fotos gezeigt – und er hielt drei der abgebildeten Männer für »sehr ähnlich«. Aus Videosequenzen, die er wenig später sah, filterte er einen heraus, der es hätte sein können, die Nr. vier – »zu siebzig Prozent«. Dann, bei einer Gegenüberstellung hinter Glas, entschied er sich wieder für die Nummer vier – »das ist er, sicher«. »Ist es nicht komisch«, moniert der Verteidiger des Angeklagten, »dass bei allen drei Identifizierungen immer andere Mitverdächtige gezeigt wurden. Immer wechselndes Füllpersonal. Nur mein Mandant war in allen Reihen vertreten. Ist es da nicht logisch, dass dieses

Gesicht dem Zeugen von Mal zu Mal bekannter vorkommt?«
Es überwiegen in diesem Fall die Indizien. Markus L. hatte kein
eigenes Fahrrad, aber er durfte das mitbenutzen, das seinem
Vermieter, einem väterlichen Bekannten, gehört. Der nahm
den Jungen mit fünfzehn zu sich, als der zu Hause schon aus-
gezogen war, die Schule schwänzte und keinen Bock auf nichts
hatte. »Aber Markus ist ein netter, keineswegs dummer Kerl.
Ich mag ihn sehr, er kommt auch mit Erwachsenen gut zurecht,
er ist praktisch veranlagt, hilft, und man kann sehr vernünftig
mit ihm reden«, erzählt Ralf-Dieter R., der mit Markus' Eltern
vereinbart hatte, ihm ein Zimmer zu geben und die Ruhe, die
er zu Hause nicht fand. »Ich war mal Heimerzieher, ich hatte
die Idee, diesem Jungen Bildung zu vermitteln und Halt, ihm
zu zeigen, dass man auch anders leben kann, nicht als kleiner
Gauner.« Man merkt R. die Enttäuschung nicht an, die diese
schwerwiegende Anklage auch ihm versetzt haben muss. Sein
Rad ist ein dunkelblaues Mountainbike. Das könnte ein Indiz
sein. Indizien sind zudem mehrere harte Gegenstände, die die
Polizei in der Festnahme-Nacht in Markus' Zimmer findet: Ta-
schenlampen, Bügelschloss, Baseballschläger, abgeschraubte
Beine eines Grills. Ein Indiz ist es auch, dass seit dem Tag, an
dem Markus L. in U-Haft sitzt, keine ähnliche Tat im Tiergarten mehr verübt wurde. Und es gibt – das wird am Ende alles
entscheiden – zwei DNA-Spuren auf den beschlagnahmten Sachen. Winzigste Hautabriebspuren von zwei der jungen Frau-
en, die niedergeschlagen wurden. Da hat es der Angeklagte verdammt schwer, das mit einem Zufall zu begründen, auch wenn
es sein Verteidiger mit letzter Verzweiflung versucht. Doch
selbst wenn es nur einzelne Zellen sind, die im Labor entdeckt
und analysiert wurden, »Spuren im Piktogramm-bereich«, bestätigt die Sachverständige, also zehn hoch minus zwölf und
damit alles andere als vorstellbar, so ergibt sich daraus doch

eine beeindruckende Zahl: »Die Wahrscheinlichkeit, dass die Spuren auf der Taschenlampe beziehungsweise auf dem Bügelschloss von einer anderen Person als Frau S. beziehungsweise Frau B. verursacht wurden, liegt bei einer zu zehn Milliarden.« So lautet das Fazit der Experten.

»Die DNA-Untersuchungen sind der Königsbeweis!«, triumphiert denn auch der Staatsanwalt, der sieben Jahre Haft für Markus L. fordert. »Ich wehre mich dagegen, dass eine solche kaum nachweisbare Spur zum unumstößlichen Beweis stilisiert wird«, begehrt der Verteidiger auf, »Sie tun meinem Mandanten damit unrecht, ich befürchte ein Fehlurteil und beantrage Freispruch in allen Punkten!« Die Richterin hält sich fern von Emotionen, aber die Beweiskraft der DNA hat sie und ihre Große Strafkammer überzeugt. »Markus L. muss sich seiner Schuld bewusst werden, sonst bekommt er sein Leben nie in den Griff«, sagt sie und schickt ihn für fünf Jahre ins Gefängnis.

## Sonne ade

*Das Leben hätte so nett sein können: Mit eins Komma acht Millionen Mark auf dem Konto und seiner fünfzehnjährigen Geliebten im Arm machte sich ein Finanzchef der Arbeiterwohlfahrt auf den Weg in die Karibik. Doch der Traum platzte schnell.*

Grau und glitschig ist Cottbus in diesen Tagen. Sturm zerzaust die alte Eiche gegenüber, von Zeit zu Zeit schlägt ein fieser dünner Regen an die Fenster des Landgerichtsaals. Richter Schmitt schüttelt sich. Was hat er nur verbrochen, dass er sich diese Tristesse zumuten muss, signalisiert seine Miene. Unlustig verteilt er die bevorstehenden knapp sechs Stunden Verhandlungsdauer im Fall Michel W. fein säuberlich auf vier Tage. Da hat er noch Zeit, zwischendurch ein bisschen in Urlaub zu fahren.

»Ich hätte Ihnen ja auch was von unaufschiebbarer Arbeit erzählen können, aber warum?« scherzt er mit dem jungen Staatsanwalt, der finster vor sich hinschaut und den Fall lieber hart durchgezogen hätte, mit Zeugenvernehmung und Beweiserhebung. So, wie es sich seiner Ansicht nach in einem Betrugsfall dieser Größe gehört. Das wiederum hält das Gericht für völlig unnötig. Herr W. sei doch so wunderbar geständig, warum also solche Umstände? Noch zwei-, dreimal stichelt der Staatsanwalt gegen die launige Art des kleinen, glatzköpfigen Vorsitzenden, dieses Verfahren zu führen, als handele es sich um eine Rummelplatz-Episode, dann gibt er auf. Ihm fehlen einfach die Reife und Rhetorik seines Gegenübers.

Richter Schmitt lässt sich von finsteren jungen Staatsanwälten nicht beirren, und wenn er glaubt, diesen Fall mit flotten Sprüchen und einer Portion Fernweh würzen zu müssen, dann tut er es. »Ihr letzter Aufenthaltsort war ein bisschen wärmer, nicht wahr?« begrüßt er den Angeklagten. Und: »Wie Sie sich denken können, habe ich natürlich gleich eine Dienstreise in die Karibik beantragt, aber Sie kennen ja die Justiz: Es ist nicht genehmigt worden.« Schmitt gibt sich betrübt, das Publikum schmunzelt, der Staatsanwalt regt sich nicht. Nur der Verteidiger des Angeklagten bricht in fröhliches Lachen aus. Diese entspannte Atmosphäre kommt seinem Mandanten sehr entgegen.

Reumütig ist Michel W. und voller Trauer. »Ich würde das alles so gern ungeschehen machen. Aber es geht nicht. Ich weiß, wie sehr ich meinem Arbeitgeber, der Arbeiterwohlfahrt, geschadet habe. Nicht nur finanziell, auch moralisch. Und wie viele Menschen ich enttäuscht habe. Aber ich war damals in einem Konflikt, den ich nicht lösen konnte. Es tut mir so leid.« Das etwa ist die Quintessenz seiner zweistündigen Aussage. »Eine Lebensbeichte« nennt sie sein Verteidiger. Richter Schmitt nickt.

»Ein prozesstaktisches Geständnis«, findet der Staatsanwalt, denn die Beweise seien so klar und erdrückend, dass W. dumm gewesen wäre, die Vorwürfe abzutun.

Aber dumm ist Michel W. nicht. Er hat mit seinen sechsunddreißig Jahren eine imposante Karriere hinter sich: In Zwickau geboren, ging er nach Schulabschluss und Lehre als Berufssoldat zur NVA, diente in Cottbus, auf dem Flugplatz, bis ihn die Bundeswehr als Funkmeister übernahm. Parallel dazu absolvierte W. ein Abendstudium der Betriebswirtschaft. Ins Finanzgeschäft stieg er 1993 ein, begann zunächst als Sachbearbeiter bei Brandenburgs größter Sozialorganisation, der Arbeiterwohlfahrt, wurde schnell zum Sachgebietsleiter befördert, schließlich zum Chef des Finanz- und Rechnungswesens.

Alle größeren Transaktionen der AWO gingen fortan über seinen Tisch, er betreute rund dreißig territoriale Einrichtungen und Geschäftsstellen, Seniorenheime, Kitas, Behindertenprojekte. Er lebte, nicht verheiratet, seit Jahren mit einer Frau zusammen, mit Tochter und Sohn. Dann lernte er Ramona T. kennen, die Mutter einer Freundin seiner Tochter, und aus Bekanntschaft und Freundschaft wuchs Liebe. »Ja, ich habe diese Frau sehr begehrt«, bestätigt Michel W. mehr als einmal. Im Laufe des Prozesses wird Ramona T. noch eine wichtige Rolle spielen. Denn dass er hier vor Gericht steht, hat eigentlich auch mit ihr zu tun. Mit ihr und ihrer Tochter Manuela, die dreizehn war, als das Paar zusammenzog. Für beide war Michel W. das, was sie sich erträumt hatten: ein lebenslustiger, erfolgreicher und charmanter Gefährte. Das Mädchen Manuela mochte ihn sofort. Und vielleicht vergötterte sie ihn ja sogar ein bisschen. So nett, schlank und sportlich, wie er war. Schwärmereien einer Heranwachsenden. Anderthalb Jahre später merkt Michel W., dass er sich verliebt hat.

Da wird Manuela fünfzehn. Und sie hängt an ihm und sagt, auch er sei ihre große Liebe. Sie wolle für immer bei ihm bleiben.

Ein bisschen peinlich ist Michel W. dieses öffentliche Geständnis schon, er legt seine Notizen zur Seite, beugt sich zum Mikrofon und fragt den Richter: »Ich weiß nicht, ob Sie das verstehen können? Ich wollte es ja selbst nicht wahrhaben.« Ehemalige Kollegen sitzen im Publikum, Bekannte seiner früheren Partnerin, Journalisten. Eine Mittfünfzigerin, dezent im Kostüm, flüstert ihrer Nachbarin zu: »Der W. sah damals wirklich gut aus. Wie ein großer Junge. Da hatte er noch längere Haare und wirkte viel weicher. Wie kann der sich nur so verschandeln?« Sie tuscheln noch einen Moment weiter, denn die Nachbarin weiß aus der Zeitung, dass sich Michel W. die Haare extra für den Knast hat so kurz scheren lassen. »Da kommt man als harter Typ sicher besser durch. Irgendwie tut er mir ja leid.« Leid tut sich auch Michel W. selbst. »Frau T., meine damalige Partnerin, konnte sicher überhaupt nicht verstehen, warum ich mich zunehmend von ihr zurückzog. Ich nahm mir eine eigene kleine Wohnung, erfand Ausreden, drückte mich. Irgendwann bekam sie meine Beziehung zu Manuela mit. Da muss für sie eine Welt zusammengebrochen sein. Ich wollte das nicht, aber von nun an gab es Zank und Streit, vor allem zwischen Mutter und Tochter. Manuela wollte nicht mehr nach Hause zurück. Wollte bei mir leben. Ich liebte sie wirklich, aber ich wusste auch, dass das nicht gutgehen konnte.«

Feige sei er gewesen, sagt Michel W. Er habe den Konflikt

gescheut und die Konsequenzen, die ihm aus der Liaison mit einer Fünfzehnjährigen erwachsen konnten, der Tochter seiner Partnerin. »Wir wussten beide, dass wir nur zusammenbleiben konnten, wenn wir fliehen.« Mit Romantik hätte das nichts zu tun gehabt. Eher mit Angst. Aber wohin flieht ein sozial durchaus eingebundener Mann mit einer so jungen Geliebten, ohne dass ihn die Verantwortung einholt? In die Karibik, dachte sich der Cottbusser, beeindruckt von all den bizarren Geschichten um Schöne und Reiche, die auf sonnigen Inseln ihren Unterschlupf finden. Einziges Hindernis: Sie waren nicht reich. Noch nicht.

Auch wenn Michel W. sagt, er hätte Flucht und Betrug weder lange geplant noch sorgfältig vorbereitet, so ging er doch sehr bedacht vor: In jenem Spätsommer meldete er auf seinen Namen eine Projekt- und Managementberatung an und eröffnete ein Konto für die vermeintliche Firma. Dann blieb nicht mehr viel Zeit. Er musste den Urlaub einer zeichnungsberechtigten Kollegin der AWO abpassen, um seinen Deal durchzuziehen. Das Unternehmen machte es ihm leicht: Mit vier Blanko-Überweisungen, die seine Kollegin hausüblich bereits unterschrieben und im Tresor hinterlegt hatte, ging W. am 8. Oktober zur Bank, überwies binnen einer Viertelstunde 1,85 Millionen Mark vom Wohlfahrts auf sein privates Konto und kündigte vorsichtshalber schon mal an, dass er in den nächsten Wochen für eine dringende Grundstücksangelegenheit eins Komma vier Millionen Mark in bar benötige. Kein Problem, sagten die Bearbeiter und händigten dem Geschäftsmann am 22. Oktober die Summe aus.

Manuelas Schulsachen und einen Umschlag mit 50.000 Mark für die betrogene Mutter des Mädchens, die, wie Michel W. anmerkt, »ja arbeitslos war und meine Unterstützung brauchte«, hinterlegten die beiden Flüchtenden in einem Schließfach am

Bahnhof Forst. Dann stellte W. seinen Dienstwagen ab und stieg mit Manuela ins Taxi. »Gleich einen Zug zu nehmen oder ein Flugzeug, das haben wir uns nicht getraut. Wir wollten nach Wien, dann von dort aus in die Karibik. Niemand sollte unsere Spur finden.«

Kann jemand, der gewieft Millionen unterschlägt, so naiv sein? Oder vertraute Michel W. darauf, dass die AWO den Skandal geflissentlich unter den Teppich kehren würde, wie so viele Firmen, in denen hochrangige Manager unlautere Geschäfte machen? Hat er wirklich nicht damit gerechnet, dass man ihn, notfalls mit internationalem Haftbefehl, suchen würde? Auf St. Lucia ließen sie sich nieder, der »Perle der Karibik«. Wohnten im noblen Hotel unter noblen Landsleuten, amüsierten sich, tauchten ins Meer, spazierten durchs Paradies. Immer mit fremdem Geld in den Taschen. Immer im Blick eifriger BILD-Zeitungsleser. Die waren es schließlich auch, die das Pärchen entdeckten und die Sensation meldeten: Millionen-Betrüger sitzt am Nachbartisch! So klein ist die Welt.

Michel W. mimt nun ganz den Verfolgten, lässt nichts aus, seine Odyssee in düsteren Farben zu malen: die nächtliche Flucht mit dem Fischerboot, die einsame Hütte auf St. Vincent, in der sie von Einheimischen versteckt wurden, schließlich der Schock, als eines Abends ein räuberischer Trupp in der Tür stand und Machete schwingend einen Rucksack voller Banknoten forderte. Seine Angst um Manuela. »Da war mir das Geld ganz egal.« Als die örtliche Polizei von dem Überfall erfuhr, brachte sie die beiden Deutschen auf die Wache. Zur Aussage. Und zum Überprüfen der Personalien. Noch einmal gelingt Michel W. die Flucht. Diesmal allein, barfuß und mittellos. Manuela wird am folgenden Tag nach Martinique gebracht, sie gesteht, muss noch ein paar Tage warten und wird dann nach Deutschland zurückgeschickt. Michel W. sieht jetzt keinen Sinn mehr darin, sich versteckt zu halten. Sein Traum ist geplatzt. Er stellt sich der Polizei, hofft, gemeinsam mit seiner jungen Freundin ausgeflogen zu werden. Es ist Januar.

Doch die Mühlen der Justiz mahlen langsam auf Martinique. Zehn Monate bleibt Michel W. hier in Auslieferungshaft und lernt das Paradies von einer anderen Seite kennen: enge, schmutzige, dichtbelegte Zellen, Sprachprobleme, er kommt mit dem Essen nicht klar und nicht mit dem Hobby seiner Mitgefangenen: Rattenjagd. Er sehnt sich nach Cottbus, auch wenn hier der Prozess auf ihn wartet.

»Mehr kann man sich doch von einem Angeklagten nicht wünschen, als dass er so auskunftsfreudig ist, so geständig«, lobt Richter Schmitt den Delinquenten und verkündet am vierten Tag ein Urteil, das Michel W. alle Hoffnung lässt, nicht wieder ins Gefängnis zu müssen: zwei Jahre und acht Monate Haft. Da es üblich ist, die Haftverhältnisse in fremden Ländern mit den hiesigen zu vergleichen, fügt das Gericht noch hinzu, dass es die zehn Monate Auslieferungshaft in Martinique einer doppelt so langen deutschen Gefängniszeit gleichsetzt. Somit hätte Michel W. bereits mehr als zwei Drittel seiner Strafe verbüßt. In der Regel wird der Rest dann zur Bewährung ausgesetzt. Erleichtert verlässt der Sechsunddreißigjährige den Gerichtssaal. »Jetzt muss ich mein Leben neu ordnen.« In der Tat: Seine Konten sind gepfändet, ein Großteil des veruntreuten Vermögens ist in der Zwischenzeit an die AWO zurückgeflossen, 400.000 Mark Schulden bleiben. »Hoffentlich finde ich wieder Arbeit.«

# Der große Coup

*Eigentlich hatten zwei Brüder gelernt, fremde Gelder zu beschützen. Dann aber kamen sie auf die Idee, ihr Wissen für eigene Zwecke einzusetzen.*

So sollen Brüder sich lieben: »Wir sind immer füreinander da.« Sagt Martin. Und: »Mein Bruder ist mein bester Freund.« Sagt Markus. Sie halten zusammen wie Pech und Schwefel, versichern sie immer wieder. »Da gibt es nichts!« Dass Markus, der Jüngere, irgendwann zu Hause auszog, eine Frau nahm und heiratete, tat der Liebe keinen Abbruch. Martin, der »Große«, blieb bei der Mutter. Mit Freundinnen kam er nie so recht klar. Inzwischen ist er dreiunddreißig. Und in der Umschulung zum Wachmann. Auch in dieser Berufswahl war ihm Markus ein Stück voraus. Martin folgte. »Ich kann meinem Bruder blind vertrauen.« Nun bringt sie ihr bedingungsloses Zueinanderhalten für viele Jahre ins Gefängnis. »Alleine hätte keiner von uns das Ding gedreht«, räumt Markus G. ein. Und Martin bestätigt: »Da hat mein Bruder unbedingt recht.« Der Jüngere will dem Älteren zuliebe gern den größeren Teil der Schuld auf sich laden. »Ich war der, der in Geldnöten steckte. Mein Bruder versuchte, mir zu helfen.« Das kann der andere nicht hinnehmen. Sein Schuldanteil sei mindestens genauso hoch, schließlich hätte er mit einem »Nein« alles stoppen können, nur: Die Gelegenheit war einfach zu gut. Deshalb hätten sie beschlossen, das Abenteuer gemeinsam zu wagen. Es gemeinsam zu planen, gemeinsam durchzuführen, gemeinsam auszukosten – und im schlimmsten Fall auch gemeinsam auszubaden. Das Abenteuer hieß Raubüberfall.

Unruhig rutscht Markus G. auf der hölzernen Anklagebank hin und her. Eine zarte, junge Staatsanwältin trägt den Vorwurf vor, der gegen die Brüder im Landgericht Berlin-Moabit erhoben wird, spricht von hoher krimineller Energie, Waffengewalt, unkalkulierbarem Risiko und der Angst, der die Opfer ausgesetzt waren. Martin schüttelt stumm und eher träge den Kopf, Markus zappelt.

Vielleicht, weil er aus Sicht des Gerichts die treibende Kraft war, vielleicht, weil sein Name im Alphabet eine Winzigkeit vor dem des Bruder rangiert, darf er als erster aussagen. Und er muss allerlei zurechtrücken. Nicht, dass irgendwas an dem Vorwurf nicht stimme, sie hätten zuerst im September 1998 einen Penny-Markt überfallen und ein Dreivierteljahr später schließlich den großen Coup beim KaDeWe gelandet. Das sei schon richtig. Aber sie hätten das Risiko sehr wohl kalkuliert und alles getan, damit weder Gewalt eskalierte noch jemand zu Schaden kam.

»Natürlich waren wir auf das Geld heiß, aber ein bisschen hat es uns auch gereizt, das Sicherheitssystem zu testen. Ich kannte die Schwachstellen doch genau«, erläutert Markus G. der netten rothaarigen Richterin, die ihm so interessiert zuhört.

Je mehr er erzählt, desto heftiger gerät er ins Schwärmen. Wie perfekt die beiden Brüder alles vorbereitet hätten, wie wunderbar alles lief, wie genial eigentlich ihr Plan war. Bis es der Richterin zu viel wird. »Spielen Sie bitte nicht den verkannten Helden, wir verhandeln hier über ein Verbrechen«, weist sie den Angeklagten zurecht, und Markus steht stramm. Zackig schmettert er ein »Yes, Ma'am!« in den Saal. Setzt dann, als er die irritierten Blicke sieht, etwas leiser hinzu: »Selbstverständlich.« Doch er kann auf das »Yes!« so schlecht verzichten. Es gehört zu ihm wie sein Spitzname »Sergeant«, auf den er stolz ist und den er pflegt, weil er ihn an die

»schönste Zeit« seines Lebens erinnert – den Dienst bei der U.S. Army im Westteil Berlins. Bis 1993 diente er bei einer amerikanischen Einheit. »Das war einfach fantastisch! Diese Korrektheit, diese Disziplin. Das gibt es nicht noch einmal!« Und er beklagt sich, was für ein schlapper Haufen dagegen doch die Bundeswehr sei. Uralte Waffen, ein total rückständiges Equipment, kein Geist. »Da konnte ich nicht bleiben, da wär ich kaputtgegangen«, jammert der Geldräuber, der den Rückzug der Amerikaner aus der vormals geteilten Stadt nie verwunden hat.

Eine Uniform zu tragen, das ist für Markus G. einfach das Größte. Und weil ihn die Bundeswehr derart enttäuschte, blieb dem ungelernten Gärtner nur eine Alternative: Bei einem Wachschutzunternehmen anzuheuern, das seine Verlässlichkeit schätzte und seine Machtlust befriedigte. Das ihm die Chance gab, mit Waffe und Schlagstock und Einheitskluft einfach wichtig zu sein. Also wurde Markus G. Sicherheitsmann bei der »Berliner Wache«. Kein Einsatz war ihm zu gering, er griff ein, wenn es galt, Tresore zu sichern, Einkaufsmärkte zu bewachen, Ladendiebe zu stellen oder Handgreiflichkeiten zu beenden.

»Ich erarbeitete mir schnell eine Vertrauensstellung.« Sein Spitzname eilte ihm voraus.

»Der Sergeant war unheimlich verlässlich, und man konnte sich gut mit ihm unterhalten.« Ingo M., der Zeuge, stockt, als er diesen Satz vollendet. Markus G., der Angeklagte, wird rot und senkt den Kopf. Beide Männer kennen sich gut, sie verstanden sich blendend, fast könnte man sagen, es bestand so etwas wie Freundschaft zwischen Ingo M., dem Leiter einer Penny-Filiale in Kreuzberg, und Markus G., dem Wachmann, zu dessen Bereich dieser Markt gehörte. Zwei-, dreimal jeden Tag sahen sich die beiden Männer dienstlich, Markus G. schaute nach dem rechten, Ingo M. rief ihn, wenn eine heikle Situation zu bereinigen war.

Manchmal frühstückten sie auch zusammen im Büro des jungen Marktleiters, sie erzählten von Kinofilmen, Hobbys, ihren Familien. Bis Markus G. eines Tages den Markt von Ingo M. beraubte. Aber das ahnte der Filialleiter nicht. Denn »sein« Wachmann, der wieder einmal bei ihm saß und mit ihm schwatzte, hatte den Bruder beauftragt, just in jenem Moment das Geschäft zu überfallen, ihn und den Verkäufer mit einer (Schreckschuss-)Waffe zu bedrohen, sie beide quasi als Geiseln zu nehmen, im Büro einzusperren und mit der Beute zu verschwinden. Der Plan funktionierte. Völlig unbehelligt kam das Brüderpaar in den Besitz von fast 20.000 Mark. »Ein flaues Gefühl war das schon, plötzlich den Leuten zu schaden, die man sonst immer schützte und die einem hundertprozentig vertrauten«, gesteht Markus G. »Aber ich wusste ja, dass alles glatt läuft. Ich hatte extra den Markt von Herrn M. ausgesucht, weil ich hier ganz sicher sein konnte, dass nichts schiefgeht. Herr M. war eher ängstlich und supervorsichtig. Der hätte sich nie in Schwierigkeiten gebracht.«

Bruder Martin ergänzt die Schilderung mit dem Hinweis, dass schließlich auch alles sehr höflich abging. Wie das zu verstehen sei, fragt die Richterin, und Martin G. wiederholt gern die Worte, die er bei dem Überfall verwandt haben will: »Ich habe mich vorgestellt mit ›Schönen guten Tag. Wer ist denn hier zuständig?‹ Herr. M meldete sich, und ich glaube, ich fragte ihn noch nach seinem Namen. Dann bat ich ihn zum Tresor.« Wahrscheinlich wäre der Überfall in Kreuzberg nie aufgeklärt worden, hätte der Erfolg die beiden Brüder nicht so sinnlos angestachelt. Nun wollten sie es sich richtig beweisen. Was waren schon 20.000 Mark aus einem Penny-Markt? Sie, die cleveren Geldräuber, fanden sich reif genug für die Krönung: das KaDeWe.

An einem Juli-Freitag hält der täglich vorbeikommende Geldtransporter der Firma Securitas routinemäßig gegen elf Uhr fünfzehn an einem Seiteneingang jenes noblen Kaufhauses, das noch immer Umsätze macht wie kein zweites in der Hauptstadt. An manchen Tagen müssen die Geldboten sogar zweimal hintereinander die Treppen hinaufsteigen zur Kasse, weil sie nicht mehr als eine Million im Koffer hinaustragen dürfen. Auch wenn Markus G. als Berliner Wachmann eine solche Aufgabe nie übernehmen musste, so kennt er sich mit den Gepflogenheiten doch bestens aus. Er weiß, wie Sicherheitsfirmen arbeiten, und er ist schon seit langem mit einem Securitas-Geldboten befreundet, der seine Begeisterung für ausgefallene Waffen und die U.S. Army teilt. Beide konnten sich aufregende Geschichten aus ihrem Job erzählen, und irgendwann fragte Markus G. den Freund auch nach den Interna solcher Geldtransporte. Als der dabei andeutete, er könne ohne große Mühe bei Bedarf den passenden Sicherheits-Schlüssel für eines der Geldbehältnisse organisieren, war der Fall für Markus klar: Martin und er würden es wagen.

Die beiden Geldboten, die den Kassenraum des KaDeWe gegen elf Uhr dreiundzwanzig wieder verlassen, laufen gerade die letzten Treppenstufen zum Seiteneingang hinab, als ein Mann hinter einer Flur-Ecke hervorspringt und seine Pistole auf sie richtet.

»Überfall! Machen Sie keine Schwierigkeiten. Knien Sie sich hin!« Die Geldboten gehen kein Risiko ein. Sie knien sich nieder, ein zweiter Täter taucht auf, maskiert wie der erste. Er nimmt ihnen die Waffen ab und schließt sie mit Handschellen ans Treppengeländer.

Einen einzigen Trick kann der Geldkofferträger noch anwenden: Er lässt das Behältnis zu Boden gleiten, und in dem Moment, als er die Hand vom Griff löst, ertönt ein schriller, piepsender Signalton. Von nun an bleiben demjenigen, der den Koffer besitzt, noch sechzig Sekunden, um den ausgelösten Alarm mit einem speziellen Schlüssel zu entschärfen. Geschieht das nicht, reagiert die Sicherheitstechnik und versprüht einen feinen, aber unbarmherzigen Farbnebel, der nicht nur die Scheine im Inneren verdirbt, sondern auch nach außen hin seine Spuren hinterlässt. Weit würde damit kein Dieb kommen, das wussten die Geldtransporteure. Und das glaubt später auch die Polizei, die nach den Räubern vom KaDeWe fahndet. Um elf Uhr fünfundzwanzig löst der Alarm aus, im gleichen Moment sind die Täter weg. Mit dem Geld und dem piepsenden Koffer.

Die Polizei wähnt sich sicher, die Täter bald zu fassen, und die Täter sind überzeugt, keinen Anhaltspunkt hinterlassen zu haben. Der Schlüssel des Freundes erfüllte seine Aufgabe vortrefflich, der Koffer schwieg, die Scheine blieben jungfräulich und unversehrt. Nur an eines hatten die beiden räuberischen Brüder nicht gedacht: Wie kommen sie wieder weg vom Ka-DeWe? So eilt der eine zu Fuß und der andere springt ins Taxi, übersieht in seiner Hast, dass der Wagen, den er nimmt, keineswegs am Anfang der Schlage steht, sondern eher an ihrem Ende, aber er dringt darauf, dass der Fahrer losfährt. Das macht den schon ein wenig stutzig. Als er später im Radio von dem Überfall hört, ist er gewiss, dass er einen der gesuchten Täter an Bord hatte. Er kann den Mann ziemlich gut beschreiben, die Polizei fertigt Phantombilder, und es dauert keine Woche, bis es genug Hinweise auf die Brüder G. gibt. Sie finden kaum Zeit, die Beute in Schließfächern oder bei Freunden zu verteilen – 700.000 Mark. Dann klicken die Handschellen.

»Man muss auch verlieren können«, soll Markus G. noch in seinem ersten Verhör zu den Kriminalbeamten gesagt haben. Das kommt ihm nun vor Gericht zugute. Beide Brüder nehmen die Schuld auf sich, beide haben die Verstecke genannt, in denen das Geld lag. Beide bedauern, dass sie einem Menschen so wehgetan haben, den sie über alles lieben und schätzen: ihrer Mutter. »Wir hatten versprochen, immer zueinander zu halten.

Wir sind doch Brüder«, sagt Martin. Und: Sie hätten ihr Ehrenwort gegeben.

Wer Zeitung liest, weiß, dass Ehrenworte keineswegs immer nur mit ehrenwertem Verhalten zu tun haben. Markus und Martin G. werden zu Haftstrafen verurteilt. Sie müssen für siebeneinhalb und fünfeinhalb Jahre ins Gefängnis. Gemeinsam. Dreieinhalb Jahre wegen Beihilfe verhängt das Gericht über den Freund mit den Tipps und dem Schlüssel.

## Die Angst des großen Vogels

*Als ein Transportflugzeug des Militärs ohne Not dicht über eine Straußenfarm hinwegjagte, brach unter den Tieren Panik aus. Der Züchter verklagt nun die Bundesrepublik Deutschland.*

Manchmal, so scheint es, werden ungleiche Kämpfe ausgefochten. »Frank Winkler . / . Bundesrepublik Deutschland« steht auf der Ankündigung vor Saal 3. Ein untersetzter, rotbackiger Bauer wartet darauf, hineingerufen zu werden, aber er hat sich in eine Ecke verdrückt. Er scheut den Auflauf an Medienleuten und Kamerateams, die den Zugang zur Tür verstellen, und bleibt erst mal abseits. Drei in schwarze Wollmäntel gehüllte und gewichtige Aktenkoffer tragende Herren ignorieren den Pulk. Sie sind die Vertreter des Staates. Sie begehren ungehinderten Einlass. Ein Leitender Regierungsdirektor, ein Regierungsamtsrat zur Anstellung, ein Anwalt. Ihr Auftreten verschafft ihnen Platz. Frank Winkler bleibt hinten, am Ende des Ganges. Dabei ist er eigentlich die Hauptfigur heute im Landgericht Neuruppin. Er ist der Kläger. Er kämpft gegen Goliath und um sein Recht.

Die Bundesrepublik Deutschland, so heißt es, habe neun seiner Strauße getötet. Nein, nicht eigenhändig, aber durch sie beziehungsweise einen Einsatz ihrer Armee, der Bundeswehr, sind die Vögel ums Leben gekommen. So argumentiert der kleine, quadratische Landwirt Winkler. Er betreibt eine Straußenzucht im nördlichen Brandenburg. »In bäuerlicher Wirtschaft, auf dem Land, hat man doch heutzutage kaum noch Chancen, zu überleben, wenn man nicht das Besondere sucht«, sagt er. 2001 hat er seine Farm eingerichtet, mit zwei Zuchttrios begonnen. Heute hält er etwa einhundertzwanzig Tiere in seinen Gehegen, bietet ihnen fünfzehn Hektar Weidefläche und für die Ruhestunden einen überdachten Stall. »Strauße sind eigentlich wunderbare Tiere, aber auch sehr empfindsam und anspruchsvoll, ihre Aufzucht braucht Fingerspitzengefühl und Ruhe, Weite, Freilauf«, erklärt Winkler. All das kann er seinen Tieren bieten.

Doch am 8. Dezember letzten Jahres war es mit der Ruhe vorbei. Zwei Transall-Maschinen der Bundeswehr hatten sich für einen Übungsflug ausgerechnet den Luftraum über seinem Gelände ausgesucht. Die Maschinen kamen aus Hannover, zogen über Berlin, wendeten dann in großer Schleife und waren schon auf dem Rückweg, als sie Neulöwenberg von Ost nach West überflogen. So dicht, wie es dichter kaum geht. Bedrohlich nah jedenfalls an Mensch und Tier, kaum einhundertsechzig Meter hoch über dem flachen, platten Land.

Als vor allem die eine der beiden Maschinen mit ihrem tiefhängenden Schatten, der riesigen Flügelbreite von vierzig Metern und dem dröhnenden Propellergeräusch im Tiefflug auf Winklers Farm zujagte, ahnte der Züchter, was nun passieren würde: Die fünfunddreißig Jungvögel in dem betroffenen Gehege gerieten ob des bedrohlichen Riesenvogels am Himmel derart in Panik, dass sie wild und unberechenbar querfeldein davonstürzten. Sie überrannten sich gegenseitig, nahmen keine Rücksicht auf Verluste, drei Hähne blieben mit gebrochenen Beinen und blutenden Wunden am Boden liegen. Für den Züchter gab es keine Chance, sie zu retten. Er musste sie, so schnell es ging, töten, um ihr Leiden zu beenden. Sechs weitere junge Strauße wenig später, weil ihnen der Stress so zugesetzt hatte, dass sie kein Futter mehr zu sich nahmen. »Psychisch bedingte Magenmuskelverengung« heißt es im Attest des Tierarztes. Im Klartext: Sie verhungerten.

So ist das mit Straußen. Der große Vogel ist ein Fluchttier. Anpassungsfähig zwar an alle möglichen Lebensumstände, an Kälte und Regen, an Gatter, die ihn einengen, an Menschen in seiner Nähe, selbst die Bahnlinie, die an Winklers Farm vorbeigeht, stört ihn nicht, aber gegen plötzliches Erschrecken werden die schönen Federtiere leider absolut nicht immun. Abgesehen davon, dass ein Transall-Flieger dieser Größe in so niedriger Höhe auch hartgesottenere Naturen gehörig verstören kann. Aber darum geht es vor dem Landgericht Neuruppin nicht. Sondern um Winklers Schadensersatzklage gegen die Bundeswehr respektive die Bundesrepublik Deutschland.

»Wie kommen wir dazu, zu zahlen, wenn sich ein Bauer so zimperliches Federvieh hält? Strauße gehören nach Afrika, nicht nach Deutschland.« Zugegeben, dieser Wortlaut ist ein wenig vereinfacht, aber am Ende lief alles, was die Bundeswehr dem Kläger Frank Winkler ein volles Jahr lang sagte oder schrieb, genau darauf hinaus. »Wir haben uns an die Gesetze gehalten, sind nicht tiefer als erlaubt geflogen, und also: nicht zuständig.« Kein Wort des Entgegenkommens, keine Geste des Bedauerns. Das empörte Winkler, und er erwirkte eine Zivilklage: Jedes der toten Tiere hätte, ausgewachsen und schlachtreif, ihm mindestens achthundertsechzig Euro eingebracht, denn Strauße lassen sich verwerten wie kaum ein anderes Nutzvieh: das so zarte, nahezu fettfreie, cholesteringesunde Fleisch, die begehrten Federn, die nicht nur Modemacher und Kostümbildner, sondern selbst Auto und Computerhersteller wegen ihrer antistatischen Eigenschaften schätzen, die Haut, die zu edlen Stücken verarbeitet werden kann, die Eier, egal ob voll oder leer, von Ambitionen der Pharma- und Kosmetikbranche ganz abgesehen. Der Strauß wäre – würde er auch noch Milch geben – die perfekte eierlegende Wollmilchsau. Winklers Rechnung beziffert den Schaden auf 8.444 Euro, Arzt- und Anwaltskosten inklusive. Der Vorsitzende Richter, ein ganz Gründlicher, dem man seit diesem Fall wohl auch über die Straußenzucht kaum noch etwas beibringen kann, hat den Auftrag, zunächst zu vermitteln. Er erklärt Sinn und Zweck einer Güteverhandlung. »Könnten Sie sich vorstellen, dass Sie zueinanderfinden?«, fragt er in die Runde. Als die Bundesrepublik murrt und immer noch denkt, sie kommt ungeschoren davon, weil sie ja die magische Grenze erlaubter Tiefflüge von einhundertfünfzig Metern nicht unterschritt (»Wir können das mit Messdaten belegen«) und sie die ganze Sache folglich nicht tangiert, wird der Jurist deutlicher: »Ob einhundertvierzig oder einhundertsechzig Meter ist hier nicht die maßgebliche Frage. Der Flug über die Farm hat zweifelsfrei einen Schaden hinterlassen. Da entscheidet am Ende nicht, ob dies schuldhaft geschah. Sehen Sie es als Unfall – mit der entsprechenden Pflicht, für die Folgen zu haften.« Die Bundesrepublik muss sich beraten, dieses klare Veto überrascht ihre Vertreter.

Das Gericht hat vorher lange beraten, wie es vermitteln könnte, welche Fragen geklärt und welche noch nicht klar geregelt sind. Der Verlust der drei verletzten Tiere, so sieht es die Kammer, ist kausale Folge des Überfliegens und der darauf einsetzenden Straußen-Panik. Ob die sechs Jungvögel, die fortan nicht mehr fressen wollten, unter Umständen aber zu retten gewesen wären oder ob es für ihren Tod noch den einen oder anderen sonstigen Umstand gegeben haben könnte, das müsste im Zweifelsfall genauer geprüft werden, wendet sich der Richter nun an den Züchter – und er will ihm damit sagen: Nehmen Sie den Vergleich an, den ich Ihnen vorschlage, auch wenn er vielleicht nicht allen Punkten Ihren Vorstellungen entspricht. Denn ein weiterführendes Gerichtsverfahren würde letztlich nur noch mehr Zeit und noch mehr Geld kosten, und vielleicht stellt sich ja heraus, einer der Hungerstreikenden war ohnehin schwach … Farmer Winkler willigt ein und hofft, das Militär mache künftig einen weiten Bogen um seinen Hof. Die Bundesrepublik Deutschland sieht sich ohne Alternative. Sie schmerzt das Argument, dass ihre schöne vorschriftsmäßige Flughöhe nicht zählt, und sie ahnt wohl die Probleme, die dieser Vergleich auch bei anderen Gelegenheiten und in anderen Regionen bringen könnte. Aber das Votum des Richters ist eindeutig: Der Kläger erhält 5.000 Euro Schadenersatz, und der Fall ist erledigt, zu den Akten gelegt. Nach gütlicher Einigung, aber mit einem versteckten Schuldspruch.

# Des Kaisers neue Kleider

*Oh, ein Herr Professor, sagten die vornehmen Nachbarn, und nahmen einen kleinen Autohändler in ihrer Mitte auf.*

Wenn der Name eines Angeklagten vorm Berliner Landgericht mit K. beginnt, K. wie Kaiser oder König, dann landet er – wegen des Alphabets – unweigerlich vor der 20. Großen Strafkammer. Helmut K. weiß das, und er hätte viel darum gegeben, wenigstens dieses eine Mal nicht auf seinen klangvollen, majestätischen Geburtsnamen hören zu müssen. Sogar heiraten wollte er, eine junge Physiotherapeutin aus Eritrea, die schon seit achtzehn Jahren in Berlin lebt, er hätte auch ihren Namen angenommen, aus Liebe – und weil er mit A. beginnt. Nur leider kam er nicht mehr dazu, im Herbst letzten Jahres. Denn da war seine Scheidung noch nicht vollzogen, und kurz vor seiner Ausreise ins afrikanische Land musste Helmut K. sein trautes Heim erst einmal mit dem Strafvollzug tauschen.

»Ach, Herr K., nun sehen wir uns ja doch wieder«, begrüßt die Vorsitzende Richterin den Delinquenten am ersten Verhandlungstag freundlich. Vor Scham duckt sich der stattliche Mittfünfziger in die Tiefe seines Platzes. Hundert Kilo Mann schrumpfen auf ein Minimum zusammen. »Es ist mir so peinlich«, stammelt er in die Runde und hebt zu einer wortreichen Entschuldigung an. Doch die will die Richterin jetzt noch gar nicht hören. Sie hat konkrete Fragen – und sie will konkrete Antworten. Aber die sind von Helmut K. nicht zu kriegen.

Helmut K. lebt in einer fremden, einer feindlichen Welt. Als er geboren wird, 1943, ist Krieg. Seine Mutter tröstet sich über die Gefangenschaft des Vaters mit einem amerikanischen Soldaten hinweg, Helmut, das dritte Kind, stört ihre Kreise. Eine

Hirnhautentzündung wirft den Jungen in seiner Entwicklung zurück, er muss mit sechs erst wieder sprechen lernen, braucht einen Privatlehrer. Dann, als der Vater zurückkehrt, beginnt ein Tauziehen. Die eine Hälfte eines Jahres gehört er der Mutter in Berlin, die andere dem Vater in der westdeutschen Provinz. Anfangen können beide nichts mit dem phantasievollen Knaben, die Mutter hält ihn kurz und ohne Zuneigung, der Vater schikaniert und schlägt ihn.

Das erzählt der längst erwachsene Helmut K. dem psychiatrischen Gutachter. So sieht er seine Kindheit. »Aber Herr. K.«, unterbricht ihn die kleine Richterin etwas spitz, »wir haben doch Ihre Frau Mutter hier schon in den vergangenen Verfahren kennengelernt. Wir wissen, wie gut sie von Ihnen spricht und dass sie Sie immer verteidigt hat. Wir kennen auch Ihre Briefe aus dem Gefängnis, in denen Sie versichern, Ihre Mutter zu lieben. Ist das alles Lüge?«

Wenn Helmut K. Dichtung und Wahrheit besser auseinanderhalten könnte, stünde er jetzt nicht vor dieser Strafkammer. Angeklagt des Betruges, der Urkundenfälschung und des Missbrauchs von akademischen Titeln. Denn die schreckliche Kindheit war ja nur eine Episode seines Lebens. Danach ging es ihm, glaubt man den Geschichten, kaum besser. Mit siebzehn verliebt er sich in eine vermögende, junge Schwedin – »ihre Eltern gehörten zu den wohlhabendsten Familien Skandinaviens«, lässt K. die Richterin wissen –, sie heiraten pompös in London, der Schwiegervater hebt den Ungelernten in verantwortungsvolle Posten eines Großkonzerns, ein Kind kommt zur Welt und verunglückt wenig später in einem Gartenteich. Allein ihm gibt seine junge Frau alle Schuld an dem Unfall und holt sich, um ihn zu strafen, diverse Liebhaber ins Haus. Helmut K. ist gekränkt, verlässt das Paradies und kommt zurück nach Deutschland.

Doch das schöne Leben der Reichen kann er nicht vergessen. Er eröffnet Mitte der 60er Jahre in Berlin einen Autohandel. Offenbar agiert er mit glücklicher Hand und Verkaufstalent, das Geschäft floriert. Eine reizende rothaarige Dame interessiert sich für Helmut K., den Geschäftsmann, und heiratet ihn. Bald aber ist der Gattin der Autohandel nicht mehr fein genug. Warum suchst du dir nicht was Besseres, soll sie ihren Mann gedrängt haben, und der sucht sich etwas Besseres. Einen Doktortitel zum Beispiel. Das macht sich gut im Geschäft. Die Sportwagen, die K. nun anbietet, werden immer edler. Porsche, Ferrari, Lamborghini. Und wer Doktor ist, kann auch Professor werden.

»Endlich gehörte ich dazu«, versucht Helmut K. eine Erklärung, warum ihn sein akademischer Ehrgeiz nicht ruhen ließ. »Wir hatten ein Haus erworben, in Frohnau. Da wohnten ringsum lauter Ärzte, Rechtsanwälte und Architekten. Die gaben ihre Gartenpartys, und ich war nur der kleine Autohändler. Wissen Sie, wie das ist?«

Bewundert lebt es sich allemal besser. Ein paar hochtrabende Titel auf dem Briefpapier, einige kunstvoll gerahmte Zertifikate an der Wand oder teure Visitenkarten bewirken mitunter Wunder. Da vergibt die Lufthansa schon mal unbesehen die Teilnahme am Vielflieger-Programm *Miles & More*, räumen Hotels Kreditlinien ein, werden unbezahlte Rechnungen in Werkstätten als Kavaliersdelikt abgetan. Je nach Bedarf war Helmut K. ein Doktor oder Professor der Medizin, der Psychologie, des Ingenieurwesens, der Naturwissenschaften oder auch Präsident internationaler Vereinigungen.

Viel Fleiß und Geld hat K. investiert, um seinem Leben ein wenig Glanz zu verleihen. Ein Universitätsabschluss aus den USA kostet gut 40.000 Mark, Notare, die gefälschte Papiere beglaubigen sollen, möchten geschickt hinters Licht geführt werden, und um ein wenig im Stoff zu stehen, hat sich K. mit seinen »Wissensgebieten« sogar gelegentlich beschäftigt. An einer amerikanischen Uni will er extra Vorträge gehalten haben. Herr Dr. K. ist ein geachteter Mann, bis der Staatsanwalt zuschlägt, zuerst 1989. Schon damals zeigte das Gericht nur in begrenztem Maße Mitleid mit dem Angeklagten. Schließlich hatte der sich nicht nur Anerkennung, sondern auch allerlei finanzielle Vorteile erschwindelt. Doch weil er im Gefängnis immerfort von einem neuen Leben redete, Lehrgänge besuchte, Sozialarbeiter, Seelsorger und Therapeuten beeindruckte mit seinen guten Vorsätzen und seiner geschliffenen Rhetorik kam er Mitte der 90er vorfristig frei – zur Bewährung. Und das Spiel ging von vorne los. Diesmal war K. nicht der erfolgreiche Autohändler, sondern ein geachteter Tierheilpfleger, der sich mit medizinischen Präparaten alsbald selbständig machte. Bio-life hieß seine Firma, und sie hatte Geschäftspartner überall in der Welt. Kein Wunder, wenn ein Professor der Medizin einem solchen Unternehmen vorsteht.

»Helmut war kaum aus dem Knast raus, da bastelte er sich schon wieder Urkunden und Referenzen«, bestätigt die inzwischen geschiedene Gattin freimütig dem Gericht. Attraktiv ist sie immer noch, sehr rothaarig, sehr selbstbewusst, sehr vornehm gekleidet. Doch mit einem, der immer im Knast landet, will sie nichts mehr zu tun haben. Auch wenn es Zeugen gibt, die sich erinnern, dass Frau K. es nur zu gerne hörte, wenn man sie mit dem Professorentitel ihres Mannes ansprach. So ändern sich die Zeiten. Zuletzt verließ sie die gemeinsame Wohnung mit den fünfzehn Katzen, fünf Hunden, zwei Leguanen und vierzig Vögeln und zog zu einem Jüngeren.

Helmut K. gibt nicht zu, wie sehr ihn diese Schmach in seinem Narzissmus verletzte. Aber er arbeitete von da an zielstrebig daran, seine Zukunft außer Landes zu suchen. In Afrika, in

Eritrea, wo seine neue Freundin geboren ist und wo ein Herr Professor aus Deutschland, mit Referenzen der Botschaft in der Tasche und einigem Geld, auf einen warmherzigen Empfang und offene Arme hoffen durfte. Schon hatte er seine Wohnung für fast 50.000 Mark Abstand und eine gefälschte Zustimmung des Vermieters verscherbelt, ein teuer gekauftes, aber noch nicht bezahltes Auto über den Ozean verschifft und seinem früheren Sozialarbeiter für eine gemeinsame Geschäftsidee 20.000 Mark abgeschwatzt. Der Staatsanwalt – derselbe übrigens wie 1989 – erwischte ihn auf gepackten Koffern.

Ein reumütiges, klägliches Häufchen Unglück sitzt nun hier im Moabiter Gerichtssaal 220. Die blaue Gefängniskluft, in der Helmut K. erscheint, mag ihn ein wenig an die Zeiten erinnern, als er sich halbwegs redlich mit Autoreparaturen um bescheidenen Wohlstand mühte. »Ich möchte wieder so leben wie früher, einfach und ehrlich«, lässt er seine kleine und strenge Richterin wissen. Und in seinem wenig königlichen Outfit klingen die Worte so, als könne man darauf bauen. Sein Pech ist nur, dass der Buchstabe K immer noch dieser 20. Kammer zugeordnet ist, und dass die Richterin solche Versprechungen schon ein paarmal zu oft von Helmut K. gehört hat. Sie wird ihnen nicht allzu viel Glauben schenken. Doch was, wenn er es ernst meint?

# Geld her oder ich gehe

*Ein Überfall am helllichten Tag jagte vor allem dem Räuber Angst ein.*

Alles kann man dem Angeklagten vorwerfen, aber nicht, dass er verwahrlost aussieht. Das Haar kurz und adrett geschnitten, die Nägel an den schlanken, hellen Händen frisch gefeilt. Der graumelierte Wollpullover mit den weinroten Rhomben, das weiße Hemd und der taubenblaue Schlips – alles wie gerade aus der knisternden Verpackung gelöst. Blitzblank die rehbraunen Cowboystiefel. Ein feingemachter Mann, nicht mehr ganz jung, kein Assi, kein Penner. »Ich weiß nicht, ob ich ihn heute wiedererkannt hätte«, stockt Heidrun T., die sich doch geschworen hatte, den Anblick dieses Mannes nie aus ihrem Gedächtnis zu lassen. »Tja, wenn man ihn so sieht, kein Vergleich«, meint auch Ursula V., die resolute Rentnerin.

Dass der Mann heute eigentlich was zu feiern hätte, ahnen die beiden Zeuginnen nicht. Sie sind noch nicht im Verhandlungssaal, als der Vorsitzende Richter routinemäßig die nötigsten Lebensdaten des Angeklagten verliest: ein Geburtsdatum, eine postalische Anschrift, »stimmt die noch?«, der Familienstand – geschieden. En passant verweist das Papier auf sechs Kinder, das jüngste achtzehn, kein Wort zum erlernten Beruf, nur die Feststellung, dass Herr S. vor längerem seinen Arbeitsplatz verlor, die Beziehung zerbrach und dem Arbeitslosengeld bald Sozialhilfe folgte. Aus dem Strafregister zitiert der Richter mit sonorer Stimme noch zwei Verfehlungen, die mit Geldbußen endeten und dem Entzug des Führerscheins. Da ist er betrunken Auto gefahren, und nur der Alkohol-Pegel, der bei der obligaten Blutkontrolle gemessen wurde, lässt aufhorchen:

drei Komma zwei Promille. Da liegt manch anderer schon im Koma.

Heinz S. ist das Trinken gewohnt. »Das ging schon los, als ich jung war.« Fünf Jahre lang schaffte er es, trocken zu sein, da wollte er seiner Frau so etwas bieten wie ein Vorbild. Aber es half nicht. Sie begann wieder, sich dem Schnaps hinzugeben, und er trank aus Frust ordentlich mit. Die Ehe rettete das nicht. Als ihn schließlich nicht einmal mehr sein Betrieb brauchte, »da war's irgendwie aus«. Er schluckte, was der Körper verlangte.

Vormittags eine halbe Flasche Goldbrand, damit die miesen Träume verschwanden, das Zittern aufhörte und die Magenschmerzen weggingen, Stunden später dann den Rest, damit Träume, Zittern und Schmerzen nicht gleich wiederkämen. Oft trank er allein vor sich hin, lieber aber mit Kumpels draußen am Kiosk. Damals, sagt Heinz S., sei ihm das ja nicht so aufgefallen, wie er vor sich hinstarb, aber ein Leben, nein, ein Leben war's eigentlich auch nicht.

Wer trinkt, braucht Geld. Wer kein Geld hat, trinkt. Aber das Geld braucht er trotzdem. Heinz S. benötigte keine zwei Jahre, um fast alles verscherbelt zu haben, was ein paar Banknoten wert war. Einen alten Fernseher hatte er noch in seiner Wohnung stehen und ein Fahrrad. Von einem musste er sich trennen, wenn er weiter trinken wollte. Er entschied sich für das Rad.

»Ein Bekannter«, sagt S., »wollte mir zweihundert Mark dafür geben. Das war okay.«

Am Tag der Übergabe hielt er sich früh wie gewohnt an die Flasche, fühlte sich danach besser und war nun bereit, sich von seinem Rad zu trennen. »Bis zum Kiosk ging es noch ganz gut mit dem Fahren«, dort genehmigte er sich in Abschiedslaune ein paar Bier. Nur leider hatte sein Bekannter den versprochenen Betrag nicht in bar vorrätig, war selbst etwas klamm. Mit Mühe brachte er hundert Mark zusammen, für den Rest wusste er Rat: »Hier, nimm doch die Pistole, die ist noch gut, Schreck-schuss zwar nur, aber für die kriegst du mindestens einen Hun-derter. Vielleicht auch mehr.« Heinz S. gefiel dieser Deal nicht sonderlich, er hatte ja »keinen Dunst« von Waffen, aber sein Kumpan kannte sich aus, und schließlich ist die Aussicht auf hundert spätere Mark besser als kein Geld. Vielleicht hat sich Heinz S. in diesem Moment ausgerechnet, wie viele Flaschen Goldbrand ihm sonst verlorengingen.

Wenn er denn in dem Zustand war zu rechnen. Wenig später jedenfalls war er es nicht mehr. Da stand er an seinem Lieb-lingskiosk am heimischen Bahnhof Erkner, und weil die Gele-genheit gerade so günstig war, bestellte er mehr Bier und Küm-merling, als er vorhatte. »Wie viel? Weiß ich nicht. Ich weiß ja nicht mal mehr, wie ich da wegkam. Wo ich hinging. Was ich machte. Keine Ahnung, das fehlt mir völlig.« Sein verschüttetes Erinnerungsvermögen kann Schutz sein oder Filmriss. Selbst der Mediziner, den das Gericht bestellt hat, vermag das nicht zu klären. Denkbar wäre eine solche »retrograde Amnesie«, sagt er, ein Verlust der Erinnerung an einen bestimmten Zeit-raum. Die Alkoholmenge, die S. im Körper hatte, kann durch-aus dafür sprechen. Im Zweifel zugunsten des Angeklagten.

Dafür erinnern sich die Zeuginnen, die mit Heinz S. an jenem Nachmittag Bekanntschaft machen mussten, umso genauer an sein Auftreten. Heidrun T., die schlanke, kaum zwanzigjährige Fahrkartenverkäuferin, die im Bahnhof Erkner gerade ihre Spätschicht begonnen hatte, gab dem Mann, der sich bei ihr an den Schalter stellte, bereitwillig Auskunft über die Züge, die nach Fürstenwalde fuhren. »Als andere Kunden kamen, ließ er sie höflich vor und erkundigte sich erst dann nach dem Fahrpreis. Irgendwie war er unentschlossen, ging noch einmal ein Stück seitwärts, um jemandem Platz zu ma-chen. Plötzlich stand er wieder vor mir, schob seine Hand flach durch den Schalterschlitz und hatte in dieser Hand eine Pistole. Ich habe einen wahnsinnigen Schreck bekommen, bin instinktiv mit meinem Stuhl zurückgerollt, habe den Kopf geschüttelt, und dann fiel mir ein, du musst ja Alarm auslösen. Der Alarmknopf war aber vorn, unterm Tisch, und ich weiß nicht mehr, wie ich da rangekommen bin mit dem Fuß. Ich dachte, ich hätte den Knopf getroffen, aber nichts tat sich. Da habe ich geheult wie ein Schlosshund, dachte, das war's. Als ich wieder hochschaute, war der Mann weg. Ich habe ihn nicht rausgehen sehen, aber er war weg.«

Bei ihrer Aussage vor der Polizei konnte sie ihn ganz gut beschreiben: Ein Mann um die Fünfzig, der reichlich heruntergekommen aussah und nach Alkohol roch. Nein, richtig gestunken hat er, korrigiert Heidrun T., sonst schien er nicht betrunken. Zumindest habe er nicht geschwankt und konnte auch ganz vernünftig reden. »Wirkte der Mann denn aggressiv?«, erkundigt sich Richter Gräbert, und die junge Frau verneint nach kurzem Überlegen. »Nein, aggressiv eigentlich nicht, eher verzweifelt.«

Auch Jutta V., die Neunundsechzigjährige, die an jenem Tag mit ihrer älteren Schwester in Erkner unterwegs war, um ein paar Einkäufe zu machen, benutzt ein ähnliches Wort zur Beschreibung: »Er klang eher bettelnd.« Sie bestätigt, dass Heinz S. weder sonderlich zielstrebig noch brutal wirkte, nicht so, wie man sich einen Räuber vorstellt, denn man liest und hört ja so manches. Deshalb dachte sie sich auch nichts Böses dabei, als er sie in der Jahnpromenade ansprach und fragte, wie er zu Fuß nach Woltersdorf komme. »Es war ein schöner Tag, und ich wollte ihm einen Weg am See lang beschreiben. Aber da reagierte er komisch. Er sei dienstlich unterwegs, da muss der Weg nicht schön sein. Na, dann nicht, dachte ich, und wies ihm den Weg zur Straße.«

Ihre Schwester war der Unterhaltung schon überdrüssig, sie wollte Jutta weiterziehen, aber Jutta fügte noch hinzu, dass er ja auch den Bus nehmen könne. Da rastete Heinz S. aus. »Er blaffte mich an, dann solle ich ihm gefälligst das Geld für den Bus geben. ›Sie haben doch Geld!‹ rief er. Aber wie kam ich denn dazu?« Jutta V. wandte sich ärgerlich ab – und Heinz S. griff zu. Griff nach dem Arm der älteren Dame, nicht nach ihrer Tasche. Hielt ihr die ungeladene Schreckschusswaffe an den Kopf und wiederholte kleinlaut sein »Sie haben doch Geld!« Jutta V. wehrte sich, wollte ihn wegstoßen, schubsen, er hielt fest. Bis ein junges Paar näherkam und aufmerksam wurde. Da ließ der kräftige Mann sein Opfer los und lief weg.

Ein Streifenwagen, von dem Vorfall am Bahnhof informiert, nahm Heinz S. keine halbe Stunde später fest. Blutalkohol diesmal: 2,63 Promille. Die Zeuginnen auf dem Revier erkannten den Übeltäter sofort wieder. Er selbst stand völlig neben sich, beschreibt ein Beamter. »Er fragte uns immerzu, was los sei.« Als ihm erklärt wurde, dass er soeben zwei Raubüberfälle versucht und zwei Frauen bedroht hatte, rutschte der zottelige Mann in sich zusammen und jammerte leise: »Das kann doch nicht sein.«

Nichts hat Heinz S. seitdem bestritten. Nicht bei der Polizei, nicht vor dem Haftrichter, nicht beim Amtsgericht Fürstenwalde, der ersten Instanz in diesem Fall. »Wenn die Zeuginnen sagen, es war so, dann wird es auch so gewesen sein. Aber ich kann's nicht begreifen«, war das einzige, was S. zu seiner Verteidigung vorbrachte. »Dieser Alkohol bringt mich um!« Am Morgen nach der Tat ließ er sich zur Entgiftung ins Krankenhaus bringen, eine Entziehungskur schloss sich an. Als er die überstanden hatte, verabschiedete sich Heinz S. aus seinem Heimatort Erkner und zog nach Neuruppin, in ein Heim für betreutes Wohnen, weg von den alten Freunden. Er begab sich zur Therapie in eine Gruppe von Ex-Alkoholikern, die versuchen wollten, ein neues Leben anzufangen, ohne Schnaps und Tabletten, und die Sucht zu vergessen. »Keinen Tropfen habe ich seitdem getrunken. Und ich werde das auch nie wieder tun!«

So, wie es Heinz S. sagt, klingt es ehrlich und überzeugend. Aber er weiß selbst, wie schnell ein »Nie« zu Ende gehen kann. Alle wissen es in diesem Saal. Die Richter des Berufungsgerichts sollen darüber urteilen, ob die Strafe aus erster Instanz – zwei Jahre und neun Monate Haft – angemessen ist. Die Neuruppiner Betreuer bestätigen S. eine erstaunliche Entwicklung. Bei kaum jemandem erlebten sie den Willen, Schluss zu machen mit dem Alkohol, eindrucksvoller als bei Heinz S. Seit kurzem habe er auch wieder eine eigene kleine Wohnung, er arbeite voller Ehrgeiz in diversen Selbsthilfeprojekten mit und kümmere sich um Hilfsbedürftige. Mit Beginn des neuen Jahres stehe ihm eine Umschulung zum Altenpfleger offen. Falls er nicht ins Gefängnis muss.

Der grauhaarige Oberstaatsanwalt hat schon allerlei gute Vorsätze von Angeklagten zu hören bekommen. »Ich bin da nicht leichtgläubig, ich bleibe eher skeptisch.«

Diesmal ist es anders. »Ja, ich kann guten Gewissens für eine Bewährungsstrafe plädieren«, endet er seinen Vortrag. Das Gericht schließt sich an. Es nimmt zugunsten des Angeklagten an, dass er den ersten Raubversuch unvollendet und aus freien Stücken aufgab, vielleicht aus Angst, vielleicht aus Mitleid mit der kleinen Ticketverkäuferin. Wer weiß das schon. Und ein freiwilliger Rücktritt vom Versuch, sagt die juristische Vorschrift, bleibt ohne Folgen. Bestraft wird nun die Bedrohung der Frauen mit einer Waffe, die sie für echt halten mussten, und der misslungene Versuch, Geld zu erpressen in der Einkaufspassage. »Wir hoffen sehr, Sie bekommen Ihr Leben in den

Griff«, wünscht der Richter dem Verurteilten. Und auch wenn er es mit keiner Silbe erwähnt, so ist das doch für Heinz S. das schönste Geschenk zu seinem fünfzigsten Geburtstag.

## Vorsicht, Anthrax!

*Der Freiherr und sein saudummer Scherz vielleicht wären sie zu einer anderen Zeit unbestraft geblieben.*

Der Angeklagte trägt einen in der deutschen Politik ehrbaren Namen – Freiherr von H. Unter seinen Vorfahren war ein »roter General«, Chef des Reichsheeres bis zum alles verändernden Jahr 1933 – dann trat er zurück, weil er die militärische Verantwortung unter einem Reichskanzler Hitler nicht weiter tragen konnte und wollte. Zwei seiner Söhne, gleichfalls hochrangige Offiziere, wurden nach dem Attentat vom 20. Juli 1944 als Verbündete Stauffenbergs von der Gestapo gesucht. Davor und danach: Landadel, Militäradel, Honoratioren. Auch ein zeitgenössischer Politiker entstammt dem Geschlecht derer von H., ein CDU-Bundestagsabgeordneter, der auf seiner persönlichen Internet-Seite erklärt: »Wir brauchen: eine schnelle, gerechte und effektive Justiz; eine starke Polizei mit guter Ausrüstung; konsequenten Bürgerschutz!« Ein klares Credo. Und ein Fall in der Familie, der all das auf die Probe stellte. Mit dem Ergebnis kann der Mann wohl zufrieden sein, denn Sicherheitskräfte, Polizei und Justiz haben ihn nicht enttäuscht. Nur der Sohn … Der ist neunundzwanzig, ein Schlacks, bestens gebildet, politisch interessiert, aber nicht etabliert. Sein Auslandsstudium

hat Kurt von H. im März beendet. Er ist auf Osteuropa spezialisiert, spricht perfekt russisch, befasst sich mit computerunter-
stützten Sprachlernprogrammen für Erwachsene, doch einen
Job hat er noch nicht gefunden. »Das sieht zur Zeit schlecht
aus«, sagt er. Also bewirbt sich der junge Freiherr weiter und
bestreitet sein Leben solange von fünfhundert Euro monatlich.
»Die zahlt mir mein Vater.« Dieses »Einkommen« ist für das
Gericht nicht uninteressant.

Fünfhundert Euro geteilt durch dreißig ergibt gerundet einen Betrag von fünfzehn Euro pro Tag. Daran wird die Höhe
einer Geldstrafe bemessen. Aber soweit ist es im Fall Kurt von
H. noch nicht. Vorher muss er dem Richter eines Berliner
Amtsgerichts erst eine hochpeinliche Geschichte erzählen,
denn er ist angeklagt eines Vergehens gemäß Paragraph 126
Strafgesetzbuch: Störung des öffentlichen Friedens durch Androhung von Mord.

Kurt von H. ist der Auftritt über die Maßen unangenehm,
»ich hätte nie gedacht, dass ich sooooo saudumm sein kann«.
Seine Ohren glühen, die Hände zappeln hinter dem Rücken.
Wer von H. reden hört, glaubt ihm, dass er sich für einen intel-
ligenteren Menschen gehalten hätte – bis zu dem Moment, als
er beim Sektempfang im noblen Atrium der Deutschen Bank
einen Kongressflyer in die Hand nahm, auf die Ecke einen To-
tenkopf malte und die sinnigen Worte schrieb: »Vorsicht, dieser Prospekt enthält Anthrax! Liebe Grüße, Euer Osama.« Die
Jungs, die um ihn herumstanden, Reserveoffiziere wie von H.
und vor ein paar Jahren seine Mitstreiter in einer Eliteeinheit
der Bundeswehr, amüsierten sich prächtig. Jedenfalls fand sich
keiner, der sagte, lass doch den Scheiß, pack das weg. Wenige
Tage zuvor war in den USA ein dreiundsechzigjähriger Foto-
graf nach Berührung mit Anthrax-Sporen gestorben, das fünfte Opfer binnen weniger Tage. Und überall, auch in Deutsch-

land, tauchten plötzlich Milzbrand-Drohbriefe auf. Niemand wusste, wann und wo jemand Ernst machte.

In welch heikler, brisanter Lage sich die Welt in jenem Herbst 2001 befand, ist dem Adelssproß und Jung-Offizier Kurt von H. mitnichten entgangen. Er war auch im Vollbesitz seiner geistigen Kräfte und nicht etwa hochgradig betrunken. Die Tagung, an der er und andere Absolventen der Nachrichteneinheit teilnahmen, um über die Osterweiterung der EU zu debattieren, hatte natürlich auch das Attentat auf New York auf ihre Tagesordnung gesetzt. Doch jetzt war Schluss mit den Diskussionen, der Sekt prickelte, »es ging inzwischen zu wie auf einem Klassentreffen«. Nur das Servicepersonal, das den bekrakelten Prospekt wenig später wegräumen wollte, bekam Angst. Eilig wurde der Sicherheitsdienst der Deutschen Bank alarmiert, die Polizei eingeschaltet. Für Kurt von H. und seine Freunde begann gerade der gemütliche Teil des Treffens mit Galaessen und Party, als ein Gerücht umlief: Im Atrium sei eine ominöse Drohung aufgefunden worden. Wer zweckdienliche Hinweise geben könne, solle sich melden, anderenfalls müssten von allen Tagungsteilnehmern Schriftproben genommen werden.

Nein, feige war von H. nicht. Er wandte sich auf der Stelle an den Sicherheitschef, erklärte alles, versicherte, dass von dem Papier keinerlei Gefahr ausginge und der Satz nur ein geschmackloser Witz gewesen sei. Das gleiche erfuhr auch die Polizei von ihm, als er anrief und sich entschuldigte. Man notierte seine Aussage und die Personalien. »Gut, dass Sie sich gemeldet haben.« Der Abend war verdorben, aber von H. hoffte, dass es beim Schreck bleiben würde.

Sechs Tage später, in aller Frühe, stürmten Polizeibeamte seine Wohnung, durchsuchten sie, sammelten Schriftstücke ein und nahmen ihn mit. Noch einmal versuchte er, alles zu erklären, die Wogen zu glätten, aber es war keine Zeit für großzügiges Agieren. Die Staatsanwaltschaft erhob Anklage.

»Ein innerfamiliärer Vulkanausbruch ist über meinen Mandanten hereingebrochen, das Gerichtsurteil kann ihn schlimmer nicht treffen«, glaubt sein Anwalt, ein eher ruhiger und sachlicher Vertreter seines Fachs, der Kurt von H. nicht viel raten musste. Vielleicht kam von ihm der Hinweis auf die Satire. Aber damit will sich der junge Freiherr nicht herausreden. Höchstens etwas begreiflich machen. »Ich habe mich wohl gnadenlos komisch gefunden an diesem Abend«, in diesem seltsamen Mix aus ernsthafter weltpolitischer Betrachtung, verborgenem Elitedünkel des Offiziersnachwuchses und beschwingter Kumpelhaftigkeit. »Ich weiß nicht, was mich ritt«, sagt von H., »aber ich bin ein Fan der ›Titanic‹, dieser harten Satire, vielleicht wollte ich in ähnlicher Art brillieren, hielt das für einen wahnsinnig komischen Geistesblitz. Doch das war keine Satire, das war nur blöd.« Mehr als 1500 Anthrax-Drohungen gingen in den Wochen nach dem 11. September allein hierzulande bei Regierung, Polizei und Feuerwehr ein. Postämter wurden geräumt, Veranstaltungen abgebrochen, Menschen in Krankenhäuser gebracht, Waschpulver und Babypuder, Mehl und Malerkreide auf Milzbranderreger untersucht. Der Richter hält dem jungen Freiherrn zugute, dass er es keine Sekunde lang darauf angelegt hatte, Panik zu verbreiten. »In einer anderen Situation hätte man sehr schnell gemerkt, dass von einem Schriftzug auf einem Prospekt keine Gefahr ausgehen kann. Da wäre er im Müll gelandet. Es handelte sich ja um keinen Umschlag, aus dem etwas rieselte …«

Zwanzig Tagessätze à fünfzehn Euro muss der Angeklagte als Geldstrafe zahlen. Wie er sich mit der Familie aussöhnt, steht dahin.

## Zehn Minuten nur

*Dass eine junge Frau ihr Baby tötet, zählt zu den unvorstellbaren Dingen des Lebens.*

Stefanie N. ist sehr jung, dreiundzwanzig. Sie hat im Mai ein Kind bekommen. Sie hat es heimlich, im Wochenendhaus ihrer Schwiegereltern, zur Welt gebracht. Es muss alles sehr schnell gegangen sein, eine Geburt auf der Toilette, während vier Personen im Haus schliefen oder im Begriff waren einzuschlafen. Ist irgendwas, Stefanie? rief die Schwiegermutter noch durch die geschlossene Badtür, weil sie Geräusche gehört hatte und wusste, dass sich die junge Frau nicht wohl fühlte. Aber Stefanie N. beruhigte sie. »Es geht schon, ich habe Durchfall. Gute Nacht.« Das Kind war ein kleines Mädchen, ausgereift, ausgetragen, an die dreitausend Gramm schwer. Stefanie N. hat es nur kurz angesehen, dann schlang sie dem Winzling die Nabelschnur um den Hals und zog zu. Es gibt nichts Schutzbedürftigeres als ein Neugeborenes. Stefanie N. hat dem Baby, das ein bisschen so quiekte, als wolle es zu schreien beginnen, schnell ein Tuch vors Gesicht gedrückt und bald darauf keinen Widerstand mehr gespürt. Das hat sie beruhigt. Was sich nicht bewegt, ist nicht da. Ich, Stefanie N., habe kein Kind bekommen. Das, was sie noch in den Händen hielt, gehörte nicht zu ihr. Sie schob es weit von sich weg, »über eine Armlänge«, werden die Kriminalisten später berichten, unter die Badewanne. Dann legte sie sich wieder ins Bett. Niemand merkte der jungen Frau, die in der Nacht ihr Baby getötet hatte, am nächsten Morgen etwas an. Sie stand zeitig auf, frühstückte mit der Familie, man ging spazieren, kochte Mittag, aß, genoss noch ein bisschen die Sonne und fuhr zurück in die Stadt. Ein Wochenende wie viele. Und doch war alles anders. Wie wollte diese Frau fertig werden mit dem Unaussprechlichen, das sie begangen hatte? »Mein Kopf war so leer«, soll Stefanie N. einmal während einer polizeilichen Vernehmung gesagt haben. »Noch ein Kind, das konnte nicht sein!« Stefanie N. ist dreiundzwanzig, und sie hat nicht viel Glück gehabt in ihrem Leben. Das auf der Toilette geborene Mädchen ist ihr sechstes Kind. Als sie vor Gericht über ihre eigene Familie, ihre Kindheit spricht, wird die Öffentlichkeit ausgeschlossen. Die Verteidigerin wollte es so, nachdem Stefanie sich ihr anvertraut hatte. Zu privat, zu intim, zu verletzend sei, was dem Mädchen früh widerfuhr. In den Andeutungen, die später vor Zeugen wiederholt werden, spiegelt sich eine zerstörte kindliche Seele. Mit fünfzehn ist Stefanie das erste Mal schwanger. Sie läuft fort von zu Hause, fort von der Mutter, die trinkt, fort vom Vater, der sie schlägt, wenn sie »bockig« ist und sich seinen Zudringlichkeiten, seinem Sex widersetzt. Sie sagt, er habe sie vergewaltigt. In einem Heim findet sie Aufnahme, aber keinen Halt. Verschämt erlebt sie während der Schwangerschaft all die körperlichen Veränderungen, wird von Gleichaltrigen gehänselt und provoziert. »Hey, ich kann dir auch ein Kind machen!« Als sie das Baby zur Welt bringt, redet sie nicht über den Erzeuger und gibt es sofort zur Adoption frei. Eine Betreuerin aus der Zeit sagt, sie hätte sich gewundert, wie leicht Stefanie das fiel. »Aber ich habe auch nie mit ihr darüber gesprochen.«

Mit knapp zwanzig hat sie drei Schwangerschaften hinter sich und in drei Adoptionen eingewilligt. Dann kommt Benjamin, und sie will ihn behalten. Sie hat inzwischen Stefan kennengelernt, einen schlichten, leichtgläubigen Jungen, selbst ein Adoptionskind. Er will Gärtner werden. Stefanie hat keinen Schulabschluss, keine Ausbildung, sie war immer nur schwanger. Als »extrem unreif« beschreibt eine Psychologin die Dreiundzwanzigjährige, und sie glaubt, noch mit neunzehn, zwanzig sei die junge Frau kaum wie dreizehn gewesen, ohne Orientierung und ohne jede soziale Kompetenz. Niemals in der Lage, für ein Kind zu sorgen. Benjamin stirbt nach wenigen Wochen am »plötzlichen Kindstod«. Stefanie N. war allein mit dem Baby und reagierte nicht. Stefanie reagiert überhaupt selten. Sie hat sich in ihrem üppigen Körper versteckt und verpuppt. Man merkt kaum, dass sie da ist. Der Freund, der mit ihr zusammenzieht, fragt sie manchmal, wie sie den Tag verbrachte. Aber sie weiß es nicht. Ein bisschen eingekauft, dann ferngesehen, kurz hingelegt, schon war die Zeit um. Ihr Freund findet auch ein paarmal leere Flaschen im Hausmüll. Das gefällt ihm nicht, aber als er danach fragt, hört er nur Ausreden: Sie hätte sie aufgesammelt und »weggeräumt«. Wo das Problem sei. Außerdem solle er ihr keine Vorschriften machen.

Es kommt öfter zu solchen Streiten, sie sehen sich wochenlang nicht. Dann erfährt der Freund, dass Stefanie wieder ein Kind geboren hat. Sein Kind diesmal, ein Mädchen, Vanessa. Er macht ihr Vorwürfe, dass sie nichts sagte, aber Stefanie N. beharrt, sie hätte von der Schwangerschaft nichts gewusst – bis zu dem Tag, als sie mit »akutem Bauch« und Verdacht auf eine Blinddarmentzündung in die Klinik eingeliefert wird.

Aus der OP wird eine Entbindung. Doch Vanessa kommt behindert auf die Welt. Und Stefanie N. weiß noch immer nicht, was es heißt, für einen anderen Menschen verantwortlich zu sein. Sie ahnt nicht, was ein Baby braucht, fühlt nicht, wann es ihm gut geht, wann nicht, sie hört nicht die feinen Signale und denkt, das Kind schwitzt, wenn es in hohem Fieber liegt. Als es in Krämpfen zuckt, glaubt Stefanie N., das Kind träume schlecht und brauche Ruhe. Sie schließt die Tür.

Zweimal weisen Kinderärzte das kleine Mädchen ins Krankenhaus ein, als es fast schon zu spät war. Dann entscheidet das Jugendamt, Vanessa in eine Pflegestelle zu geben. Doch da Stefanie N. und ihr Freund wieder zusammenleben und das Kind damit erstmals eine Familie und sogar Großeltern hat, wird eine Übergangsregelung ersonnen. Die junge Mutter soll lernen, Sorge zu tragen – und darf an gemeinsamen Wochenenden das Mädchen zu sich holen. »Ich hätte sie gern immer bei mir«, hat Stefanie N. der Polizei zu Protokoll gegeben. Das, was sie im Gericht über ihr Verhältnis zu Vanessa sagt und wie sie sich ihre Zukunft vorstellt, wird hinter geschlossenen Türen besprochen. Insgeheim muss Stefanie N. erkannt haben, dass dieses kleine, zu Krämpfen neigende und in seiner Entwicklung zurückgebliebene Mädchen Vanessa in ihr keinen Halt findet. Sie sagte oft, sie gehe die Tochter besuchen, und ging dann doch nicht. Vielleicht konnte sie auch einfach nichts mit dem Kind anfangen. So in etwa beschreibt es die Mutter ihres Freundes.

»Manchmal kam es uns so vor, als wäre Vanessa für Frau N. ein fremdes Wesen. Sie nahm die Kleine an die Hand, aber sie spürte sie nicht. Trotzdem dachten wir immer, das könne die Zeit heilen.«

Beide Großeltern sagen »Frau N.«, wenn sie vor Gericht über Stefanie sprechen, nie: »unsere Schwiegertochter« oder »die Freundin unseres Sohnes«. Das Baby, das in der Toilette starb, wäre ihr zweites Enkelkind gewesen. Sie fanden es vier Tage nach dem gemeinsamen Wochenende in der Laube hinter der Verkleidung ihrer Badewanne und waren fassungslos über das, was niemand bemerkt hatte: Dass Stefanie N. wieder schwanger war und dass sie das Kind diesmal unter keinen Umständen wollte. Dass es ihr gelang, alles zu vertuschen. Dass sie in der Lage war zu töten. »Sie hat uns wohl sowieso immer nur angelogen«, murmelt der Schwiegervater. Der Richter fragt ihn, ob er sich vorstellen könne, dass Stefanie N. Schwangerschaft und Geburt auch deshalb verheimlicht habe, weil sie die noch junge Einbindung in die Familie nicht zerstören wollte, weil sie Vorwürfe fürchtete und Reglementierung. »Ich weiß es nicht«, antwortet der Schwiegervater. »So gut kannte ich sie nicht.« Stefanie N. selbst kann auch keinen Grund dafür nennen, warum das neugeborene Mädchen nicht leben durfte. Sie sagt nur immer wieder, dass es für sie in diesem Moment einfach nicht ging. Dass es unfassbar war, dass da ein Kind auf die Welt kam. Dass sie nicht glaubte, was sie sah. Bis Ende der 90er Jahre gab es auch im bundesdeutschen Recht für Frauen, die noch während der Geburt in seelischer Ausnahmesituation ein Neugeborenes töteten, einen gesonderten Paragraphen. Einen, der den inneren Notstand annahm. Als er abgeschafft wurde, ging man wohl davon aus, dass es in einem zivilisierten Land immer Hilfe und Lösungen gäbe und kein Baby gewaltvoll sterben müsse. Schwangerschaftsabbruch, anonyme Geburt, Adoption – all das seien doch Auswege.

In Stefanie N.s Gemüt kamen solche Überlegungen in der Nacht zum 10. Mai 2003 nicht vor. Sie war gar nicht schwanger – doch da kam plötzlich dieses Kind. Das war irreal. Sie sagt, sie habe nicht überlegt, sie habe es einfach »weggetan«. Und dann ging das reale Leben weiter. Noch an dem Tag, als die Schwiegereltern das tote Baby in ihrem Bad fanden und die Polizei riefen, versuchten sie, Stefanie zur Rede zu stellen, aber die fragte nur zurück, was passiert sei. Gar nichts. Es sei doch alles okay.

Das Wort »Schwangerschaftsverdrängung« kommt in neueren medizinischen Schriften häufiger vor. Man findet Spuren bis in die Antike, aber auch sehr heutige Ereignisse werden von Psychologen, Frauenärzten und Sexualwissenschaftlern beschrieben, Forschungen zu diesem Phänomen gibt es auch an der Berliner Charité. Namhafte Professoren haben sich des

Themas angenommen und konnten aus der Praxis berichten. Ihre Untersuchungen belegen einen deutlichen Zusammenhang zwischen Tötungen bei der Geburt und einer vorhergehenden Schwangerschaft, die oft so vollständig von der Frau »ignoriert« wurde, dass sie körperliche Veränderungen wohl tatsächlich nicht wahrnahm. Das Phänomen der eingebildeten Schwangerschaft, bei der die Psyche erstaunliche körperliche Symptome vortäuschen kann, nennen die Fachleute *grossesse nerveuse*, für den ebenso irrationalen Fall der Verdrängung heißt es: *grossesse occulteé*.

Die Strafkammer des Landgerichts Berlin, die gegen Stefanie N. wegen Totschlags verhandelt, verzichtet auf solche Expertisen. Ihr genügt die Auskunft eines praktizierenden Gynäkologen, der »mit großer Wahrscheinlichkeit ausschließen« kann, dass beispielsweise Regelblutungen noch nach dem vierten Schwangerschaftsmonat auftreten. Davon könne man nicht ausgehen. Das sieht auch das Gericht so: Stefanie N. wusste irgendwann, dass sie wieder ein Kind bekommen würde, und sie hätte sich darauf einstellen können. Sie hat nicht zielstrebig gehandelt, nicht planvoll, aber auch nicht in auswegloser Lage. Es gab einen Partner, und es gab eine Familie.

Dem Baby half das nicht. Stefan, der Freund, hat sich von Stefanie N. getrennt. Die Schwiegereltern sagen, es sei besser so. Stefanie N. wird zu vier Jahren und sechs Monaten Haft verurteilt.

8/15 R.